浙江省哲学社会科学重点研究基地：中共浙江省委党校文化发展与

浙江省社会科学界联合会研究课题"新时代公民的公正德性及其塑造"（2023N001）的研究成果

公民道德文化新论

——公民正义品质培养机制研究

刘晓璐　著

九州出版社

JIUZHOUPRESS

图书在版编目（CIP）数据

公民道德文化新论：公民正义品质培养机制研究 /
刘晓璐著. -- 北京：九州出版社，2024.6. -- ISBN
978-7-5225-3064-2

Ⅰ. D648.3

中国国家版本馆CIP数据核字第2024SP8104号

公民道德文化新论：公民正义品质培养机制研究

作　　者	刘晓璐　著	
责任编辑	陈丹青	
出版发行	九州出版社	
地　　址	北京市西城区阜外大街甲35号（100037）	
发行电话	（010）68992190/3/5/6	
网　　址	www.jiuzhoupress.com	
印　　刷	廊坊市海涛印刷有限公司	
开　　本	710毫米×1000毫米　　16开	
印　　张	19	
字　　数	262千字	
版　　次	2024年9月第1版	
印　　次	2024年9月第1次印刷	
书　　号	ISBN 978-7-5225-3064-2	
定　　价	95.00元	

序言：正义热的冷思考

靳凤林[*]

"自由、平等、公正、法治"是社会主义核心价值观的重要内容之一，其中"公正"，亦即"公平"和"正义"问题之于当代中国和整个人类社会，无疑具有极端重要的理论研究价值和实践关怀意义，它已是近年来中外理论界广泛关注的热点话题。但就中外政治文化对"公正"问题的研究而言，可谓源远流长，博大精深。孔子讲"子帅以正，孰敢不正"（《论语·颜渊》），孟子也讲："君义，莫不义；君正，莫不正"（《孟子·离娄上》），汉代贾谊则说："兼覆无私谓之公，方直不阿谓之正"（《新书·道术》），可见，中国传统文化对"公正"问题的关注由来自远。同样，"公正"抑或"正义"问题更是西方政治文化传统的基本主题之一，由"两希"文明（古希伯来和古希腊）塑造而成的欧美文化从起源处就高度关注正义问题，《圣经·旧约》所代表的希伯来文明就是以上帝与希伯来人所订"旧约"为主题，专述上帝耶和华对遵守和违背契约的希伯来人所实施的各种正义性赏罚决断，柏拉图的

＊ 靳凤林，中共中央党校（国家行政学院）哲学部二级教授、博士生导师。中共中央党校（国家行政学院）理论创新工程首席专家；中国伦理学会副会长，北京伦理学会常务副会长。

《理想国》更是诠释统治者、武士、工商业者之间社会阶层正义问题的政治哲学专著，奥古斯丁的《上帝之城》则从两希文明相互结合的角度，通过论述"上帝之城"与"世俗之城"的关系，对基督教的"神圣正义"理论做出了深刻说明。到了近代，伴随西方市场经济、民主政治、多元文化的兴起，在基督教"旧约""新约"神圣契约论基础上，发展出世俗性、现代性社会契约伦理，以霍布斯、洛克、卢梭、孟德斯鸠为代表的近代西方政治学者，在对市场主体、政治主体、文化主体的"意志自由"问题予以深入诠释的基础上，更是对与契约伦理密不可分的"正义"问题进行了全面细致的理论探究。

如果说近代西方政治哲学关注的核心点是"意志自由"与"正义"的关系问题，那么二战之后，与"平等"相关的"正义"问题则逐步成为当代西方学界关注的理论焦点。因为没有平等的自由只是形式上的自由，最终会使人们丧失自由。在当代从事正义问题研究的群星璀璨的学者队伍中，罗尔斯无疑是完成西方政治哲学从自由向平等重大主题转换的代表性人物，在其《正义论》中，他从理论、制度、目的三个层面阐述了自己的正义理论。首先，他深入驳斥了一百多年来占据西方思想界统治地位的功利主义理论，提出了自己的两大正义原则：平等自由原则、机会公平与差别原则相结合的原则，对资本主义自由、平等、博爱的传统价值观做了全新的哲学伦理学表述，特别是其"无知之幕"和"原初状态"理论，以其极端巧妙的思想试验引发了国际学界的广泛关注。其次，他把两个正义原则贯穿于国家的制度结构之中，从政治制度、经济制度、社会制度三种视角分析了正义原则的具体运用问题。最后，围绕如何保障正义制度的稳定性问题，他又对生活于正义制度中的国家公民对善的追求、正义感、正义的善等问题做了深入细致的理论剖析。

《正义论》甫一出版立刻引发了学界的巨大波澜，人们围绕罗尔斯有关正义问题的思想设计、制度构想、道德要求等问题展开了激烈争论。极端自由主义者诺齐克在其《无政府、国家和乌托邦》中强调，自由的价值具有压倒一切的重要性，如果自由与平等发生冲突，平等必须服从自由的要求，因为正义问题同人们的天赋权利密不可分，平等的要求必须服从权利的约束。针对罗尔斯基于社会稳定需要，主张照顾最少受惠者利益的主张，诺齐克认为，社会分工深藏于生产领域，由于人的能力和分工不同，致使获得财富多少存在差异，这是一种无法更改的天然现象，一味追求分配结果的平等最终会妨害生产能力的提高。另一位自由主义者德沃金则认为，罗尔斯契约论中的无知之幕排除了各种必要的知识和信息，根本就不是契约，以关心生活最差者为出发点的契约，不利于人类天才的成长、勤奋的工作者和付出艰苦努力人。社群主义者桑德尔则认为，罗尔斯正义论中的道德主体概念脱离了具体的历史环境，纯粹是一个"离群索居"的孤独个体，没有任何群体或共同体观念，且这个孤独主体的权利优先于善，完全忽视了主体在共同体中自愿履行义务的可能性，因而存在着巨大理论缺陷。另一位社群主义者麦金太尔则认为，正义理论必须置于正义历史的演化过程中来研究，只有回到前现代的历史中，才能看到现代性社会存在的各种弊端，并力主用亚里士多德的城邦共同体的善来纠正现代自由主义的所谓"正义性"启蒙谋划。更有女性主义学者纳斯鲍姆主张，罗尔斯正义论中的公民主要以男性公民为主，没有将女性、身体残缺和心理不健全者考虑在内，更没有将非人类的动物纳入社会正义的视野，因此，她试图从核心人类能力（如：生命、身体健康、身体完整、感觉、想象、情感等）出发，来修正和扩展罗尔斯的正义理论。

不难看出，罗尔斯的正义理论及其所引发的广泛讨论，将人类对正义问题的思考推至前所未有的高度。与西方发达国家的正义理论研究相比，我国学界对正义理论的研究却有着自身的独特思想进路。一方面，自20世纪末至今，有大批学者深入广泛地翻译和推介以罗尔斯为代表的当代西方的各种正义理论，极大地拓宽了人们的理论视野，为我国正义理论研究提供了极其丰富的国际思想资源。另一方面，伴随中国改革开放事业的不断发展和社会主义市场经济、民主政治、多元文化的逐步生成，与之密不可分的权利意识、契约意识、竞争意识等已经深入人们的思想骨髓，随之"公平""正义"问题也日渐成为社会各界关注的焦点，如何根据中国特色的历史文化传统、经济发展状况、政治运行现实，创立和发展我国社会亟需的正义理论，从价值理念、制度伦理、公民德性等各个层面将正义研究推向新高度，已是我国理论界迫在眉睫的重要思想议题。而要求解这一难题，就必须对当前中国社会面临的根本矛盾予以深刻把握，党的十九大报告将新时代我国的主要矛盾概括为"人民日益增长的美好生活需要和不平衡不充分的发展之间的矛盾"，如何将这一政治结论从学术研究的视角予以深度升华？并从正义理论层面把握"发展的不平衡不充分"问题，笔者在自己主持的国家哲学社会科学基金重点课题《权力、资本、劳动的制度伦理考量》中做了初步探讨，我将改革开放40多年来影响我国发展的根本要素划分为权力、资本、劳动三个层面，并认为由这三大要素构成的政商矛盾（权力与资本）、干群矛盾（权力与劳动）、劳资矛盾（资本与劳动），将是长期制约我国发展不平衡不充分的根本因素，主张通过发展民主政治制度伦理来有效制衡公共权力、通过完善市场经济制度伦理合理规范资本运营、通过发展公民社团制度伦理充分保障劳动权益，最终实现权力、资本、劳动三者利益的正义分配，进而在国家、市场、社会的长期性动态平衡中，实现广大人民群众对美好生活的向往。

当然，建构正义性政治制度、经济制度、社会制度只是问题的一个方面，恰如罗尔斯所言，如果一个国家的公民缺乏基本的正义感，任何正义性制度都无法获得长期稳定的道德资源支撑。正是基于此种考量，自晓璐君入我门下做博士开始，我就建议她认真研究公民的正义品质问题，经过中央党校紧张的三年博士读书生活，其所完成的博士论文基本达到了我对她的理论期许，顺利通过了隐名评审、公开答辩等各个环节。她的论文通过对中西方公民个体正义品质的历史考察，梳理出了中西方不同时代思想家对正义品质的差异性理解，以此为基础，她对公民正义品质的人性论根基探赜索隐，进而对公民正义品质培养的内在机制和外在机制做了全面深入的理论剖析，从而建构出自己有关公民正义品质的独特性思想体系。上述成果不仅极大地丰富了当前我国正义理论的研究内容，同时也对近年来我国方兴未艾的美德伦理学研究发挥了重要的推动作用，在其博士论文即将出版之际，是为序。

希望她在未来的教学科研道路上行稳致远！

祈祝她在未来的家庭生活上更加幸福美满！

2024 年 3 月 20 日

于北京颐北精舍

目　录

导论：公民正义
品质的理论总结与创新尝试

正义作为现代社会的一项重要价值范畴，包含个人层面的正义与社会关系层面的正义，前者表现为个人具有的正义美德，后者则表现为社会的正义制度。当代正义论大师罗尔斯在《正义论》一书的开篇指出："正义是社会制度的首要德性，正像真理是思想体系的首要德性一样。"[①] 罗尔斯认为一个完全的正义观在形成时，首先形成的是关于社会结构的正义原则，其次才是个人的正义原则。一个人坚持正义，并按正义的要求履行职责的前提是社会制度是正义的。而与之相映成辉的另一位美国伦理学大师麦金泰尔却高呼正义美德的重要性——如果没有正义美德的人，正义的社会制度何以存在？"正义的规则只对那些具备正义美德的人来说才是有意义的。"[②]

以罗尔斯为代表的新自由主义与以麦金泰尔为代表的社群主义关于正义之争的实质是制度正义与美德正义之争。罗尔斯《正义论》论证的主要内容是：自由平等的理性人在原初状态以及无知之幕的限定下，受正义主客观环境的制约，以及原初状态中对原则选择的限制，最终会确定两个正义原则。罗尔斯提出两个正义原则的最终目的是构建正义的社会制度，并论证正

---

① ［美］约翰·罗尔斯：《正义论》，何怀宏，等译，北京：中国社会科学出版社，2009年版，第3页。

② ［美］阿拉斯戴尔·麦金泰尔：《谁之正义？何种合理性？》，万俊人，等译，北京：当代中国出版社，1996年版，第160页。

义制度具有稳定性。在他看来,正义原则是人们获取正义感的前提,亦即正义的制度优先于正义的美德。相反,麦金泰尔所著的《追寻美德》与《谁之正义?何种合理性?》两部美德伦理学大作,实为对罗尔斯规则正义的质疑,他认为罗尔斯提出的制度正义原则并不能真正解决现代西方社会的道德危机,罗尔斯及其追随者的新自由主义伦理学不过是对自启蒙运动以来谋划建构规则伦理失败的又一次尝试。以麦金泰尔为代表的当代美德伦理学家都意识到制度正义的局限,在他们看来,"个人行为的正义动机或者个人内在的正义品德构成了社会正义原则和正义制度实现的主观道德条件"。① 因此,麦金泰尔声称:解决现代社会道德危机的唯一出路是重返至古希腊亚里士多德的美德伦理学传统。不可否认,罗尔斯与麦金泰尔论争的焦点在于正义,不同的是两者分别走向了规则伦理与美德伦理。

公民正义品质是公民美德的一部分,研究公民正义品质培养的内、外在机制却是为了达致规则与美德的统一。一方面,探讨公民正义品质生成的内在机制——公民的正义认知、正义情感、正义意志与正义行为,其直接目标是培养公民的正义德性。另一方面,考察与研究公民正义品质培养的外在机制,包括公民正义美德教育制度、政治领域的司法正义制度与经济领域的分配正义制度,其终极目的是营造一个保障并推崇正义品质的社会制度。可见,研究公民正义品质的内、外在培养机制的终极目标是实现正义规则与正义美德的统一。

一、选题目的和意义

(一)公民正义品质培养的理论意义

1.公民正义品质培养机制研究有助于深化个体道德理论

个体道德理论主要研究社会中个人具有的道德品质,正义品质作为其他

---

① 万俊人:《制度美德及其局限》,《中国人民大学学报》2005 年第 3 期,第 77 页。

崇高道德品质培养的基础，是个体道德建设中最重要的一环，历来是个体道德理论研究的重要内容之一，研究与探寻公民正义品质的培养机制有助于深化并丰富个体道德理论研究。

正义品质是现代公民应具有的一种底线的道德品质，它要求每个人都做好各自分内的事情，而不干涉他人的正当利益，与仁爱等崇高的道德追求相比，更易于实践。尤其是在理性多元的现代社会，公民的道德品质也呈现出多元化，但正义品质作为其他诸多高尚道德品质的基础，更易于践行。因此，对于个体道德理论研究而言，公民正义品质的培养具有基础性意义。并且，正义品质作为个体道德品质研究中的一个重要组成部分，对其进行深入、细致、系统的研究更有助于深化与丰富个体道德理论的研究。当前，我国马克思主义伦理学课程主要分四个方面：社会道德论、个体道德论、道德规范论与道德建设论。个体道德理论主要研究社会道德与个体道德的关系、个体道德运行的宏观与微观机制。个体道德是社会道德的内化，个体道德的发展过程是一个由他律转向自律的过程，最终实现他律与自律的统一；个体道德运行的宏观机制，即社会的道德调控，主要表现为社会赏罚、社会道德评价、社会道德教育三方面；个体道德运行的微观机制涉及个体道德意识、道德实践以及个体道德修养三方面。总之，当前我国个体道德理论的研究侧重于从宏观、整体上探讨个体道德培养的内、外在机制，而对具体道德品质的探究还有待丰富与完善。此外，就个体道德品质的培养而言，公民的道德品质反映出公民的道德认知、道德情感与道德意志，并通过公民的道德行为表现出来，"是个人在社会生活中的行为活动个性化了的道德特征"。①而以往的研究却多集中于从宏观、整体的角度分析作为道德品质内在构成的"知、情、意、行"四因素对个体道德品质养成的作用和意义，而缺乏对具体道德品质养成机制的详细考察。公民正义品质属于个体道德理论研究中一个非常细小但意义重大的问题，通过对公民正义品质的内涵、特征以及内、

---

① 唐凯麟：《伦理学》，北京：高等教育出版社，2001年版，第159页。

外在培养机制的系统考察与分析，不仅为个体道德理论建构起扎实的理论基础，更拓宽了个体道德理论研究的广度与深度。

2.公民正义品质培养机制研究有助于丰富正义美德理论

当制度正义研究在国内外学界备受追捧时，为数不少的学者开始高呼正义美德的重要性，以麦金泰尔、沃尔泽、桑德尔为代表的共同体主义者对以罗尔斯为首的规则伦理学进行了猛烈的学术批判，美德伦理学家指出，回归古希腊亚里士多德的美德伦理传统是解决现代性道德危机的唯一出路。此后，中国学者慈继伟、万俊人、李建华、秦越存等人也逐渐加入到对正义美德追寻之列。麦金泰尔和桑德尔作为当代美国两大美德伦理学家，他们的研究分别集中于从历史阐释与政治哲学的视角论证美德伦理尤其是正义美德对于现代社会的价值，而对于正义美德该如何培养却未做出详尽的阐释与说明。中国学者关于正义美德的研究集中在探讨正义美德的重要性、正义感的内涵与特征、正义感的培养途径，专门且深入研究公民正义品质培养机制的著作和文献凤毛麟角。

当前，国内不少学者对正义感的内涵及其特征进行了较为系统的研究，但正义感不等于正义品质。正义感作为一种道德情感，它基于人们对正义原则的认知和理解，对现实道德关系和道德行为是否符合正义标准而产生的一种高级的社会性情感，是义务感的高级形态，它不是孤立存在的，要受社会历史条件制约。[①] 一旦客观环境或者客观境况发生变化，道德情感很容易变得不稳定。公民的正义"品质一经形成，就必然要保持一定的稳定性和一贯性"[②]，偶尔行为正义，不足以表明他一定具有正义品质。与正义感相比，正义品质更具稳定性，是正义制度稳定的坚实基础。在此意义上，研究公民正义品质培养机制有助于丰富正义美德理论并促进该理论的发展完善。

---

① 李建华：《道德情感论——当代中国道德建设的一种视角》，北京：北京大学出版社，2011年版，第66页。

② 田秀云：《社会道德与个体道德》，北京：人民出版社，2004年版，第379页。

3.公民正义品质培养机制研究有助于补充制度人学理论

当前学界关于制度人学的研究主要集中于分析与探讨制度与人之间相互影响关系，具体到制度对人行为的影响上，表现为从宏观视角考察制度的基本功能——激励、约束、塑造如何影响人的行为，而从微观角度考察具体制度对人的具体道德的影响机制的研究还是较为罕见的，也是制度人学研究亟须丰富的。公民正义品质培养的外在机制主要探讨作为人生存与发展的客观条件的制度，主要包括：教育制度、政治制度与经济制度如何影响个体正义品质的获得，即制度正义如何影响个体正义品质的获得，而对此问题的解答有助于补充制度人学理论的研究。众所周知，正义作为一种合作德性，是个体社会化活动的产物。制度正义通过严格有效的奖惩机制抑制人的机会主义倾向，引导并激励着人的正义行为，遏制与约束人的不正义行为，制度正义是公民获得正义品质的外在保障。因此，公民正义品质外在培养机制研究通过考察制度正义对正义美德的影响机制，有助于细化制度人学的研究，补充着制度人学理论。

（二）公民正义品质培养的现实意义

1.公民正义品质可以弥补正义制度的不足

罗尔斯正义论的实质是论证正义制度所需的社会客观条件，但仅依靠两个正义原则而不考虑不同社会的道德文化传统，那么正义制度是否可能？万俊人对此持否定态度。万俊人认为，仅从技术可行性与实际应用性上看，两个正义原则对于指导社会正义制度的建立是可行的，"但问题是，政治问题不是一个纯粹的技术应用问题"。①"政治内在地需要道德文化的资源供应和精神支持"。② 由此，道德对于政治制度建构及其稳定性而言是不可或缺的。如果说正义原则对于正义制度是一种显性价值，那么公民德性或公民正义

---

① 万俊人：《制度美德及其局限》，《中国人民大学学报》2005 年第 3 期，第 78 页。
② 万俊人：《制度美德及其局限》，《中国人民大学学报》2005 年第 3 期，第 77 页。

品质于政治制度而言是一种隐性价值。公民的正义品质作为制度正义的基本条件，不仅体现在制度自身的设计与建构中，而且体现在制度的有效运行中。因为制度的设计者与执行者都是现实中的人，制度自身存在的不足——缺漏性与滞后性，以及制度运行中人为因素的缺陷都需要具有正义品质的公民予以弥补。制度的缺漏性与滞后性是由制度自身的边界与局限决定的。"任何事物都有它的边界和局限性。"① 制度本身规定了人行为的边界以及制度起作用的边界，现实社会中的"擦边球""搭便车"与"逃票"行为就是制度不完善的例证。并且，由于制度自身存在的诸多缺陷，"社会基本制度安排的正义并不能完全保证社会分配的充分公正，甚至连市场的原始分配的公正都不可能实现"。② 因此，培养公民的正义品质以弥补制度自身的不足就显得尤为重要。此外，公民正义品质还有助于推进制度的有效运行。制度从设计到运行，都是由人来完成的。如果好的正义制度仅存于理论层面而不付诸实践，那么制度如空中楼阁，不能发挥其应有的功能，这多是由于人为因素造成的。因此，制度设计以及执行都需要具有正义品质、敢于伸张正义的人。设计正义制度的最终目的是保证社会的公平正义，最重要的是，正义制度一旦被设计出来，就需要具有正义品质的人来维护并执行，以发挥制度的真正实效。总之，研究公民正义品质培养机制既有助于培养公民具有良好的道德品质，更能推进正义制度的完善、稳定与有效运行。

2. 公民正义品质有助于良序社会的稳定

罗尔斯认为，在一个良序社会中，一种公共有效的正义感有助于正义制度的稳定。尽管公正观支配公共利益，但个人的自私倾向仍威胁着正义制度的稳定，表现在以下两个方面。

① 张洪高:《从仁爱到正义：中国道德教育核心价值转变研究》，济南：山东人民出版社，2011年版，第184页。

② 张洪高:《从仁爱到正义：中国道德教育核心价值转变研究》，济南：山东人民出版社，2011年版，第184页。

第一，人的自私倾向促使公民减少分内职责。罗尔斯指出，"从自我利益的观点来看，每个人都想减少他的分内职责"。① 同时，他强调，"在日常生活中，一个人只要愿意，就常常可以利用他人的合作努力为自己获得更大的利益"。② 罗尔斯所说的这种意欲减少分内职责，实指人的"搭便车"心理。现实中，人人都想搭便车，这种"搭便车"观念与正义的要求是截然对立的，因为正义要求权利与义务的对等，而"搭便车"行为表现出的是一种无偿占有他人劳动成果或利益的行为。"搭便车"会导致一部分人逃避自己的分内职责，这对其他人是不公平的。从长远考虑，"搭便车"行为威胁着正义制度的稳定，在某种程度上会激化社会矛盾，是威胁良序社会稳定的一个因素。因此，罗尔斯提出指导个人正义的自然义务原则以维护良序社会的稳定，他认为，自然义务应成为指导公民具有正义感或正义品质的首要原则。惟其如此，每个具有正义品质的人关注的是各自权利与义务的对等，由此，"搭便车"的情况就不会发生。从长远看，公民正义品质的培养对于推动良序社会稳定至关重要。因此，以自然义务为指导原则的公民正义品质能抵御人的自私倾向造成的"搭便车"行为，最终确保正义制度的稳定和持久。

第二，人的利己倾向促使公民担忧他人的忠诚。人的行为都是受个体内在的感性和理性思维支配的，在感性思维驱动下，人的行为通常来自利心、损他心与道德心的驱使。自利心是人为保存自身而具有的一种本能的思维机制，无所谓善恶。"自利本能使每个人在意识上只考虑自己，而不考虑他人"。③ 而正义行为是有条件的，我行为正义的同时要求他人也能如此。从自利心的角度考虑，公民对他人忠诚的担忧必然威胁正义制度的稳定。因

---

① ［美］约翰·罗尔斯：《正义论》，何怀宏，等译，北京：中国社会科学出版社，2009 年版，第 263 页。

② ［美］约翰·罗尔斯：《正义论》，何怀宏，等译，北京：中国社会科学出版社，2009 年版，第 393 页。

③ 张恒山：《法理要论》，北京：北京大学出版社，2002 年版，第 4 页。

此，人们如果要在社会交往与合作中达成各自己的利益，就得既考虑自己利益，同时也要顾及他人的利益。亦即，人们在合作与交往中既要自利，同时又要利他，那么合作才能取得实效。同时，罗尔斯在阐述公民正义感形成时指出，在社团道德阶段，公民的理性能力得到发展，公民坚持正义源于对社团的依恋和信任。在相互合作中，公民逐渐学会在自己于他人位置上用他人观点看待事物。因此，正义品质作为一种稳定的合作德性，它会增进公民间的合作，减少彼此间失信的担忧，进而推动人们对他人的信任与忠诚。

综上所述，一方面，由于公民的正义品质受自然义务原则的指导，因此公民正义品质有助于减少人的自私倾向造成的搭便车行为，最终推进政治制度的稳定。另一方面，正义品质作为一种合作德性，会减少合作中他人对自己是否忠诚的担忧，最终推动公民间的相互合作，促进良序社会的稳定。

3. 公民正义品质研究有助于匡正道德教育的偏颇

正义品质作为个体道德研究的重要内容之一，是学校道德教育的中心任务之一。长期以来，学校思想政治教育课都承担着道德教育的重任。思想政治教育的主要内容是政治教育和道德教育，目的是提高人民群众的政治思想水平。亦即，思想政治教育通过对公民进行共产主义的道德教育，旨在培养公民具有高尚的共产主义道德，包括坚定的共产主义理想、信念，以及为共产主义事业献身的精神，这是道德教育目标的一部分。总的来说，当前我国的道德教育重宏观，轻微观；重理论灌输，轻道德实践；重口号宣传，缺稳扎落实；有的道德规范总体上过于高、大、空。这种将政党的道德教育目标普及至公民大众，是不适宜的，也是不现实的。尤其是在市场逻辑与技术理性裹挟的现代社会，公民的道德自觉性下降，致使这些高尚道德多停留在政治宣传口号上。为了提升公民道德自觉性，并促使公民道德教育取得实效，作为公民道德教育主渠道的思想政治教育应重视从较低的道德要求入手对公民进行道德教育。正义品质作为人之为人的一种底线道德，因此应成为公民道德教育的基点。正义品质不仅是现代公民应具有的基本道德素质，也是公民具有高尚的共产主义道德情操和其他高尚道德品质的前提和基础。因此，公民道德教育要想取得实效，必须转变道德教育的主旨与方法，以培养公民的正义品质作为道德教育的切入点和基础。换言之，当前我国道德教育最重要且最首要的任务是培养与塑造公民的正义感与正义品质，这是扭转当前我国道德教育困境的最切实可行的办法之一。因此，将正义品质作为公民道德教育的中心进行研究，有助于匡正道德教育的偏颇。

二、国内外研究综述

（一）国内学者的研究成果及评价

就公民正义品质的培养机制而言，国内学界的研究主要集中在三方面：一是从制度伦理优先性的角度进行制度正义的研究；二是与制度正义针锋相对的正义美德的研究；三是关于制度正义与正义美德之间关系的研究。

1. 制度正义研究

罗尔斯与麦金泰尔关于制度正义与美德正义之争，激起国内学界对此问题的热烈讨论。国内关于制度正义的研究主要集中在社会学、政治学、经济学、法理学领域。总之，国内关于制度正义研究的理论已日臻完善，相关的理论著作有一大批，主要有吴忠民的《社会公正论》，沈晓阳的《正义论经纬》，张恒山的《法理要论》，毛勒堂的《经济生活世界的意义追问：经济正义与和谐社会的构建》，何建华的《分配正义论》，倪勇的《社会变革中的正义观念》等。

吴忠民从社会学角度提出支撑现代社会公正的基本政治理念：自由、平等与社会合作，以及实现社会公正的基本规则。他认为，自由、平等与社会合作的理念是现代社会公正的基本理念依据，现代化进程与市场经济的发展构成了现代社会公正的现实依据。基于此，他主张社会公正的基本规则包括四方面：第一，底线的规则是保证公民的基本权利；第二，在达成财富目标之前，应遵循机会平等原则，保证公民具有平等的共享机会与差别机会；第三，按贡献进行社会资源分配；第四，基于社会整体利益的考虑，对初次分配形成的利益格局进行适当的利益调整的社会调剂规则。他认为，个人的天赋、家庭、教育与职业是直接影响公民机会平等的重要因素，现代中国社会中的户籍制度、"单位化"，官本位与平均主义观念是阻碍机会平等的四大因素。为了实现社会公正，"社会调剂的具体内容在于实现充分就业，实现合理的税收，实施行之有效的社会福利政策，大力发展教育事业，营造公平的社会环境等。"[1] 他同时指出社会公正缺失可能导致的五方面危害：第一，吴忠民与罗尔斯一样，都赞成制度优先性，他认为正义原则首先要应用于社会基本结构，即制度公正是现代社会公正的一个首要内容，因此，"失去社会公正意味着基本制度的畸形安排"。[2] 第二，对于市场经济活动来说，社会不公正表现为市场自由平等竞争的基本规则遭破坏。第三，社会不公正会削弱经济可持续发展的推动力，最终表现为社会发展活力下降。第四，由社会不公正引起的贫富差距扩大问题，会延缓，甚至扭曲我国民主政治的发展。第五，社会不公正问题会导致转型期社会各种矛盾激化，甚至威胁国家公共安全。

沈晓阳立足于政治哲学的研究视角，认为正义是人类文明的尺度，不仅是人发展进步的尺度，而且是社会文明进步的尺度，以此为根据，他对包括个人正义与社会正义在内的正义诸问题进行了系统研究。沈晓阳在亚里士多德关于正义类型划分基础上，将特殊的正义区分为分配的正义、交换的正义与矫正的正义三种。在他看来，分配正义解决的是个人占有社会资源时的正义问题，而交换的正义解决的是转让资源中的正义问题，矫正的正义是补偿

---

① 吴忠民：《社会公正论（第二版）上卷》，济南：山东人民出版社，2012 年版，第199 页。

② 吴忠民：《失去社会公正意味着什么》，《理论视野》2008 年第 4 期，第 42 页。

的正义。其中，"分配正义是指以经济资源为主体的各种资源在社会成员之间进行合理分配的原则。"① 通过对亚里士多德、罗尔斯、乔·范伯格等人的分配正义理论比较分析，他认为分配正义作为一个广泛的概念范畴，"包括各种社会价值在不同个体之间的各种形式的分配。"② 历史上的思想家通常认为分配正义的基本含义是"使每个人得其应得"，即分配正义是一种"应得"的正义，但如何确定每个人的"应得"呢？即分配正义的原则是什么？他提出四个原则作为分配正义的基本原则。"第一，分配主体的合法性。"③ 在现代社会，分配主体主要是市场和政府。分配主体的合法性表现在，初次分配完全由市场自发调节，二次分配中，政府应在遵循市场规律的前提下对市场进行宏观调控与合理引导，坚持依法分配。因此，坚持市场与政府分配相结合是我国当前市场经济活动中分配正义的基本原则与表现。"第二，分配关系的平等性。"④ 此原则是分配正义原则的核心。平等分为机会平等与结果平等，机会平等优先于结果平等是我国社会主义市场经济背景下分配正义原则的基本要求。机会平等的具体要求是：公民具有均等的就业、受教育机会；个人收入与投入要相适应；避免贫富差距扩大与两极分化。"第三，分配规则的有序性。"⑤ 即，应明确各种分配规则的先后次序，以保证分配规则协调、统一。"第四，分配程序的规范性。"⑥ 市场经济是法治经济，因此，在市场经济条件下，资源分配程序必须符合法律规定，依法进行。综上所述，沈晓阳认为，以上四个分配正义原则之间是相互依存的统一体，共同体现了分配正义的基本精神。"其中，分配主体的合法性是分配正义的前提，分配关系的平等性是分配正义的内容，分配规则的有序性是分配正义的形式，分配程序的规范

---

① 沈晓阳：《正义论经纬》，北京：人民出版社，2007 年版，第 258 页。
② 沈晓阳：《正义论经纬》，北京：人民出版社，2007 年版，第 262 页。
③ 沈晓阳：《正义论经纬》，北京：人民出版社，2007 年版，第 269 页。
④ 沈晓阳：《正义论经纬》，北京：人民出版社，2007 年版，第 270 页。
⑤ 沈晓阳：《正义论经纬》，北京：人民出版社，2007 年版，第 271 页。
⑥ 沈晓阳：《正义论经纬》，北京：人民出版社，2007 年版，第 272 页。

性是分配正义的保障。"① 此外，他认为制度正义是正义的奠基石，制度正义需要法律正义予以维护，法律是正义的守护神。法律正义包括实质正义与程序正义两方面。其中，实质正义体现在法律实体的正义上，即无论宏观层面的法律目标，还是微观层面的法律内在价值与自身原则，都应与正义的目标与要求相一致。程序正义是对执行法律的具体要求，包括：独立性、中立性、公开性、公正性与规则性。实质正义与程序正义作为法律正义的两个方面，彼此相互补充、缺一不可。

不同学者因研究视角不同对个人正义的概念与特征进行了不同的界定。正义自诞生之日起，就与法律有着不解之缘。法学界的张恒山将个人的正义行为界定为人行为的两种状态。第一，当个人与他人发生利益冲突时，作为当事人为了解决冲突，应当自利的同时利他。第二，当个人作为中立者在处理他人之间的矛盾冲突时，应当公正地评价，保持一种不偏不倚、公正廉明的判官的形象。张恒山关于个人正义行为两种表现的概括，其立足点是法学的视角，强调的是正义规则，亦即人们正义行为的实质是行为的正当性。但诚如美德伦理学家所强调的，正义并不是因为其规则而成为人们追求的，人们追求正义仅由于它能体现人的本性，正义本身即是德性的原则。

倪勇认为，物质财富的分配包括生产资料与生活资料两方面内容，由于特定的经济秩序决定生产资料的分配，而特定的分配制度决定生活资料的分配。因此，对物质财富的分配实为对经济秩序与消费品的分配制度。首先，他对中西方传统分配正义观进行了介绍与阐释。以儒家思想为代表的中国传统正义分配观认为，"合乎礼制的分配，必定是正义的；否则，就是非正义的。"② 局限于礼制约束背景下的中国儒家正义观实是一种等级分配观。以柏拉图、亚里士多德为代表的古希腊雅典城邦推崇等级分配，而斯巴达社会推崇强制性的平均分配。资本主义社会的分配原则是"按资分配为主，按

---

① 沈晓阳：《正义论经纬》，北京：人民出版社，2007年版，第273页。

② 倪勇：《社会变革中的正义观念》，济南：山东大学出版社，2006年版，第187页。

劳分配为辅。"① 马克思恩格斯构想的社会主义的分配原则是在生产资料公有制基础上的按劳分配，"基于劳动的差别合乎正义，基于资本的差别则是非正义"。② 共产主义社会实行"各尽所能、按需分配"的分配正义原则。其次，他指出当前我国分配制度面临的困境与挑战，主要包括以下四方面内容。"第一，按劳分配原则被扭曲。"③ 诸如，现实社会中同工不同酬致使财富分配基于身份而不是劳动贡献，并且，即使基于劳动贡献，但由于平均主义的盛行，致使基于劳动贡献产生的收入差别很小，财富分配仍是不合理的。第二，按劳分配与按资分配之间的冲突。第三，社会转型过程中，灰色收入，各种违法收入泛滥，致使贫富差距扩大，甚至威胁着分配正义制度的稳定。第四，二次分配中，政府调节乏力，社会保障体系亟须完善与加强。最后，基于以上阐述，他提出从五个层面深化分配制度改革。第一，按劳分配作为社会主义社会的主要分配制度，必须不断完善。第二，通过融合公有制与私有制，以协调不同分配方式主要是按劳分配与按资分配之间的冲突。第三，社会保障作为一种补偿性分配，在二次分配中要尤为重视并不断完善。第四，推进东西部地区经济协调发展，缩小基于资源优势造成的不同地区收入差距。第五，"效率优先，兼顾公平。"④

2. 正义美德研究

当制度正义研究进行得如火如荼时，有一批学者从反思"现代性"的角度，分析制度正义的缺陷与不足，主张解决现代性道德危机的唯一出路是重返古希腊亚里士多德创建的美德伦理传统。以麦金泰尔为代表的美德伦理研究也影响了中国一大批伦理学与政治哲学研究者，他们追随麦金泰尔的

---

① 倪勇：《社会变革中的正义观念》，济南：山东大学出版社，2006 年版，第 189 页。
② 倪勇：《社会变革中的正义观念》，济南：山东大学出版社，2006 年版，第 190—191 页。
③ 倪勇：《社会变革中的正义观念》，济南：山东大学出版社，2006 年版，第 202 页。
④ 倪勇：《社会变革中的正义观念》，济南：山东大学出版社，2006 年版，第 211 页。

脚步，论证美德伦理的必要性与现代意义，并探讨应追求何种美德伦理。代表性的著作有：万俊人的《正义为何如此脆弱》，《美德伦理的现代意义——以麦金太尔的美德理论为中心》，《制度的美德及其局限》，梁晓杰的《德法之辨：现代德法次序的哲学研究》与《法律正义与正义美德》，慈继伟的《正义的两面》，田秀云的《社会道德与个体道德》，靳凤林的《制度伦理与官员道德——当代中国政治伦理结构性转型研究》，李建华的《道德情感论——当代中国道德建设的一种视角》，秦越存的《追寻美德之路：麦金泰尔对现代西方伦理危机的反思》，吴俊的《论公民美德》，等。总的来说，国内正义美德的研究主要集中在正义美德的现代价值与意义、正义美德的内涵与特征，以及正义美德的培养三方面。

万俊人通过对麦金泰尔的三部重要的美德伦理著作：《追寻美德》《谁之正义？何种合理性？》与《三种对立的道德观探究》进行研究，指出在文化多元的现代社会，"各个不同的文化传统和道德谱系之间是'不可公度的'"[①]，想寻求不同文化和道德谱系的共存就需要以包容的态度，坚持"和而不同"与"求同存异"的态度对待异样文化。在他看来，在一个由于现代性公共结构转型导致的"公共领域"不断扩大，"私人领域"不断缩小的现代社会，规则伦理的一个重要缺陷在于它"严重忽略了人类道德伦理生活和行为实践过程中的复杂多样性和特殊性"[②]，使得公共理性主义的规则伦理的效用降低，因此，我们需要美德伦理。他认为，罗尔斯建构的维护制度正义的两个正义原则完全排除了现实社会中不同社会的道德文化传统，这是导致制度正义脆弱的一个原因。他强调，"政治内在地需要道德文化资源的供应和

---

① 万俊人：《美德伦理的现代意义——以麦金太尔的美德理论为中心》，《社会科学战线》2008 年第 5 期，第 225 页。

② 万俊人：《美德伦理的现代意义——以麦金太尔的美德理论为中心》，《社会科学战线》2008 年第 5 期，第 228 页。

精神支持。"① 他将制度正义视作政治制度建构中的显性因素，认为正义美德作为一种隐性因素是政治制度建构的基本条件，也是政治制度设计与运行中要尤为审慎对待的因素。在寻求不同道德与文化达成"和而不同"方面，万俊人是支持麦金泰尔的，即使现代社会面临公共性结构转型的危机，但他们都坚信美德伦理作为人类生活追求的目的不会被解构，并会一直存在下去。对于麦金泰尔未能解决的问题——我们究竟该寻求何种美德伦理，万俊人根据美德的两层含义——卓越的品质与特殊品格，给出自己的见解。他指出，在理性多元的现代社会，现代人所需要的美德主要是基于职业分工形成的优秀人格。显然，万俊人对此所做的判断是符合当前中国以及世界的整体趋势的，尽管麦金泰尔主张对美德的追寻应回归至古希腊亚里士多德所推崇的城邦美德，但现实的社会却是一个全球化的社会，具有不同文化传统的国家间开展经济、文化、政治的交流与合作日益紧密，再将古希腊的卓越品质作为现代人的美德不可能，也是不现实的。因此，需要一种基于个体在不同场合、时空中的特殊角色道德作为现代社会的美德伦理是必要的，也是普遍能被大众接受的。

梁晓杰比较罗尔斯的法律正义与亚里士多德的美德正义，论证美德正义的优先性。首先，罗尔斯一再强调的制度正义实是突出了"正义本质的律法性"，而正义既是制度的美德，更是公民的美德。亚里士多德认为，在一般情况下，遵纪守法是正义的，但法律正义并不是一种完美的正义。法律作为一种普遍性法则，并不能解决一切社会实践问题，在此意义上，正义美德却恰能弥补法律自身存在的不足。并且，在柏拉图和亚里士多德看来，自然即正义，由自然正义统治的政体是最好的政体。法律经常规定社会习俗，却很少反映事物的自然本性，当法律反映事物自然本性时，它才是自然正义的。因此，与正义美德相比，法律正义不是最完备的制度，正义首先是一种道德德性。其次，根据亚里士多德的观点，在灵魂的三个方面中，只有品质"才

---

① 万俊人：《制度的美德及其局限》，《中国人民大学学报》2005 年第 3 期，第 77 页。

是德性的真实要求"，感受、潜能和品质是灵魂的三个组成部分，其中，感受与潜能是灵魂固有的，人是无法选择的，唯独品质是人可以主动选择的，因此，唯有它才是人的灵魂能实现的德性。最后，正义是一切德性的总和。与其他道德品质相比，"正义德性不是一种私德，而是一种公德。"① 同时，正义意味着不仅要公正地对待他人，而且也要公正地对待自己。此外，正义作为一种要求无过又无不及的原则，它自身即是德性原则，即"一种内在自然真理"。"正义不只是针对人的肉体来说是中道，而且针对人的灵魂来说也是中道，也就是恰到好处。"② 综上所述，梁晓杰认为，正义最本质的应是一种道德德性，"美德的哲学本质在于自然和真理"。③

慈继伟首先对狭义上的正义秉性因素进行了哲学解释。他要考察的是正义的结构性特征，即从狭义角度解释正义的秉性是什么，正义如何运行，以及为什么这样运行。通常，广义的正义秉性因素包括正义的具体内容与正义的结构性特征。正义的具体内容反映着特定历史时期社会的正义规范，因此，要随社会历史环境的不同而呈现出不同的内容，是因时因地而异的。正义的结构性特征较之正义的具体内容更具有根源性意义，它是任何时代社会中的正义都具有的稳定性特征，因此，具有恒定性。慈继伟认为，正义的秉性特征包括愤恨、义愤与负罪感等三种反应性态度，以及正义的"相互性"，这两个特征表明正义秉性是他律的，而非自律的。"相互性"指人们对合理规范的有条件服从。与"仁爱"或"利己主义"相比，"相互性"是正义独有的特征，人们行为正义的前提是相信他人也会如此行为，亦即等利害交换关系是正义独有的特征。狭义的正义秉性特征强调正义是有条件的，侧重于考察正义的动机，但从正义的目的来看，"作为制度，正义的实践必须是无

---

① 梁晓杰：《法律正义和正义美德》，《道德与文明》2006 年第 6 期，第 60 页。
② 梁晓杰：《法律正义和正义美德》，《道德与文明》2006 年第 6 期，第 60 页。
③ 梁晓杰：《法律正义和正义美德》，《道德与文明》2006 年第 6 期，第 60 页。

条件的，否则正义就无法起到保障稳定的道德秩序和利益交换的作用。"① 因此，正义的秉性特征包含着貌似矛盾却又统一的两个侧面——条件性和无条件，条件性强调正义秉性是他律的，无条件意在说明社会化作用使正义由他律转化为自律，这是正义的实践目的。慈继伟对正义秉性特征的研究建立在批判与吸收借鉴西方著名政治哲学家思想的基础上，从形上层面对正义的内涵与特征进行了系统解释与论证，具有重要的理论价值。诚如他所说的，"一个完整的正义理论包括解释性理论和规范性理论两部分。"② 但他研究的重点是正义的结构性特征，即对美德正义的秉性特征进行的哲学解释，而对具体的正义内容未作探讨，亦即对正义品质作为一种道德规范未进行阐释与论证。他的研究方法是哲学的，但正义品质与个体道德心理密切相关，因此，研究正义品质的培养机制时有必要借鉴道德心理学关于正义美德研究的最新成果。

陈江进从进化论的角度分析正义感的起源问题。在他看来，正义感不是一种单一的道德情感，而是一种复合性情感，感激、愤恨、义愤、负罪感都是正义感的表现形式，其中，义愤是正义感的本质。感激与愤恨相对应，都是较为低级的情感，都可以从进化论的角度予以解释，即交互利他理论认为，感激意味着以德报德；而愤恨意味着以怨报怨。而负罪感是一种更为复杂的情感，仅依靠进化论是无法解释清楚的，还需要借助社会文化予以解释，负罪感"可能是基因与文化共同进化的产物"③，从此角度讲，罗尔斯从道德心理发展的角度分析负罪感的产生是有道理的。此外，义愤与负罪感一样都是极为高级的情感，进化论的解释都不足以完全成立，截至目前，对义愤起源的解释有很多，但很难说哪种解释起主导作用。但进化论作为研究正

---

① 慈继伟：《正义的两面》，北京：生活·读书·新知三联书店，2001 年版，第 37 页。

② 慈继伟：《正义的两面》，北京：生活·读书·新知三联书店，2001 年版，第 4 页。

③ 陈江进：《正义感及其进化论解释——从罗尔斯的正义感思想谈起》，《伦理学研究》2011 年第 6 期，第 4 页。

义感起源的一个视角应是学界研究中应当注意的一个问题。

在文化多元的现代社会，公共结构转型带来的现代社会道德危机，仅用制度正义是难以解决的，需要借助美德伦理的力量。因此，正义美德的培养已引起学界的高度关注，有从个体道德心理发展的角度研究道德品质的培养问题，也有从现实社会道德失范的角度研究大学生正义感培养的，更有就公务员群体正义德性培养的研究。

田秀云在研究个体道德时，对道德品质的概念与特征进行了界定与分析。"所谓道德品质，是一定社会的道德原则和规范在个人思想和行为中的体现，是一个人在一系列的道德行为中所表现出来的比较稳定的特征和倾向。"[①] 道德品质与道德行为密切相关，二者相辅相成，密不可分。首先，道德品质是对道德行为的概括总结，而道德行为反映着一个人的道德品质。"其次，道德品质是自觉自主的行为过程。"[②] 最后，道德品质具有稳定性特征，反映的是稳定的行为特征或行为倾向。田秀云依据个人与社会的关系将道德区分为社会道德与个体道德，个体道德的培养应将个体自身的道德修养与社会层面的道德教育两方面相结合。个体道德品质既是个体自主自觉行为的结果，同时受客观社会环境、条件的制约，简而言之，个体道德品质的形成受特定主客观条件的影响。如果说道德教育是一种培养公民正义品质的外在途径，那么道德修养就是个体自主、自觉锻炼个体道德品质的内在途径，同时，个体自觉的道德修养能使公民良好的道德品质趋于稳定和持久。因此，道德教育和道德修养作为培养公民道德品质的两个重要途径，对于公民正义品质培养机制研究有着重要的借鉴意义。

靳凤林对个体道德的基本构成要素以及内、外在培养机制进行了系统研究。靳凤林认为，官员道德属于个体道德的范畴，其基本构成要素至少包括

---

① 田秀云：《社会道德与个体道德》，北京：人民出版社，2004 年版，第 378 页。

② 田秀云：《社会道德与个体道德》，北京：人民出版社，2004 年版，第 378 页。

"道德信念、道德心理、道德行为、道德品质四方面的内容"①。此四要素之间密切联系，道德信念是个体道德构成中的形上要素，统领其他三大要素，道德信念的内化形成个体的道德心理，外化表现为个体的道德行为，最终经过长时期生活积淀为个体的道德品质。从道德发展心理学的角度来看，个体道德生成的内在机制主要包括四方面内容：道德认知、道德情感、道德意志与道德修养。"在这四种内部主观条件中，道德认知是道德生成的前提和基础，道德情感和道德意志是对道德认知的进一步深化，道德修养则在道德生成机制中居核心位置。"②靳凤林认为，道德认知的发展依次要经过三个阶段：道德感性认识阶段、道德理性认识阶段，道德直观和道德智慧阶段。道德意志的特征突出表现为自主性、自律性、果敢性和持久性。道德修养的具体要求是学思结合、慎独省察和社会实践。个体道德的外在生成机制包括道德评价、道德赏罚、道德教育与道德敬畏四方面。

曾钊新从心理学角度考察道德的养成，将道德意识和道德活动作为道德的内、外在培养机制进行了系统考察与研究。道德意识包含道德情感与道德理性，而道德模仿、道德教育、道德选择、道德互动与道德评价都属于道德活动的范畴。一方面，从心理学的角度看，道德的培养是一个非常复杂的过程，包括道德认知、道德知觉、道德模仿、道德情感、道德思维、道德判断、道德推理、道德信念、道德意志、道德范例、道德追求、道德反省、道德矫治、道德培养、道德习惯等内容。其中，道德认知是个体由感性认识上升到理性认识的阶段，是公民道德情感、道德意志形成的前提和基础。道德情感的心理本质是道德需要，道德需要是道德情感赖以产生的客观基础。道德情感与道德信念的融通促使道德意志产生，道德意志是道德行动的前提和

---

① 靳凤林：《制度伦理与官员道德——当代中国政治伦理结构性转型研究》，北京：人民出版社，2011 年版，第 156 页。

② 靳凤林：《制度伦理与官员道德——当代中国政治伦理结构性转型研究》，北京：人民出版社，2011 年版，第 172 页。

动力。道德信念有正确与错误之分，正确的道德信念会使主体选择正确的道德信息，控制错误的道德行为，养成正确的道德习惯。另一方面，他将道德教育、道德修养以及道德评价等活动看作是道德培养的外在机制。首先，他认为可以通过图示来揭示道德培养的过程："道德的感性实践—道德的理性实践—理性指导的道德实践。"① 亦即在感性→理性→实践过程中，道德品质得以形成。其次，他将道德培养的根本途径概括为学习、借鉴、树标、日记与践履五方面。最后，他分别提出道德习惯培养的心理与社会机制。道德习惯培养的心理机制包括三方面内容：道德认知机制的培养应以信念培育为主；道德情感机制的培养应以责任感培育为主；道德意志的培养应以自制力培育为主。道德习惯培养的社会机制包括：道德教育要先行，设置行为规范，优化社会道德环境。

李建华着眼于对现实道德生活的关切，从当代我国道德建设的角度对道德情感的内涵、结构、功能以及道德情感的培育进行了极为认真、细致、系统的研究。李建华的道德情感理论基于一种历史发展视角的假设，这个假设认为"道德建设的着力点应由道德理性走向道德情感"②。作为一种社会性情感，道德情感的发展受社会历史条件的制约。李建华将道德情感的特征归纳为五点：第一，理性内容和非理性形式的统一；第二，社会普遍性和个人独特性的统一；第三，自我的体验性与他人的感染性的统一；第四，功利性和超功利性的统一；第五，时代性和阶级性的统一。③ 从承担主体的视角看，道德情感可以分为个体道德情感与群体道德情感。李建华认为，义务感、良心感、荣誉感与幸福感是个体道德情感的主要内容。道德情感的功能包括：

---

① 曾钊新，李建华：《道德心理学》，长沙：中南大学出版社，2002年版，第351页。

② 李建华：《道德情感论——当代中国道德建设的一种视角》，北京：北京大学出版社，2011年版，第11页。

③ 李建华：《道德情感论——当代中国道德建设的一种视角》，北京：北京大学出版社，2011年版，第73—77页。

激发功能、选择功能、评价功能、预测功能和教育功能。李建华认为，"道德智识、道德反省、道德实践、道德境界"是个体道德情感培育的四个重要方面。但人的本质是人的社会性，因此，他指出，"道德情感的培育仅仅靠个体修身养性是不够的，还须有社会性的举措"①。李建华主张，应使道德教化走向深化，全面优化道德环境，并科学合理地进行道德调控。显然，李建华对道德情感的概念界定、特征分析都是异常深刻并且到位的。他从人作为个体存在的视角，着重分析了个体最重要的四种道德情感，显然，义务感、良心感、荣誉感、幸福感都是指向自我修养的道德情感，是个体应当重视并加强的道德情感。尽管个体道德提升异常重要，但就现实的人而言，社会性是人的本质，社会合作需要以公民彼此间的正义感作为人际交往的道德情感基础，而李建华对此却未作深入解释与说明。

廖运生通过对大、中学生的道德实践进行实证调查分析得出当前我国大、中学生的正义感现状。通过理论分析，明确当前我国公民正义感缺失的现状与原因，为解决正义感培育的困境，该学者从多维度提出了培育公民正义感的对策与措施。通过对学生正义感现状的调查分析，他认为制约学生正义感培育的因素有两方面：社会抑制因素与个人制约因素。社会抑制因素，主要包括"政治制度、经济发展、文化环境、社会管理等因素"，"这些因素通过直接和间接的方式影响和制约大、中学生正义感的培育。"②影响大、中学生正义感培养的个人因素主要是个体道德发展水平、文化知识结构、家庭、学校、社区环境等。最后，他主张应借助多学科（道德心理学、伦理学、思想政治教育）研究正义感的培育，以其为理论指导，从几个方面来加强学生正义感的培育，以摆脱正义感培育的困境，并提升学生的道德素质。

---

① 李建华：《道德情感论——当代中国道德建设的一种视角》，北京：北京大学出版社，2011年版，第236页。

② 廖运生：《大、中学生正义感培育的困境与出路》，2010年南昌大学博士学位论文，第95页。

道德认知心理学认为道德的养成是个体道德认知发展与社会环境尤其是社会文化密切相关的。根据科尔伯格的观点，"道德发展的水平序列图式是：'智力或认知→角色承担→道德判断→道德行为'。"① 他对思想政治教育中正义感的培育进行了概括，主要是社会正义感和个体正义感两种培育途径。总而言之，正义感培育包括四方面内容：第一，向公民灌输正义的社会核心价值理念。第二，强化以公正为原则的制度伦理建设。第三，强化教育公正、舆论宣传正义，以塑造正义感培育的良好的社会道德环境。第四，将正义感作为公民个人能力培养的重要方面，树立公民的权利与义务对等意识。最后，他提出应从德育环境、教育提升、社会支持与自我促进四方面加强公民正义感的培育。总而言之，家庭和学校教育是公民正义感培育的主渠道，城市社区实践活动为公民正义感实践提供锻炼机会，社会保障、社会控制是推进正义感实践的重要动力，个体自我道德状况调节个人正义感的实践，以互联网为主的虚拟环境为公民正义感表达提供新手段和新方式。总之，该学者认为公民正义感的培养途径主要是社会环境与个体自我提升，因此将公民正义感培育途径分四方面来揭示有重复之嫌。

秦树理主张应从个人与社会两个纬度来培养公民的正义感。"正义感的培育主要以个人为基点。"② 首先，个人应对正义原则有正确的理解与认识，在此基础上，要加强个体理性的培养，鼓励并支持个体积极参与道德体验活动，在知行统一的道德体验活动中提升个人的正义感。此外，公民正义感的培养还需要社会予以支持和保障。从社会的角度看，首先要加强公民的道德教育。其次，"社会赏罚应公正分明。"③ 此外，社会的道德评价应公正信实，对正义与不正义现象要有正确的道德评价，鼓励与宣传惩恶扬善的社会

---

①　廖运生：《大、中学生正义感培育的困境与出路》，2010 年南昌大学博士学位论文，第 134 页。

②　秦树理：《公民道德导论》，郑州：郑州大学出版社，2008 年版，第 141 页。

③　秦树理：《公民道德导论》，郑州：郑州大学出版社，2008 年版，第 143 页。

风气。

吴俊认为，正义美德首先表现为公民权利与义务的对等，即"得其应得，付其应付"。如此重视公民的正义美德，一个重要原因在于，它是一种具有普遍公共性的底线美德。同时，正义更是一种极为高尚的道德，因为正义美德要求个人不仅要公正地对待他人，而且要公正地对待自己，有时为了捍卫正义，个人可能还要冒着生命危险。①

越来越多的国内学者已意识到正义美德的现代价值，并提出一些培养大学生正义美德、公务员公正德性的方法。他们认为，首先应该向大学生讲授公平正义的原则及其价值，这是培养大学生正义美德的依据。其次，应营造"公平正义的教学、管理、服务制度与环境"②，作为培养大学生正义美德的社会基本条件。最后，倡导大学生要积极加强正义美德的自我修养与践行。杨冬艳认为，公务员公正德性的形成既要靠早期正义美德的教育，更离不开严明的法律与制度。也有学者反复强调，职业道德是公务员公正德性养成的一个切实可行的重要抓手。

王红阳认为，公民正义品质的培养是一个由宏观到微观的有机整体，在宏观方面要实现培养环境的优化，在微观方面则要实现教育方法的科学化和实效化。陈武认为，公民正义品质的培养是将外在社会正义原则内化为公民道德行为原则的繁杂过程，在此过程中，既要发挥公民主体道德自觉，更要整合学校、家庭、社会三方面的教育优势，借助新媒体加强公民正义思想教育。乔乐林认为，建立在"重叠共识"基础上以共同善为基本目标的现代共同体建设是公民公正德性塑造的必由之路，重点是加强生活共同体建设（农村和城市社区），并加强规约制度建设，以增强抗越轨能力，为正义德性养成提供制度保障。

---

① 吴俊：《论公民美德》，《哲学研究》2010年第3期，第92页。

② 武立敬，刘月岭：《培育大学生公平正义美德的方法》，《徐州建筑职业技术学院学报》2010年第4期，第75页。

3. 制度正义与正义美德关系研究

李海青从制度正义优先性的角度探讨了正义感与制度之间的关系，及其对和谐社会构建的意义。他主张制度正义是正义美德产生的前提，公民的权利意识是在制度正义的社会中被唤起的，此后才形成公民的正义感。"制度的正当与实效是个体德性养成与践履的必要条件。"[①] 正义感包括三方面内容："对正义原则与制度的认知能力、尊重与践履正义原则与制度的意愿、尊重与践履正义原则与制度的勇气"[②]。同时，他指出个人正义感的践行具有辐射效应，个人的正义感会唤起社会大众对正义的支持与践履。正义感作为和谐社会的一个重要标志，有助于唤起公民的权利与义务意识。毋庸置疑，李海青将正义感视为在对正义原则认知前提下，道德意志与道德勇气推动的一种道德情感，准确把握住正义感的实质。但正义感不等于正义品质，尽管正义感自身具有辐射效应，但正义感是不稳定的，将其视作和谐社会的标志的表述似乎不太准确。

刘余莉认为儒家伦理是规则与美德的统一。中国传统文化博大精深，受儒家伦理影响的传统道德教育对于维护传统社会的稳定有序发挥了重大作用。传统道德教育的经验主要包括四方面内容。第一，传统社会高度重视道德教育，建立起由家庭教育、学校教育、社会教育、宗教教育相互支持的完整的道德教育体系。在此体系中，家庭教育是道德教育的开端；社会教育是家庭教育的延伸与扩展；学校教育是道德教育的主渠道；宗教教育尤其是佛教本质上也是一种教育，并且作为一种高度艺术化的教育通过建筑、雕塑、音乐、绘画表现出来，对于推进人心向善起着重要作用。第二，道德教育取得实效的关键在于领导干部的率先垂范作用。第三，道德教育是一个系统复杂的工程，各种社会制度建设保障着道德教育的顺利进行。道德教育与制度建设相辅相成，共同推动道德教育的发展。中国古代对道德教育的重视不是

---

① 李海青：《制度、正义感与社会和谐》，《岭南学刊》2009 年第 2 期，第 97 页。

② 李海青：《制度、正义感与社会和谐》，《岭南学刊》2009 年第 2 期，第 97 页。

仅停留于空洞的道德说教上，他们更重视法律、监督机制与制度激励的健全与完善。第四，着重培养人"行有不得，反求诸己"的能力。① 各种社会冲突的根源在于利益之争，化解各种冲突的最好办法是人要学会反省与自省，亦即"行有不得，反求诸己"的能力。

肖雪慧认为道德教育作为一种对全社会产生深远影响的活动，对个人的理性和情感有着重要的影响。因此，她主张从道德教育的各个层面加强公民的道德教育。首先，公民道德教育的基本渠道是家庭、学校、社会和大众传播媒介。每个公民的道德认知与判断都受他人与社会环境的影响，因此，社会的各个方面都对公民道德教育产生直接或间接的影响。家庭历来是公民道德教育的首要渠道，学校是公民道德教育的最重要渠道，社会环境与大众传播媒介作为外在的教育渠道也会对公民道德产生影响。其次，从个体道德发展的视角看，公民道德教育的实施要借助五种特殊的手段才能发挥实效，"即规范的宣示、道德楷模的塑造、艺术活动、宗教活动以及道德哲学的讨论与传播。"② 规范宣示的方式有两种：第一种是直接将道德规范宣示于受教育者，受教育者只需要严格遵守即可；第二种规范宣示更加人性化，即在受教育者对于道德规范有一定认知、理解的情况下向其提供道德知识，以开启公民的道德理性能力。第二种规范宣示方式旨在帮助公民由道德他律走向自律。道德楷模的意义在于顺应人的模仿能力，使公民对道德有更加明确的认知与理解。艺术活动追求美，道德活动追求善，而从艺术的本源上看，"善和美往往于同一事物中取得和谐与共存。"③ 美最初的含义蕴含着正义，强调的是比例的和谐。艺术对美的选择在某种程度上会影响人们对善的追求，进而影响社会的道德风尚。无论是规范宣示、楷模还是艺术、宗教活动，它们作为道德教育的特殊方式，"更多诉诸人的情感，并且主要指向于培养人的道德习

---

① 刘余莉：《中国传统道德教育经验浅析》，《理论前沿》2007 年第 6 期，第 33 页。
② 肖雪慧：《守望良知》，吉林：辽宁人民出版社，1998 年版，第 261 页。
③ 肖雪慧：《守望良知》，吉林：辽宁人民出版社，1998 年版，第 262 页。

惯和道德情感。"① 而道德哲学的意义在于论证各种道德规范的合理性,并在此基础上使公民认可与遵守道德规范。

唐代兴认为,在公正原则规范下,个人具有的道德义务是促进社会公正的自我支持力量。为了实现社会的普遍公正,使得公正原则成为人们内心根深蒂固的价值观念,"人首先必须具有公正的道德情操、自律精神和互爱品格。"② 他认为,公正原则既指向人性善的启迪与提升,也涵括人本的义务和责任。"人本义务履行的原则是'必须'。"③ 诸如赡老、育幼、忠信,以及自我教育与提升,都是公正原则对人的基本道德要求。承认人本义务是人具有道德品质的前提,履行人本的责任才是人的道德品质的实现。"人本责任的履行原则是'应当'。"④ 值得注意的是,履行人本义务与责任的前提是满足合法期待与获得道德应得。

综上所述,国内学者对于公民正义品质的研究集中在对正义美德的内涵及其现代价值,正义感的内涵及其培育机制,以及公民道德品质的培育路径等方面。在公民的正义职责研究方面,多数学者已意识到当前我国社会存在的社会不公正问题及其可能导致的负面影响,因此,在公正原则约束下建构人本义务与责任就显得尤为重要。无论学者的立场是坚持制度优先,还是美德优先,他们对正义美德的研究都是极为深刻的,并且具有重要的理论价值与现实指导意义。尽管国内学者在正义品质研究上的贡献卓著,但有一个问题似乎是需要学者进一步深入重视的,即当社会制度整体正义,部分不正义时,公民该如何实践其正义品质?显然,这也是公民正义品质研究中应极为重视的一个问题。以往大多数学者在面对社会不公正现象时都主张从国家与政府的层面通过宏观调控缩小社会不公正问题,而没有突出作为社会活动主

---

① 肖雪慧:《守望良知》,吉林:辽宁人民出版社,1998年版,第265页。
② 唐代兴:《公正伦理与制度道德》,北京:人民出版社,2003年版,第35—36页。
③ 唐代兴:《公正伦理与制度道德》,北京:人民出版社,2003年版,第36页。
④ 唐代兴:《公正伦理与制度道德》,北京:人民出版社,2003年版,第36页。

体的公民个人应具有的正义职责。诚如正义感具有辐射效应一样，不正义也会传染。因此，笔者愿在借鉴既有学者研究成果基础上，对此问题做出适当的分析。

（二）国外学者的研究成果及评价

1. 西方美德教育的复兴

杨韶刚在其专著《西方道德心理学的新发展》中，对 20 世纪以来以美国为代表的西方社会回归传统美德教育的发展轨迹、个体品格教育的培养机制和策略进行了详细研究与探讨。杨韶刚认为，自 20 世纪 80 年代麦金泰尔的《追寻美德》一书开始，美国逐渐掀起回归传统美德教育的思潮。他指出，回归传统的品格教育"并不是简单意义上的原始回归，而是螺旋式上升的发展回归。"[①] 由于历史条件的局限，20 世纪 80 年代，美德教育的发展仅局限于学术理论的探讨，美德教育的真正复兴是在 20 世纪 90 年代以后，表现为"当前北美国家占据主流的品格教育（character education）"[②]。与以科尔伯格为代表的道德认知发展理论一样，品格教育的目的也是为了解决价值澄清学派的道德相对主义观点，因为道德相对主义给人们的道德认知与选择带来了严重的混乱。同时，品格教育也意在解决科尔伯格道德认知发展理论造成的道德两难问题，希望"通过对道德和伦理问题的特殊强调来减少人们的道德混乱"[③]。"品格教育旨在通过对传统价值观的研究，倡导当今时代核心价

---

① 杨韶刚：《西方道德心理学的新发展》，上海：上海教育出版社，2007 年版，第 251 页。

② 杨韶刚：《西方道德心理学的新发展》，上海：上海教育出版社，2007 年版，第 239 页。

③ 杨韶刚：《西方道德心理学的新发展》，上海：上海教育出版社，2007 年版，第 242 页。

值观的建构，构建一个有核心价值观的美德社会。"① 他认为，有效促进学生品格发展的因素有八种：1.对学生的尊重和关爱；2.积极的角色力量；3.给学生提供发挥自主性和影响力的机会；4.提供思考、争论与合作的机会；5.使命和标准；6.提供社会技能训练；7.提供参与道德行为的机会；8.父母和社区的参与。② 当前，学校品格教育的重点是通过教育教学活动促进学生的灵魂转向。在品格教育倡导者看来，"道德教育的目标就是使人的灵魂——人的理性、精神和欲望——达到理智的和谐。"③ 据此，美国学校教育非常重视榜样、解释、社会的精神气质或道德环境、经验、规劝以及对优秀的期待六因素在品格教育中的作用。此外，杨韶刚还总结了品格教育的一般实施策略，包括五个阶段。第一，准备阶段。教师要明确自己肩负的教育使命与责任，并且对将向学生传授的道德知识与技能应当做到胸有成竹。第二，核心价值观的确定。要将适合于本学校的核心价值观贯穿到教学过程的各个方面和领域。第三，信息沟通。品格教育计划的有效顺利实施，有赖于教师与学生，及其家长在道德相关问题上的信息一致地沟通。第四，课程策略。品格教育的课程设置以促进学生践行核心价值观为目的和原则。第五，评价策略。对品格教育效果的评价一般被区分为两个方面。第一，关于计划实施情况的评价；第二，对计划实施效果的评价。要对这两种类型的评价予以区分，以免评价失当。

2. 正义感研究

早在古希腊时期，公正就是政治秩序的核心品质，是城邦执政者的基本

---

① 杨韶刚：《西方道德心理学的新发展》，上海：上海教育出版社，2007年版，第251页。

② 杨韶刚：《西方道德心理学的新发展》，上海：上海教育出版社，2007年版，第245—250页。

③ 杨韶刚：《西方道德心理学的新发展》，上海：上海教育出版社，2007年版，第260页。

德性。柏拉图认为，公正德性就体现为各司其职、各守其分；亚里士多德认为公正就是守法和平等。柏拉图和亚里士多德开启的德性主义正义传统奠定了西方德性主义公正观的理论基石。柏拉图认为，个体对规则的遵守不应依赖于外在权威，而应是内在的回溯，即依靠自己去发现规则。亚里士多德认为，公正德性是一种需要践行的特殊品质，建立在公民良好的身体素质基础上，公正德性的养成更多地要依赖于习惯的教育。当代道德心理学家和道德教育学家科尔伯格深受柏拉图思想的影响，认为道德发展的实质就是个体逐步理解公正原则并获得公正德性的过程，提出"道德讨论法"和"公正团体模式"作为培养个体公正德性的基本教育实践方法。罗尔斯在借鉴科尔伯格道德教育思想基础上，指出公民正义感的获得离不开制度正义的客观环境，在正义的社会制度下，公民正义感的获得是遵循个体道德发展规律的结果。博登海默同样认为公正德性的实践必须以制度正义为前提和保障，尤其是法律正义。

罗尔斯正义论的实质是论证正义制度所需的社会客观条件，尽管他一再强调制度正义的优先性，如他在《正义论》开篇声明的那样："正义是社会制度的首要德性，正像真理是思想体系的首要德性一样。"① 在罗尔斯的思维中，一个完全的正义观在形成时，首先形成的是关于社会结构的正义原则，其次是个人的正义原则。一个人坚持正义，并按正义的要求履行职责的前提是社会制度是正义的。个人只有在正义的制度下，做一个好人才是善的，制度的正义优先于正义的人。尽管罗尔斯一再强调制度正义的优先性，但他也意识到正义的稳定不仅有赖于制度正义，更需要具有正义感的人。因此，在实现社会制度正义之后，罗尔斯又考察良序社会成员的正义感是如何获得的，从而论证正义具有稳定性。罗尔斯对公民正义感的获得的研究成为我们研究公民正义品质培养机制的一个重要理论基础。

---

① ［美］约翰·罗尔斯：《正义论》，何怀宏，等译，北京：中国社会科学出版社，2009 年版，第 3 页。

　　罗尔斯认为，正义感是理性人在特定社会环境下具有的一种按公平的正义原则行为的能力和欲望，同时希望他人也具有类似的欲望和能力。在他看来，制度正义优先于个人正义，正义论是指导正义感的原则。正义作为一种德性隐含着一种互惠原则，是某种程度的平等。其次，正义感的形成。罗尔斯认为，良序社会能确保正义制度的稳定，在此背景下，他从道德心理学的角度，将道德的发展与正义观念的习得相联系，通过构筑道德情感发展的三个阶段来阐述公民正义感的获得。总的来说，正义感的形成先后要经历权威道德、社团道德，原则道德阶段。权威道德是个体道德发展的第一个阶段，在权威道德阶段，公民主要是儿童不理解正义概念，他们对道德的感知源于对父母的爱和信任，父母的道德标准是儿童行为的道德准则。在权威道德阶段，正义感表现为父母秉持的正义原则以命令的形式渗透并影响儿童早期的正义观念。社团的道德是道德发展的第二个阶段，亦即人们在社交中具有的角色道德，是一种合作德性。权威道德由许多道德准则构成，而社团道德主要是一些常识性的道德准则，以及不同交往活动中的角色道德。在社团道德阶段，公民已理解正义原则，但公民的正义感仍未形成。原则的道德（对正义原则的坚守）是道德发展的最高阶段，正义感已形成。此刻，公民意识到自己是良序社会公平正义制度的受益者，也日益产生按正义原则行为的欲望，并越发欣赏公平的正义制度本身，至此，正义感才真正形成和确立。最后，罗尔斯认为，负罪感是公民正义感的主要表现形式。在权威道德阶段，负罪感产生的原因在于违反了权威人的命令，或说是有悖于父母的爱和信任。在社团道德阶段，负罪感的表现形式主要有四种：①补偿；②道歉；③承认惩罚和指责的正当性；④对不正义之人的义愤和不满。在原则道德阶段，当违背正义原则时，公民会产生一种严格意义上的负罪感。①

　　罗尔斯的正义研究具有划时代的意义。罗尔斯的正义论基于他对现代

---

　　① ［美］约翰·罗尔斯：《正义论》，何怀宏，等译，北京：中国社会科学出版社，2009年版，第372页。

西方社会本性的深刻理解，其逻辑论证精辟且严密，"他挽狂澜于既倒，把伦理学从纯逻辑语言的分析扭转到现代性的规范伦理学轨道上"①。尽管他的贡献是显著的也是巨大的，但他的研究仍是不完善的。因为他的伦理学理论严格地限定在自由民主的现代社会，主要是现代西方社会。在罗尔斯《正义论》出版十年后，即 1981 年，当代美国另一位伦理学大师麦金泰尔出版其专著《追寻美德》，矛头直指以罗尔斯为代表的新自由主义伦理学，批评罗尔斯等人的规则伦理存在着人格解释力的缺陷（亦即"谁之正义？"），并声称罗尔斯的理论研究不过是继洛克、康德等人的现代性规范伦理谋划的又一次失败尝试。麦金泰尔认为，罗尔斯等人的规范伦理旨在为现代社会制定道德规则或道德规范，但规范伦理并不能从实质上解决现代社会的道德危机，现代性危机解决的唯一路径是重返至古希腊亚里士多德创建的美德伦理学。与罗尔斯等人采用的逻辑分析或概念推理等方法不同，麦金泰尔采用的是一种历史阐述的方法，通过对历史和传统的连续性解释以达到理解"道德""伦理"的本意，不仅是为了弥补规范伦理的缺陷，更是"一种对伦理学理论本原的重新确认和论证。正本清源意在探本寻宗。"② 因此，《追寻美德》通过一种"传统叙述性的"方法，对美德伦理的发展史做了一次系统、翔实的介绍，以纠正规范伦理、元伦理学等误导，最终达致伦理学研究正本清源的目的。在麦金泰尔看来，西方文化存在着四大道德传统，"即：古典的亚里士多德主义传统；《圣经》与奥古斯丁主义传统；以苏格兰启蒙运动文化为典型的奥古斯丁主义的基督教与亚里士多德主义共生互容的传统；在与各种古典传

---

① 万俊人：《关于美德伦理的传统叙述、重述和辩述（译者序言）》，引自［美］阿拉斯戴尔·麦金泰尔：《谁之正义？何种合理性？》，万俊人，等译，北京：当代中国出版社，1996 年版，第 4 页。

② 万俊人：《关于美德伦理的传统叙述、重述和辩述（译者序言）》，引自［美］阿拉斯戴尔·麦金泰尔：《谁之正义？何种合理性？》，万俊人，等译，北京：当代中国出版社，1996 年版，第 11 页。

统（狭义的）的对立和抗争中生长起来的现代自由主义传统。"① 其中，古典的亚里士多德传统是其他三种传统的根源或深受其影响，因此，伦理学研究回归传统应是回归至亚里士多德创建的美德伦理传统。

麦金泰尔在《谁之正义？何种合理性？》一书中对正义美德做了详细的历史考察与解释。麦金泰尔认为，古典的亚里士多德主义的美德伦理是从荷马开始的。在荷马史诗中，dike 一词被译介成英文时，被"正义"（justice）取代，这是导致正义本意被误解的一个重要原因。荷马史诗中的 dike 作为一种基本的美德强调的是一种统一的秩序，既内括自然宇宙和谐之意，也含有人格和谐之意。"要成为正义的（dikaios），就是要按照这一秩序来规范自己的行动和事务。"② 因此，从词源学意义上讲，正义不仅是一种规则，更是一种美德。在古希腊社会，"正义的概念是按照功绩（merit）和应得（desert）来定义的。"③ 因此，正义作为一种德性，在概念上分为优秀善和有效善两个方面。作为优秀善的美德正义概念强调应得的正义，即人的公道、正直的品质；而作为有效善的美德正义概念强调对正义秩序的遵守，即人遵守正义规则的品质。此外，古希腊城邦的其他德性，诸如节制、勇敢、智慧、友谊等都是维护正义的美德。因此，正义作为一种美德概念首先在古希腊出现。麦金泰尔认为，即使道德规则设计得很完美，但如果生活于其中的人们并不具有美德，那么规则于人也是无意义的，何谈人们去践行道德规范。因此，他指出，古希腊时期，"不仅作为美德的正义是整个美德范畴中的一种美德，而且，无论是在社会秩序中树立正义，还是在个体身上把正义作为一种美德

① 万俊人：《关于美德伦理的传统叙述、重述和辩述（译者序言）》，引自［美］阿拉斯戴尔·麦金泰尔：《谁之正义？何种合理性？》，万俊人，等译，北京：当代中国出版社，1996 年版，第 14 页。

② ［美］阿拉斯戴尔·麦金泰尔：《谁之正义？何种合理性？》，万俊人，等译，北京：当代中国出版社，1996 年版，第 20 页。

③ ［美］阿拉斯戴尔·麦金泰尔：《谁之正义？何种合理性？》，万俊人，等译，北京：当代中国出版社，1996 年版，第 48 页。

树立起来，都要求人们实践各种美德，而不是实践正义。这些支撑着正义的美德（justice-sustaining virtues）的范例是节制、勇敢和友谊。"①因此，正义不仅是一种外在的规则，更是人内在的品质和美德，此即是亚里士多德关于正义美德及其合理性的解释。总之，麦金泰尔认为，用大篇幅谈论古典的亚里士多德主义的正义观及其合理性，旨在解决现代性道德实践问题。

在《追寻美德》出版后的一年，美国又一位研究正义美德的学者迈克尔·桑德尔出版《自由主义与正义的局限》（1982年）一书，以其对罗尔斯正义论最有力的批判闻名于世。尽管桑德尔和麦金泰尔一样，都在批判罗尔斯规则伦理的基础上建构自己的美德伦理，但二者的论点还是有些微的不同，桑德尔在《自由主义与正义的局限》第二版的前言中声明，"我并不总是认为我本人站在共同体主义一边。"②权利与善的关系问题是自由主义与共同体主义之争的关键所在，罗尔斯认为正义可以独立于善而存在，而共同体主义者却认为正义与善关系密切，尤其是以麦金泰尔为代表的共同体主义者认为，正义的原则应该从某种特殊传统中人们所共同信奉的价值中汲取力量，因此，麦金泰尔主张"共同体的价值规定着何为正义、何为不正义。"③但桑德尔认为，除了麦金泰尔所说的正义与善联系的方式外，还有一种联系二者的方式，这就是桑德尔批评罗尔斯的关键，即"正义原则及其正当性取决于它们所服务的那些目的的道德价值或内在善。"④亦即，权利应当是促进人类的善的。在此意义上，桑德尔觉得与其说自己属于共同体阵营，倒不如

---

① ［美］阿拉斯戴尔·麦金泰尔：《谁之正义？何种合理性？》，万俊人，等译，北京：当代中国出版社，1996年5月第1版，第56页。

② ［美］迈克尔·J.桑德尔：《自由主义与正义的局限》，万俊人，等译，南京：凤凰出版传媒集团，译林出版社，2011年版，第2页。

③ ［美］迈克尔·J.桑德尔：《自由主义与正义的局限》，万俊人，等译，南京：凤凰出版传媒集团，译林出版社，2011年版，第3页。

④ ［美］迈克尔·J.桑德尔：《自由主义与正义的局限》，万俊人，等译，南京：凤凰出版传媒集团，译林出版社，2011年版，第3页。

说自己是一个完美主义者。

此外，桑德尔最近 30 年一直给哈佛大学的本科生主讲"公正"课，《公正——该如何做是好？》一书就是基于讲课内容而整理出版的。该书对当代西方三种主流正义观进行了深入系统的比较研究，旨在阐释我们为什么要将正义美德视作人最重要的道德德性。公正指"做正当之事"是人尽皆知的，但在分配于人而言最重要的三种物品（福利、自由和德性）时，各学派发生了重大分歧，亦即考量正义的不同方式导致了当代西方三种主流正义观的产生，包括功利主义的正义观、自由主义的正义观与德性主义的正义观。那么，当三种正义观发生冲突时，我们该如何做？这是桑德尔在《公正——该如何做是好？》一书要解释并解答的问题。桑德尔通过对西方历史上至今对人影响深远的三种主流正义观的系统介绍与分析，意在告诫我们，对于正义而言，重要的不仅是正义分配的目的，而且是我们的正义选择，亦即正义美德是人之为人的基本道德德性。

3. 制度正义研究

当代制度正义的集大成者——罗尔斯的正义理论建立在以洛克、卢梭、康德为代表的近代西方契约论传统基础上，通过对功利主义和直觉主义的批判提出了一种全新的正义理论——公平的正义理论。罗尔斯正义论最卓著的贡献在于他通过原初状态的假设提出了指导社会制度正义的两个原则。在他看来，正义的两个原则一旦制定出来，就需要论证如何将两个正义原则应用于现实的社会政治、经济制度，以建立一个正义的社会制度。例如，他专门论证了在现代立宪民主制国家背景下，实现政治制度的正义的一般程序，即他所谓的四个阶段的序列：1. 在原初状态中选择出正义的两个原则；2. 制定宪法；3. 制定法律；4. 规范的应用。此外，他还将第二个正义原则运用到政治经济学理论中，以阐明现代社会满足两个正义原则的社会经济制度安排。他重点探讨了分配正义的背景问题，亦即两个正义原则适用于"一个允许资本和自然资源私有的民主国家"中，经济体系要处理的问题应满足两个正义原则。他将政府分为四个部门：配给部门保证市场效率，稳定部门解决就业，转让部门确定最低受惠值、维护机会公正平等，分配部门确定各种税收和财政支出。其中，经济正义实现的关键有赖于分配部门，即分配正义的实现。分配部门的主要任务是通过调整税收和财产权以实现分配份额的恰当正义。他指出，"分配部门的目的不是要最大限度地增加满足的净余额，而是要建立正义的背景制度。"[①] 分配正义的目标是，在保障公民多劳多得的前提下，尽量照顾最少受惠者的最大利益，这是对社会弱势群体权利的维护与保障。

罗尔斯依据原初状态的背景假设，推论出理性人最终会选择出两个正义原则，将它们视作唯一的一种分配系统。但美国学者迈克尔·沃尔泽对此提出反驳，它和麦金泰尔一样，认为分配正义的实现必须要考虑现实中存在的"历史、文化和成员资格的特殊性"[②]。他认为在理性多元的现代社会，政治共同体本身也是一个待分配物品，由于它是不自足的，因此，对社会物品的分享、分割和交换要跨越政治边界进行，复合平等应成为现代社会物品分配的一个基本原则。尽管历史上，众多的思想家都致力于提出适用于所有分配的唯一标准，但事实上，根本不存在单一的分配原则，这种对一致性的追寻误导了分配的主题。"正义扎根于人们对地位、荣誉、工作以及构成一种共享生活方式的所有东西的不同理解。"[③] 因此，正义的原则应是多样的。通常，思想家用简单的平等作为物品分配的基本原则，但在自由市场背景下，简单的平等会逐渐被不平等取代。而复合平等能适应多元文化的需要，使得分配标准具有多样性，并使得正义原则的多样性得以呈现，基于复合平等建构的分配正义原则要求社会诸善基于不同理由进行不同分配。复合平等具有六方

---

① ［美］约翰·罗尔斯：《正义论》，何怀宏，等译，北京：中国社会科学出版社，2009 年版，第 220 页。

② ［美］迈克尔·沃尔泽：《正义诸领域：为多元主义与平等一辩》，褚松燕译，南京：译林出版社，2002 年版，第 4 页。

③ ［美］迈克尔·沃尔泽：《正义诸领域：为多元主义与平等一辩》，褚松燕译，南京：译林出版社，2002 年版，第 419 页。

面特征：第一，分配正义的对象是社会物品；第二，特殊性的人占有并使用各自所需物品；第三，不存在对所有人来说唯一的基本物品；第四，分配的标准由社会的内在需要决定；第五，分配正义与否具有历史性；第六，分配是自主的。复合平等的实质是实现诸善领域的和谐，它与集权主义的暴政相对。"相互尊重和一种达成共识的自尊是复合平等的深层力量，而它们二者合在一起则是复合平等可能的耐久性源泉。"①

正义是如此重要，以至于所有的政治思想家在研究政治制度时都不能对之视而不见，但不同的思想家对正义的理解是不同的。博登海默对于正义多样性的形容是当代正义论研究者都耳熟能详的，他说："正义有着一张普洛透斯似的脸（a Protean face），变幻无常、随时可呈不同形状并具有极不相同的面貌。当我们仔细查看这张脸并试图解开隐藏其表面背后的秘密时，我们往往会深感迷惑。"② 总的来说，柏拉图、亚里士多德、马克思等人从平等的角度探讨正义，赫伯特·斯宾塞、康德等人从自由的视角研究正义，罗尔斯试图融合自由与平等两种价值以探讨正义问题，而霍布斯、边沁等人则从安全优先的角度探讨正义问题。总之，古往今来，众多哲学家与法学家主要围绕自由、平等、安全三种价值来探讨正义问题。他们认为自由、平等与安全是人性中根深蒂固具有的倾向，因此法律应增进自由、平等与安全。但博登海默通过对自由与正义、平等与正义、安全与正义之间关系的探讨，他发现自由、平等与安全都不应当被无限承认与绝对保护。整个法律体系是以自由为核心建构起来的，法律在承认公民的基本自由权利的同时，它也是限制自由的一种重要工具，法律对自由的增进与限制，旨在保障人类的基本自由权利。同时，与自由一样，法律既推进平等的发展，同时它也曾维护许多不平

① ［美］迈克尔·沃尔泽：《正义诸领域：为多元主义与平等一辩》，褚松燕译，南京：译林出版社，2002年版，第428页。

② ［美］E.博登海默：《法理学：法律哲学与法律方法》，邓正来译，北京：中国政法大学出版社，2004年版，第261页。

等现象。"安全价值也同样不是一种绝对价值，因为安全价值的实现，本身受到既对个人有益又对社会有益这个条件的限制。"① 需要注意的是，自由、平等与安全三者之间也时常发生冲突，立法者在建构一项正义的法律制度时，不仅要协调好自由、平等、安全之间的关系，更重要的是，应重视公共福利的价值。公共福利的一般原则包括两方面内容。第一，公共福利不等于个人欲望的总和。第二，公共福利不等于政府的政策决定。公共福利与文明相联系，不仅要促进社会物质文明的提高，也包括社会伦理文明的提升。因此，他最后强调，"那些旨在实现公共福利的手段都应当服务于有关确保建设性地运用人类所有才能和能力的任务——是与我们这个时代的绝大多数人的愿望相符合的。"② 博登海默使用"公共福利"一词，旨在表明个人权利的分配与行使都不能超越外部界限，法律制度的正义要求"赋予人的自由、平等和安全应当在最大程度上与公共福利相一致。"③

博登海默根据秩序与正义两个概念分析法律的性质与作用，法律是秩序和正义的综合体，"法律旨在创设一种正义的秩序"④。法律的秩序要素在于为公共政治生活提供一些人们共同遵守的规则和标准，以应对众多混乱且繁杂的人类活动，使得人类生活安定有序。在此意义上，"秩序概念所关涉的乃是社会生活的形式而非社会生活的实质。"⑤ 如果说秩序是法律制度的形式结构，那么正义就是法律制度的实质内容。因为正义概念关涉构成社会规范各

---

① ［美］E.博登海默：《法理学：法律哲学与法律方法》，邓正来译，北京：中国政法大学出版社，2004 年版，第 320 页。

② ［美］E.博登海默：《法理学：法律哲学与法律方法》，邓正来译，北京：中国政法大学出版社，2004 年版，第 328—329 页。

③ ［美］E.博登海默：《法理学：法律哲学与法律方法》，邓正来译，北京：中国政法大学出版社，2004 年版，第 324—325 页。

④ ［美］E.博登海默：《法理学：法律哲学与法律方法》，邓正来译，北京：中国政法大学出版社，2004 年版，第 330 页。

⑤ ［美］E.博登海默：《法理学：法律哲学与法律方法》，邓正来译，北京：中国政法大学出版社，2004 年版，第 260 页。

要素的原则、标准的公正性与合理性，它关注的是法律制度的具体安排，其目的是增进人类的幸福与文明的延续。稳定性是法律制度的首要特征，但必要的法律修正却是促使法律正义的措施。通常，由主权者颁布法律，但政府颁布的法律与人们日常遵循的活法（living law）之间会存在一些分歧。因此，民主社会中，应通过普选立法机构的方式将二者的分歧降低到最低程度。此外，法律的有效性与法律的实效性不同。法律有效指法律对所指对象具有约束力，而法律实效强调的是法律规则是否在事实上得到实施。需要注意的是，法律有效性不单单局限于司法审判领域。另外，法官对案件的裁决也不是法律有效与否的试金石。"宣称一项法律规则有效的目的就在于确保该项法律规则得以有效地遵守和实施。"[①] 而法律的实效性与人们认可的道德因素有关，如果法律规则与人们公认的道德相抵，那么它的有效性将无从谈起。因此，通过正义的基本要求补偿法律制度，以使法律制度达至有效与实效。最终，博登海默指出，"法律的主要作用并不是惩罚或压制，而是为人类共处和为满足某些基本需要提供规范性安排。"[②] 制裁不是法律的实质，法律的强制性制裁只是为了对付少数不合作的人，法律的制裁越少，意味着法律的实效越大。法律的最大成就在于政府对公民生命、自由、财产的干预被降低到最低程度。

博登海默认为社会秩序中的正义问题大多数是可以通过理性进行价值判断和探讨的，这是理性与正义的关系。他和罗尔斯一样，认为正义美德的实现必须由正义的社会制度予以保障，正义的制度具有优先性。他将正义划分为分配正义、矫正正义、契约正义以及个人正义等领域。在他看来，"分配正义所主要关注的是在社会成员或群体成员之间进行权利、权力、义务和责

---

① ［美］E.博登海默：《法理学：法律哲学与法律方法》，邓正来译，北京：中国政法大学出版社，2004 年版，第 359 页。

② ［美］E.博登海默：《法理学：法律哲学与法律方法》，邓正来译，北京：中国政法大学出版社，2004 年版，第 366 页。

任配置的问题。"① 分配正义的主体通常是由民主选举产生的立法机关，但个别社会中的司法机关也分享部分的分配权力，还有经济活动中的私人组织也可能是分配的主体。矫正正义是为了应对分配正义不足而展开的，主要适用于合同、侵权、刑事犯罪活动中，主要由掌控司法权的法院执行。正义由于关涉权利、义务，因此，它被视为与法律正当相适应的一个标准，任何实在法都应当满足正义这一标准。但正义又不同于自然法。自然法由社会中最低限度的公平与合理的标准构成，它是正义制度的根基；但正义概念既关涉社会制度的即时目的，更关注社会制度的终极目的。

此外，美国普林斯顿大学心理学研究院的约翰·达利通过心理学实验方法探究公民的正义感与法律制度之间的关系，从法律心理学的角度研究公民获罪中的正义感问题。达利考察的是犯罪领域中，公民对惩罚正义的道德情感。通常，美国法律标准的生效取决于美国各州基本法的规定，但大多数州以20世纪60年代美国法律机构制定的刑法标准模型（MPC）为基础。因此，达利对照美国的法律标准考察公民的正义感，核心问题是理性制定的法律是否与公民的正义感一致。首先，达利通过犯罪未遂、强奸，以及由于求助失败引起的失职等三个问题考察公民的正义感问题。1996年达利与其他同事一起检测了刑法标准模型（MPC）对待犯罪未遂的概念。问题的焦点是，人们犯罪行为在何时是接近犯罪的，以及我们该如何惩罚其犯罪行为。"刑法标准模型主张，当一个人形成了实施犯罪的意图时，就应该得到惩罚；这作为一个主观标准，其核心是个人的犯罪意图。"② 对此问题，达利发现普通民众是不赞成的。达利经过1998年的一项调查研究发现，人们并不支持刑法标准模型中关于主观动机即犯罪的规定，因为犯罪意图是一个行为实施中的道

---

① ［美］E. 博登海默:《法理学: 法律哲学与法律方法》，邓正来译，北京: 中国政法大学出版社，2004年版，第279页。

② John Darley, "Citizens Sense of Justice and the Legal System, " *current directions in psychological science* 10（2001）: 10.

德估计。与此类似，在对其他两个问题考察时，达利都发现公民的正义感与法律制度之间的这种分歧。接着，达利开始对公民正义感与法律标准之间的不一致可能造成的后果进行研究。结果发现，"人们认为犯罪行为是不道德行为，因此，如果将人们认为不道德的行为视作犯罪行为，那么法律将不值得信任。"① 最后，达利得出结论，"人们常用的一些道德性的正义惩罚原则在指向上与现代法律标准相冲突，制定法律的目的是惩罚犯罪行为。"② 公民的正义感与法律制度在主旨上的这些分歧，致使公民想摆脱权威，最终，也降低了公民服从法律标准的自觉性。

无论是罗尔斯、麦金泰尔还是桑德尔，他们对正义的研究都仅指绝对的正义，而当代诺贝尔经济学奖获得者阿玛蒂亚·森却提出了与他们截然不同的正义观念，他通过对正义的要求、正义的实质与正义的实现方式等研究旨在促进公正和消除不公正。他热切地关注于现实社会中存在的可以纠正的不正义问题，从公共理性的视角构建适用于全球人类的正义原则。他认为，正义的研究应当超越正义，但超越正义不仅仅是停留在抽象的制度与规则的设计上，而应当为解决社会不正义提供一种现实可行的方法。首先，他认为推进社会正义需要理智，即客观地评价社会中的公正与不公正现象。审慎的理智不一定能保证人们选择一定是正确的，但这是客观性的要求，因为，"在思考公正与非公正问题时需要客观的理智思考。"③ 其次，他认为理智思考的视角是保持客观中立。阿玛蒂亚·森认为，保持客观中立意味着要求个人要超越自己利益的局限去选择和决定，这是理性的表现。因为如他所述，"理性实际上是一种相当包容的原则，它要求理智地思考，但也允许合理地自我

---

① John Darley, "Citizens Sense of Justice and the Legal System, " *current directions in psychological science* 10（2001）: 10.

② John Darley, "Citizens Sense of Justice and the Legal System, " *current directions in psychological science* 10（2001）: 10.

③ ［印］阿玛蒂亚·森:《正义的理念》，王磊，李航译，北京: 中国人民大学出版社，2012 年版，第 35 页。

审思有不尽相同的形式，而不是一定要有统一的判断标准"。① 再次，他分别从自由、资源和幸福两方面探讨正义的实质。他认为，自由的重要性在于自由能为人提供机会和过程两个方面。将资源视作正义的一个标准，是因为对于资源的手段而非资源的目的。幸福与资源的意义相类似，它有助于人们判断自己是否获得了欲求之物。最后，他主张将建立在公共理性基础上的民主与基于自由主张的人权在全球范围的实现看作正义的实现。总之，阿玛蒂亚·森认为，人们应当用于理智去评价社会中的公正与不公正问题，在理性多元的社会中，公正的原则应是多元的而不是唯一，但公正的标准是自由、资源和幸福，正义的实现有赖于建立在公共理性基础上的民主与自由基础上的人权在全球范围的实现。

针对阿玛蒂亚·森提出的实现正义的方法及其合理性，加拿大卡尔顿大学的杰伊予以反驳，他认为阿玛蒂亚·森的方法只是比较合理而没有达到超越正义制度。他主张，政治行为是正义美德实践的唯一、最有价值的平台，并从政治行为的六个维度对此做出合理的解释。在他看来，有些政治家在领导社会走向正义方面更有成就，因此他们应成为推进社会正义美德的重要力量。总的来说，他通过概述政治行为中潜在的道德心理来推断正当的政治行为不仅能减少能力的缺陷，而且能提升政治活动者的能力；同时能弥补他们首次参与经济和社会活动时能力的不足，也能使他们获得社会的认可并使他们远离被社会驱逐的危险；并使他们的权利能力扩大，最终使人们尊重伦理美德与合法程序。②

---

① ［印］阿玛蒂亚·森:《正义的理念》，王磊，李航译，北京：中国人民大学出版社，2012年版，第183页。

② Jay Drydyk, "A Capability Approach to Justice as a Virtue, " *Ethical Theory & Moral Practice*, 15（2012）: 23.

三、研究重点与创新点

（一）研究重点

本书尝试从道德哲学的视角探讨公民正义品质的内、外在培养机制。道德哲学的视角意味着论文的语言，构思、论证以及方法选择都是从哲学层面探讨，而不同于历史的叙述、社会学的实证分析等。本书的研究重点有：

第一，从政治哲学的视角界定公民正义品质的内涵是本书研究的重点之一。公民正义品质的内涵奠基于公民概念和正义概念基础上，是本书研究的核心概念，对正义品质内涵的阐释直接影响本书的其他重点章节的研究。

第二，在对公民正义品质培养机制进行系统研究之前，不仅要清楚正义品质的内涵，还要对公民正义品质的人性论基础进行系统分析和把握。公民正义品质的人性论基础关系到正义品质是否可以培养的问题，因此该部分的研究也是本书的重点。

第三，从政治哲学的视角探讨公民正义品质的内、外在培养机制是本书研究的核心。尽管已有众多的学者对宏观意义上的道德品质的培养机制做了深入系统的研究，但迄今为止，系统深入地研究公民正义品质养成机制的文献却极为罕见。此外，正如迈克尔·桑德尔所说的："一种毫不接触墙上影子的哲学，只能形成一种贫瘠的乌托邦。"[①] 本书从选题之初便是立足于现实社会的，希图通过对正义品质养成的内外在机制的分析为公民道德的提升尽一点绵薄之力。在写作中秉持信仰做到智性与德性的统一，这是笔者非常珍视，并为之努力追寻的。

（二）创新点

国内外关于正义美德的著述已经颇多，正义美德的重要性已在美德伦理

---

① ［美］迈克尔·桑德尔：《公正——该如何做是好？》，朱慧玲译，北京：中信出版社，2011 年版，第 31 页。

学界得到了普遍公认。尽管学界已对制度正义与正义美德问题进行了较为深入系统的研究，但由于研究视角、方法的差异，大多数学者多集中于从宏观的视角探讨个体道德内在养成的一般规律，以及社会制度如何建构才有助于公民正义品质的培养，而缺少关于正义品质内、外在培养机制的深入、细致分析。具体说来，本书的创新之处有三：

第一，就公民正义品质的内在培养机制而言，笔者在融合借鉴个体道德发展的类型说与序列说基础上，就公民正义品质发展的内在机制做了详细、深入的研究，这是本书的首要创新之处。

第二，公民正义品质的外在培养机制方面，本书在吸收借鉴制度对道德的导向、制约、激励、塑造作用基础上，对公民正义品质培养的主渠道——公民教育制度，以及客观的政治、经济正义制度对公民正义品质的影响机制作了学理分析与研究，这是本书的第二个创新之处。因为以往的制度正义研究多是就制度谈制度，而缺少制度与道德的影响机制分析。

第三，以往的制度正义研究还忽略了公民正义品质养成中很重要的一个问题，即在一个制度整体正义、部分不正义的社会中，公民在多大程度上应具有正义美德，以及正义美德该如何实践等问题。此为本书结语要提及的问题：即，面对非正义，公民该如何？

以上三个问题，都是笔者在批判借鉴既往学者研究基础上形成的理论上可能的创新之处。

四、研究思路与方法

（一）研究思路

作为一项基础理论研究，笔者尝试从道德哲学的视角探讨公民正义品质的内、外在培养机制。研究公民正义品质的培养机制，首先要对中西方伦理思想史上正义品质理论做一系统梳理与考察，在此基础上进行抽象概括以得出正义品质的内涵，这是所有基础理论研究的始基。在对公民正义品质培养基础理论进行研究时，除了要对正义品质内涵与特征做系统深入探讨外，还要分析公民正义品质的人性论基础问题，此问题的分析是决定公民正义品质能否培养，以及如何培养的关键。通过对正义品质人性论基础的考察，笔者认为正义品质是根植于人自然属性中的，这决定了公民正义品质有其内在的生成机制。尽管正义品质潜存于人性中，但公民却是在社会化过程中获得正义品质的，因此，微观的公民教育制度、宏观的经济、政治正义制度成为公民正义品质培养的主渠道与制度保障。在公民获得正义品质后，面对非正义的现象，公民该如何践行正义，这是结语的主要内容。

（二）研究方法

方法选择的重要性不言而喻，因为它直接关系科学研究的成败。公民正义品质培养机制研究从属于基础理论研究的范畴，历史唯物主义方法、系统分析法，以及跨学科研究方法是本书最主要的研究方法。

第一，历史唯物主义方法作为马克思主义的一个极为重要的方法，是经历史检验一再被确认为正确的方法，因此，公民正义品质培养机制的研究必然要始终遵循并坚持历史唯物主义方法以贯穿论文研究始终。历史唯物主义方法指在研究问题时，遵循逻辑与历史相统一的原则，把唯物主义与历史主义相结合，科学地把握社会历史现象的规律的一种综合研究方法。逻辑与历史的统一强调要用发展变化的眼光看待现实中的问题，使人的逻辑思维要与事物发生的那段历史相联系。研究公民正义品质，一个重要前提是历史地考察中、西方伦理文化中的正义品质的缘起与逻辑进路，因为任何一个理论的提出都是有根有据的，且是历史地发展的。因此，对公民正义品质的逻辑进路进行理论分析时，做到历史与逻辑的统一是论文写作中要尤为谨慎对待的问题。

第二，在对公民正义品质内外在培养机制进行深入研究时，首先要将公民正义美德看作一个完整的系统，不仅要认真考察个体道德心理发展的一般过程，还要深入分析外在的制度环境是如何影响公民正义品质养成的。可见，系统分析法是本书研究中一个主要的方法。

第三，公民正义品质内、外在培养机制研究，不仅关涉个体道德发展内在机制的分析，更触及制度与道德关系的探讨，不仅关涉道德发展心理学的理论，又涉及司法伦理、经济伦理，以及公民教育制度等内容，因此，跨学科综合研究也是本书最重要的研究方法。

第一章　中西方个体正义品质的历史考察

正义的观念无论是在东方还是西方都表明着道德的最初发源。在中国传统思想中，义最初指的是以干戈护卫财产，"同利益的界分与平衡、越界行为与矫正有紧密联系。义与仁共同构成道德的本源。"① 仁是义的有益补充。在古希腊，女神狄刻是正义的化身，正义女神不偏不倚地分配人类的一切善，在正义面前人人皆得其所值，不多亦不少。可见，正义的观念在中西方历史中都有深厚的文化渊源，在研究公民正义品质的内涵与培养机制之前，有必要先对中西方历史上的正义品质做一系统详尽的梳理。

第一节　正义品质在中国传统伦理思想中的三维透视

考察正义理论的发展史，不可避免地要对中国传统伦理思想中的正义品质有个清晰的认识和了解。以孔子、孟子为代表的儒家思想，与以老子、庄子为代表的道家思想，以及发源于印度发祥于中国的佛教思想在中国历史上几经分离与交融，最终构成了影响中国人精神观念的三大传统伦理思潮。因此，传统儒家、道家与佛教中的正义品质观念成为主导并影响中国人正义观念的最重要的三大思想渊源。

① 廖申白：《论西方主流正义概念发展中的擅变与综合（上）》，《伦理学研究》2002年第2期，第55页。

一、儒家伦理中的正义品质

（一）儒家正义观的内涵

"中国正义论的基础是由周公和孔子奠定的。"[1] 传统儒家正义理论建立在孔孟的"仁"学思想基础上，以"道"为依据和原则，以"义"为主要内容，以"礼"为个体行为规范的一整套完整的伦理思想体系，旨在培养具有仁义品质的君子人格，这是儒家正义观的基本结构。

儒家正义观念的核心与理论基础是孔孟的"仁"学。"关于人的德性，孔子强调仁和义，特点是仁。"[2] 孔子认为，正义蕴含在"仁"之中。孝悌为"仁"之本，把握住孝悌也就具有仁义品质了。相反，不孝不忠之人不会具有仁德，更不会具有正义品质。"仁"作为个人的一种道德德性，它是个体正义的道德情感基础。总的来说，仁者作为个体正义品质的载体，他具有三方面特征。第一，仁者能明辨是非。孔子说："唯仁者能好人，能恶人。"（《论语·里仁》）在孔子看来，"智"是"仁"的前提，"智"主要表现为个人能明辨是非、区分善恶，正确的价值判断是个体践行正义的前提和基础。由此可见，孔子学说中仁者与乡愿是有本质区别的，仁者是明辨是非之人，而乡愿由于不辨善恶最终败坏了社会的道德。因此，孔子才说："乡愿，德之贼也。"（《论语·阳货》）第二，仁者能秉持忠恕之道。忠恕之道是孔子一生一以贯之地处理人际关系的基本原则与方法，包含推己及人的正反两方面要求。一方面，孔子说："夫仁者，己欲立而立人，己欲达而达人。"（《论语·雍也》）这是从正面肯定推己及人的处世之道，亦即通常所说的忠道。另一方面，恕道指的是"己所不欲，勿施于人。"（《论语·颜渊》）这是对推己及人的否定，它与推己及人的正面要求一并构成了仁者的处事方

---

[1] 黄玉顺：《孔子的正义论》，《中国社会科学院研究生院学报》2010年第2期，第136页。

[2] 冯友兰：《中国哲学史》，北京：北京大学出版社，1996年版，第37页。

法。第三，仁者要践行五德。孔子认为，仁者不仅要知仁，更要践行仁义，恭敬、宽厚、诚信、机敏，与慈惠是仁者践行的五种最重要的德性。孔子说："恭则不侮，宽则得众，信则人任焉，敏则有功，惠则足以使人。"（《论语·阳货》）

传统儒家认为，"道"作为一种普遍存在的客观规律，是个体正义品质的依据与原则。孔子认为，"宇宙的运行遵循着道的规律"[1]，"道"作为自然界的客观规律，不以人的意志为转移，个体的行为应以"道"为依据和原则，孔子终其一生在寻"道"，达"道"。因此，孔子尤其强调"道"对于个体的重要性，他说："朝闻道，夕死可矣。"（《论语·里仁》）在此语境中，"道"的含义内括了"宇宙人生的全部真理"，是一种抽象意义上的"道"。在"道"的抽象含义基础上，孔子也时而将"道"具体化，他指出，各存在物应遵循的"道"是不同的，当各存在物各行其道时，社会就实现了整体的正义。因此，他常说"先王之道""君子之道"等。在他看来，"这些道是每一种事物得以维持其自身的存在并且体现其基本特性的规定，"[2]具有"规律"性含义，由此也必然是个体正义与社会正义的原则。

《论语》与《孟子》作为传统儒家最重要的两部代表性经典著作，文中虽未直接提到"正义"一词，但孔孟的正义思想却蕴含在其以"仁"为核心，与"义"相关的一系列概念中，主要是"正""中庸"等。首先，儒家学说中的"义"具有两重含义，一是表示人自我行为的正当性；二是指人在特殊情境中行为的正当性，与"宜"通用。显然，"义"作为中国哲学中一个重要概念之一，是"判断或评价道德行为的标准或原则。"[3] 因此，《礼记》

---

[1]　刘余莉:《儒家伦理学：规则与美德的统一》，北京：中国社会科学出版社，2011年版，第100页。

[2]　唐士其:《儒家学说与正义观念—兼论与西方思想的比较》，《国际政治研究》2003年第4期，第27页。

[3]　刘余莉:《儒家伦理学：规则与美德的统一》，北京：中国社会科学出版社，2011年版，第173页。

中说："夫义者所以济志也，诸德之发也。"因为"义"是道德的准则，立身处世的依据，以及顺应自然规律的法则。其次，儒家学说中的"正"具有多重含义，正直与正当是其最重要的两层含义。

一方面，"正"有正当之意，强调行为的正当性。孔子认为，只要统治者行为正当，即使法令不强制实施，老百姓也会认真去执行；但如果其行为不当，即使三令五申，老百姓也不会服从。因此，孔子说："其身正，不令而行；其身不正，虽令不从。"（《论语·子路》）另一方面，于个人的品质而言，"正"有正直之意，强调个人具有的刚正不阿、不偏不倚的性格与品质。"晋文公谲而不正，齐桓公正而不谲。"（《论语·宪问》）最后，"中庸"的核心是中道，作为个体行为的一种方法与原则，内含一种不偏不倚的正义观念。中庸的最经典解释出自程颐，他解释道："不偏之谓中，不易之谓庸。中者天下之正道，庸者天下之定理。"（《二程集·河南程氏遗书·卷七》）可见，中庸体现了人在实践活动中秉持的无过又无不及的处事原则，追求一种平衡。而正义的基本精神就是通过这种平衡展现出来的。"正义的基本含义，就是一种公平、合理、和谐、平衡的社会关系和相应的行为准则，正义的基本要求就是在各种社会成员之间和各个社会集团之间保持平衡。"[1]孔子极度推崇"中庸"之德，并穷其一生践行中庸之道。因此，他说："中庸之为德也，其至矣乎！"（《论语·雍也》）

"礼"与"义"相关，礼的目的是实现义。"德义，利之本也。"（《左传·僖公二十七年》）并且，礼与义是密切联系的表里关系，如果说"礼"是约束人行为的外在道德规范，那么"义"则直指人行为的内在要求。一般来说，礼有四目："非礼勿视，非礼勿听，非礼勿言，非礼勿动。"（《论语·颜渊》）孔子认为，"礼"与"义"都与人的社会身份和社会地位相关，"礼"规定的是特定人际关系中特定角色的正当行为，"符合义的行为就是符合其

---

① 沈晓阳：《正义论经纬》，北京：人民出版社，2007年版，第73页。

社会角色或社会身份的行为。"① 传统中国社会是一个家国同构的封建等级宗法社会，国家治理外靠礼法，内靠家法。尽管法律是维持社会良序发展的主要手段，但封建社会的君臣之礼却异常严格与明确，此即"政礼"。"政礼"指在政治活动中，不同身份、等级之人在相互交往以及日常生活、服饰、出行等各方面的不同要求。其中，君臣之礼是"政礼"的主要内容，其具体要求是君仁臣忠，蕴含着不同身份、等级之人的各自道义要求。在孔子看来，有仁德的大臣会以道义侍奉君主，如果不这样做，他们宁可辞官。因此，他说："所谓大臣者，以道事君，不可则止。"（《论语·先进》）与政治生活中的"政礼"相对应的则是家族、家庭生活中的"家礼"，亦即通常所说的家法。在传统家族宗法社会，"家礼"的内容繁多且琐碎，其实质是"政礼"，是统治者的治国理政思想在百姓日常生活中的延伸，是为政治统治服务的。显然，无论是政礼，抑或家礼，它们的实质是规范人的言行，要求人们在实践活动中做事恰当、得体。如孔子所说："礼之用，和为贵。"（《论语·学而》）但这不意味着，恰当是做事的基本原则，只有在礼的约束下恰当行为才是符合道义的，也才是真正的正义。

（二）个体践行正义

与其说传统儒家学说是一种美德伦理，毋宁说它更是一种规则伦理。在孔子看来，践行正义远比知解正义更为重要。对于那些知仁义却不践行的人，孔子是非常担忧的，他说："德之不修，学之不讲，闻义不能徙，不善不能改，是吾忧也。"（《论语·述而》）同时，孔子也强调，在他人危难时不能伸张正义的人，是懦弱的。他说："见义不为，无勇也。"（《论语·为政》）一般说来，个体践行正义主要表现在三个方面：作为统治者，要以义治国；为人臣子，要以义事君；朋辈之间，交有信义。

---

① 刘余莉：《儒家伦理学：规则与美德的统一》，北京：中国社会科学出版社，2011年版，第175页。

1.以义治国

政治统治的首要德性是正义，只有以义治国，政令才会上行下达。孔子说："政者，正也。子帅以正，孰敢不正？"（《论语·颜渊》）政治的实质是统治者行为端正，只要统治者行为端正，那么臣下和百姓就没人敢行为不端正。因此，孔子说："上好礼，则民莫敢不敬；上好义，则民莫敢不服；上好信，则民莫敢不用情。"（《论语·子路》）政治统治之方在于统治者好礼、行为正义，对百姓信实无欺，依据上行下效的道理，百姓也会像统治者一样好礼、尊崇正义与诚信。如果统治者能身体力行，以身作则，那么百姓就会纷纷效仿，最终，统治者垂拱就能实现善治的目标。但如果统治者自身行为不端正，纵是三令五申，百姓也不会信服。因此，孔子也说："其身正，不令而行；其身不正，虽令不从。"（《论语·子路》）

2.以义事君

古代中国社会是一个家国同构的封建宗法社会，君臣之礼非常严格且明确，任何人的行为一旦不符合他应遵守的礼，这都是不正义的行为。一旦臣子的言行越礼，也就意味着臣子对国君不义，遇此情况，孔子是异常愤怒的。谈起季氏的越礼行为，孔子就说："八佾舞于庭，是可忍也，孰不可忍也？"（《论语·八佾》）君仁则臣忠，君以礼待臣子，那么臣子就应该忠心报国，服侍君王。因此，孔子说："君使臣以礼，臣事君以忠。"（《论语·八佾》）

3.朋友有义

正义作为处理人际关系的一条基本原则，同样适用于朋友、兄弟之间。"五伦"是封建社会最重要的五种人际关系，即"君臣、父子、兄弟、夫妇、朋友"关系。"仁""义""礼""智""信"是处理五伦关系的基本原则。但这五项原则都不是单向度存在的，对关系中的双方都具有相应的约束力。君仁臣忠、父慈子孝、兄友弟睦、夫唱妇随、朋友有信，因此，调节五伦关系的原则都内含着人与人之间以义相待。孔子认为，处理人际关系要多忍让，但忍是有限度的，一旦一方严重不正义时，应坚决予以反击。因此，当有人问孔子是不是应该以德报怨时，孔子否认了，他说："以直报怨，以德报德。"（《论语·宪问》）显然，这种回答足以表明孔子内心对正义原则的坚决维护。

（三）"亲亲相隐"抑或"大义灭亲"

以上只是笼统地介绍个体践行正义的一般途径，揭示的是合法条件下的正当行为。那么，特殊情形下，个体该如何践行正义？个体究竟应当"大义灭亲"还是应该"亲亲相隐"？

1. 什么是"亲亲相隐"？

《论语·子路》第十八章，叶公对孔子说："我们那儿有个叫直躬的人，他父亲顺手把别人家的羊牵走了，他就告发其父。这事您怎么看？"孔子显然是对其子的行为持否定态度的，他认为子告父是一种沽名钓誉的行为，因此，他回答说："父为子隐，子为父隐，直在其中矣。"这是"亲亲相隐"在《论语》中的出处，对"隐"与"直"概念的正确理解是我们把握孔子对"亲亲相隐"看法的关键。经过研究发现，《论语》中共出现"隐"字九次，都是表示对他人的消极行为，从未有主动用法，因此，此处的"隐"显然指的是不言、或知而不言，主要是言语上的不作为，而非作伪证，或毁灭证据，仅指言行上保持沉默。"'直'的本义是'明辨是非'"[1]，而非笼统的正直、正义，"直"在此语境中仍是"明辨是非"之意。由此可知，孔子主张"亲亲相隐"，原因在于，他认为孝亲是人之自然本性，当家庭责任与社会责任发生冲突时，人应当根据当时的特殊情境做出家庭优先于社会的选择。因此，他认为，检举、揭发亲人的行为是与人的自然本性相违背的，是不能明辨是非，也是不正义的。

---

① 林桂榛：《关于"亲亲相隐"问题的若干辨正》，引自郭齐勇主编：《〈儒家伦理新批判〉之批判》，武汉：武汉大学出版社，2011年版，第427页。

2."亲亲相隐"的阈限

孔子儒学以"仁"为核心，"仁"的实质是爱，即由"孝"推及至他人的泛爱。因此，孔子极其重视传统的家庭伦常道德，而"亲亲相隐"恰显示出对人性与亲情的尊重，更是对人权的尊重。但儒家也认为，"亲亲相隐"不是无条件、绝对的。"《礼记·丧服四制》曰：'门内之治恩掩义，门外之治义断恩。'意为这要看事体大小和涉及的公私权重，家事则恩为重，故隐；公事则义为重，故断。"① 由此可知，孔子主张正义与否不在于"亲亲相隐"还是"大义灭亲"，而要视具体情况而定，只有明辨是非才是真正的正义，"直"是正义的标准与原则。"因此，符合适当行为规则的行为应当建立在义的原则之上，也就是要在具体的情形中适当地行事。"② 即使是"门内之治"，孔子也认为"隐"不是绝对的，对于父母的过错，子女要"三谏"，如果问题严重，子女更要犯言直谏。因此，孔子主张行为正当与否不能局限于特定规则，没有绝对的对或错。因此，孔子说："无可无不可"。此外，孔子也强调要审时度势，以"义"应对变化的形势，而不能墨守成规。因此，孔子说："君子之于天下也，无适也，无莫也，义之与比。"（《论语·里仁》）与孔子的观点一致，孟子也主张，"大人者，言不必信，行不必果，惟义所在。"（《孟子·离娄下》）

3."亲亲相隐"的法理根据

简单地看，"大义灭亲"比"亲亲相隐"更能彰显出正义，因为亲亲相隐反映了特殊情境中的行为正当与一般法律相悖的情形，问题是"亲亲相隐"是否有法理根据呢？

---

① 林桂榛：《"父子相为隐"与亲属间举证——亲情、法律、正义的伦理中道问题》，引自郭齐勇主编：《〈儒家伦理新批判〉之批判》，武汉：武汉大学出版社，2011年版，第417页。

② 刘余莉：《儒家伦理学：规则与美德的统一》，北京：中国社会科学出版社，2011年版，第177页。

恩格斯曾说过:"一切社会变迁和政治变革的终极原因,不应当到人们的头脑中,到人们对永恒的真理和正义的日益增进的认识中去寻找,而应当到生产方式和交换方式的变更中去寻找;不应当到有关时代的哲学中去寻找,而应当到有关时代的经济中去寻找。"① 亦即应当从当时的社会生活寻找社会变革的原因,而非理论。传统中国社会是一个家族宗法社会,血缘与姻缘是联系家族亲情的主要纽带,因此,血亲与姻亲成为古代社会与个人关系最为密切的亲情伦理关系。在此历史背景下,"大义灭亲"导致的不良社会后果主要有两种:一是由于不是出于自愿,因此可能导致作伪证,最终不利于发现案情真相;二是即使亲属能真正做到大义灭亲,"但其对民风与人心及那个举证的具体家庭而言,都将带来不利影响。"② 由此可见,在一个重视家庭伦常的封建宗法社会,能够真正做到"大义灭亲"的人是极少的,事实上,"大义灭亲"自古至今都是作为人们期盼的一种高尚行为存在于个别人中,而多数人都会选择"亲亲相隐"。"亲亲相隐"的法理根据有两个:一方面,法不外乎人情,"法理必据于人情"③。从叶公与孔子的对话,我们可以看出,叶公的出发点是法的公平性,而孔子的立场是人情。当法律与人情发生冲突时,个体如何做,才是正义的?亦即法律与"礼"谁更具有优先性?显然,孔子主张在礼法社会,礼与法是既对立又统一的,"礼"与"法"的出发点与落脚点都是尊重人性、尊重人权。立法的根据在于顺乎人情,如果法律悖逆人情,那么法将不法,更得不到真正的贯彻执行。因此,"人情之实是立法的根源、根据,法的公平性、无例外性,则是因应人情所作的外在化、规范

① 《马克思恩格斯文集》第 3 卷,北京:人民出版社,2009 年版,第 547 页。

② 林桂榛:《"父子相为隐"与亲属间举证——亲情、法律、正义的伦理中道问题》,引自郭齐勇主编:《〈儒家伦理新批判〉之批判》,武汉:武汉大学出版社,2011 年版,第 415—416 页。

③ 郭齐勇:《"亲亲相隐""容隐制"及其对当今法治建设的启迪——在北京大学的演讲》,引自郭齐勇主编:《〈儒家伦理新批判〉之批判》,武汉:武汉大学出版社,2011 年版,第 6 页。

化。"①另一方面，在中国古代法制史上，"容隐制"是"亲亲相隐"的制度根据。学界普遍认为，中国最早的"亲亲相隐"的制度根据来自汉宣帝曾颁布的一份诏令："父子之亲，夫妇之道，天性也。"《汉书·宣帝纪》该诏令第一次以法律制度的形式规定亲属之间不举证，"亲亲相隐"不为罪，不受株连。由于汉至隋的法典残缺不全，因此，很难知道这一时段的容隐制。但法学界普遍认为，唐直至清代都有容隐制的规定。

总之，孔子本人不仅推崇美德，而且带领其弟子身体力行。较之于美德的理论，孔子尤为重视美德的践行。因此，儒家伦理作为一门实践伦理，是规则伦理与美德伦理统一的伦理学。

二、道家伦理中的正义品质

同样是谈道，儒家与道家在"道"的理解上却是迥异的。儒家谈"道"，重在强调作为一种入世哲学的"仁义之道"，而道家却从本体论角度探讨宇宙万物起源的"自然之道"。由于对"道"的理解存在差异，致使二者对正义理解悬殊。如果说以孔子和孟子为代表的传统儒家的正义观的实质是"仁义之道"，那么以老子和庄子为代表的传统道家正义观的实质是秉持"自然之道"。老子"从对天道的本体诠释中演绎人道的公正，皆维系于天道人道一个道的哲学情结，它深刻深远地拉开了中国人的公平正义观念，也开启了属于中国人思维中的公平正义观念的理论精致性和实践取向性。"②

（一）道家正义观的理论基础

"道"与"自然"是老庄学说的两大核心概念，在此基础上，老庄提出

① 郭齐勇：《"亲亲相隐""容隐制"及其对当今法治建设的启迪——在北京大学的演讲》，引自郭齐勇主编：《〈儒家伦理新批判〉之批判》，武汉：武汉大学出版社，2011年版，第6页。

② 杨建祥：《公平正义观：从儒、道到马克思主义》，引自上海市社会科学界联合会编：《马克思主义视野下的公平与正义》，上海：上海人民出版社，2010年版，第118页。

"道法自然"与"自然无为",二者共同构成道家正义观的理论基础与前提。

"老、庄对正当、正义或合理问题的追问,是从价值的本体问题开始的。"① 以老庄为代表的传统道家认为,"道"生万物,"道"是宇宙万物的本源,也是价值合理的源泉与目的,"道是决定自然与社会存在的最终本体。"② 因此,老子认为,"道"作为一种无形的存在,在万物产生之前就已经产生了。"有物混成,先天地生。"(《道德经·第二十五章》)即使是中国语境下的最高神"天"都是在"道"产生以后才出现的,因此,"道"是天地之母,是世界的总根源。老子"用'道'取代了'天'或'帝'的在先性和权威地位,确立了一个新的自然、无为的'天道'。"③ 在此,"道"不仅是世界的开端,而且是万物(包括人)赖以存在的依据和本性。因此,老子说:"人法地,地法天,天法道,道法自然。"(道德经·第二十五章)需要注意的是,在先秦汉语中,"自然"一词并非现代意义上客观存在的自然界,而是涵括政治、历史、道德系统的范畴,而非单纯的物理范畴。"道法自然"不意味着在"道"之上还有个"自然"存在着,"而是说,正因为道顺其自然,道才成其大。"④"道法自然"具有以下三方面特征。第一,"道"作为宇宙万物的本源,"道"诞生后,它就自然存在。第二,"道"无为自化。即万物产生后,"道对万物实行无为之治,以辅助万物之自然。"⑤第三,道赋予万物"自然"的特性。在老庄哲学中,"自然"是万物应遵循的一个普遍的、根本的原则,它的特点是"无为"。"无为"不是不作为,而是指不妄为,实是一种无为而有为。综上所述,老庄认为,"道法自然"与"自然无为"是一切行为合理性的指导原则,因此它也是正义的指导原则。此为老子的"自然无

---

① 刘白明:《老庄正义思想研究》,上海:上海三联书店,2012 年版,第 72 页。

② 刘白明:《老庄正义思想研究》,上海:上海三联书店,2012 年版,第 74 页。

③ 《老子》,李存山注译,郑州:中州古籍出版社,2004 年版,第 31 页。

④ 刘白明:《老庄正义思想研究》,上海:上海三联书店,2012 年版,第 80 页。

⑤ 刘白明:《老庄正义思想研究》,上海:上海三联书店,2012 年版,第 82 页。

为"与"道法自然"思想。

（二）道家个体正义思想

如果说儒家正义观旨在建构一种关于行为正当的规范伦理学体系，那么道家正义观则是在对正义元理论进行探讨，即探讨"何谓正当的根本标准的元哲学"[①]。道家个体正义思想奠基于老庄对人性自然看法的基础上，他们坚持个人本位主义思想，认为人不是工具，人自身既是主体，又是目的，个人优先于群体，自由与生命是个体最首要的两项价值，顺其自然是评价个体正义与否的唯一标准。因此，他们认为保持个体正义的本质在于保持个体的自然本性。"所谓的人性，是指人生后没有经过任何人工改造（即认为教育）的本性。"[②]在老庄学说里，人性与"道""德"相通，"德"是"道"的本性。"道"与"德"是两个相互依存，且具有共生关系的概念。"道是万物由以生成的究竟所以，而德则是一物由以生成之所以。一物之所以为一物者，即德。"[③]因故，庄子说："物得以生，谓之德。"（《庄子·天地》）此外，庄子还从哲学本体论上对"道""德""义"三者关系做了精辟概括，他指出，"故通于天者，道也；顺于地者，德也；行于万物者，义也。"（《庄子·天地》）"道"生成万物后，"道"分化为不同的"德"成为万物各自特殊的本性，万物的发展应顺应各自不同的本性，即顺应自然。个体正义与否取决于"德"，人之德就在于自然地去行动，这样的人才是正义的。老庄从历史角度考察人性，他们发现在原初社会或婴儿状态，人的才智未开，每个人都具有一种自然人性，这是一种健全的人性状态。亦即原初状态下，人性是自然而然的，个体都具有正义品质，因此，庄子说："莫之为而常自然。"（《庄子·缮性》）庄子发现人们失去自然之性的原因主要有三个：一是贪图权力；二是自我放

---

① 刘白明：《老庄正义思想研究》，上海：上海三联书店，2012年版，第126页。

② 张松辉：《老子研究》，北京：人民出版社，2006年版，第154页。

③ 张岱年：《中国哲学大纲》，北京：中国社会科学出版社，1982年版，第23页。

纵；三是累心于名节。既然现实的人们由于贪图名利或享乐而失去了自然本性，即失去了个体本具有的正义品质，那么实现个体正义的途径就在于恢复人的自然本性。老庄认为，无为是恢复人之自然本性的主渠道，无为的主要做法是泯灭智力活动，并消除欲望。当然，老庄反对的只是妄为的智力活动或狭隘的见识，对于人的自然智力活动和欲望，他们都是极力肯定的。值得注意的是，他们强调泯灭智和欲的目的是要顺应人之自然本性，要求人们"按照自然的生理本能生活。"[1]因此，个体的正义就是人要依天道、自然而行动，顺应天道、自然即为正义。

（三）道家个体正义的原则

如果说儒家学说强调个人与群体的统一，较之于个体而言，群体更具优先性，那么道家学说则是强调个体的优先性，自由与生命是道家个体正义的两个重要原则，平等是个体正义的实践追求。老庄认为，个体既是自然的存在，也是社会的存在。自由关涉尊严，生命关乎存在，平等是人生而具有的权利，三者统一构成人之为人的标志。一方面，"老庄认为，所有正当的人类伦理应当是以生命和自由为起点的。"[2]"生命和自由是个人正义中最值得追求的价值。生命是自由的载体，自由是生命的质和灵魂。"[3]尊重生命与维护自由才是真正的正义。显然，老庄所谓的自由不是个体的恣意妄为，而是带有康德意志自由意味的自我约束下的自由。对于儒家提倡的"舍生取义"的伦理价值观，老庄是极为反对并猛烈批判的。老庄认为，尾生抱梁柱而死的行为并不是真正的正义，因为生命高于一切，任何残害、牺牲生命的行为都不是真正的正义。因此，庄子"批判'以己为质，使人以为己节，因以死偿节'的行为。"[4]在老庄看来，舍生取义与为名利而死的实质是相同的，都是

---

① 刘白明：《老庄正义思想研究》，上海：上海三联书店，2012 年版，第 112 页。
② 刘白明：《老庄正义思想研究》，上海：上海三联书店，2012 年版，第 157 页。
③ 刘白明：《老庄正义思想研究》，上海：上海三联书店，2012 年版，第 155 页。
④ 刘白明：《老庄正义思想研究》，上海：上海三联书店，2012 年版，第 161 页。

虚假的而非真实的正义，因为真实的正义是尊重并保护每个个体生命的。此外，老庄将自由区分为政治自由、精神自由与思想言论自由三种。其中，在个体的政治自由方面，他主张政治权力对个体干预的前提是尊重与保护个体的基本善——生命与自由，任何以国家名义干预与损害个体生命与自由的行为都是不正义的。另一方面，无论是自然平等抑或社会平等都是符合"道"的，也是正义的。老庄认为，"道"生万物，"天下一气"，人与人在自然本源上都是平等的，"天道是毫无私心和非常公平的"①。贤明的统治者应当效法天地之德，平等无偏私地对待百姓，因此，老子说："天地不仁，以万物为刍狗；圣人不仁，以百姓为刍狗。"（《道德经·第五章》）在老庄看来，每个人都具有内在的价值，反对特权，追求社会权利平等是道家个体追求正义的现实目标。因此，统治者要"无弃人，无弃物。"

三、佛教伦理中的正义品质

一种学说之所以与其他学说相区别，它必有与其他学说不同的特质。如果说儒家学说旨在谈"仁"，道家学说旨在论"道"，那么佛教学说的旨在成"佛"。"佛陀所悟之理即为佛法，佛陀以佛法传授弟子，弟子则以法修行。"②方立天认为，佛法包括宗教与哲学两方面内容。佛法就是宗教，它通常不以哲学形式显现，但却包含着丰富的哲学思想，"佛教哲学正是构成佛教信仰体系的理论基础，由此也可以说，佛法就是哲学。"③佛教伦理主要探讨佛与人、人与人，以及人与自我之间的关系，其中心是依佛的要求，外要善待佛陀与众生，内要修炼自我心性，以摆脱人生苦难并超越六道轮回，旨在将

---

① 吕锡琛：《论道家对社会正义的诉求》，《湖北大学学报（哲学社会科学版）》2005年第6期，第635页。

② 业露华：《中国佛教伦理思想》，上海：上海社会科学院出版社，2000年版，第235页。

③ 方立天：《中国佛教哲学要义》，北京：中国人民大学出版社，2002年版，第9页。

人生解脱视作现实的理想境界。人生论、心性论和因果报应论是中国佛教伦理的三大理论基础。

（一）佛教正义观的理论基础

佛教正义观是奠基于中国佛教伦理三大理论上的。其中，人生论奠定了佛教正义观的理论基础与前提，心性论确立的众生佛性平等观念确立了佛教正义的基本原则——平等原则，因果报应论作为一种客观规律敦促着人们的正义实践活动。在此意义上，可以说人生论、心性论、因果报应论也是中国佛教正义观的三大理论基础。

（二）佛教伦理中的正义内涵

佛教伦理中的正义建立在佛教人生论、心性论与因果报应论统一的基础上，佛教三大理论不仅确立了佛教正义的最高目标、佛教正义的基本原则，而且提出了佛教正义的表现形式。佛教人生论认为，世事无常，人生皆"苦"，"苦"的根源在于无明和贪欲，因此，寻求人生解脱成佛是最高的正义。其次，中国主流佛教心性论认为，众生皆有佛性，因此要平等地对待一切众生就是正义的，这是佛教正义的基本原则。最后，因果报应作为一种自然客观规律体现着佛教正义。

（三）践行佛教正义的具体要求

小乘佛教从个体修行角度提出出家苦行以消除自我苦楚，认为去恶从善是个人解脱的根本途径，大乘佛教则继承并修正了小乘佛教的伦理原则，认为众生皆有佛性，要平等慈悲对待一切众生。而中国佛教融合了印度大小乘佛教伦理思想，将去恶从善、平等慈悲、自利利他与方便原则视为佛教伦理的基本原则。总的来说，这三项基本原则的共同点是，都彰显着佛教的正义，是践行"八正道"的具体要求。因此，该三项原则也必然是践行佛教正义的具体要求与表现。

第二节　正义品质在西方传统伦理思想中的三次嬗变

"西方正义概念最初产生于对政治生活中政治利益集团进行公正的平衡的观念。"① 总的来说，对正义概念进行系统理论分析最早可追溯至古希腊伟大的哲学家柏拉图与亚里士多德，他们开启的德性主义正义传统奠定了现代西方德性主义公正观的理论基石。随着历史不断向前推进，中世纪两位伟大的神学家奥古斯丁和托马斯·阿奎那在基督教信仰学说基础上，对柏拉图与亚里士多德的正义理论进行了神学化的改造，尽管以神学正义观的形式显现，但其实质仍是一种德性主义正义思想。再次，近现代以来的西方正义思想吸收了自然法学派的启蒙观念，形成了以功利主义正义观和自由平等主义正义观为两个主要分支的自由主义正义思潮。最后，马克思主义正义思想正是奠基于自由主义正义思想基础上，吸收了社会主义思想而形成的。以上所述，即为正义概念在西方历史发展过程中的总脉络。无独有偶，当代西方美德伦理学家桑德尔也认为，一个社会公正与否的标准在于利益的分配是否正当。于人而言，福利、自由与德性是人最基本的三种权利，对此三种利益的不同分配，形成了当代西方三种主流正义观，即德性主义正义观、功利主义正义观与自由平等主义正义观。其中，古希腊与中世纪的德性主义伦理传统奠定了西方公民正义品质的理论基础，鉴于此，首先要对古希腊与中世纪的美德正义思想做一系统且较为翔实的考察。

一、德性主义正义思想

正义品质作为一种合作德性，历来受到人们的重视和赏识。在西方哲学

① 廖申白：《论西方主流正义概念发展中的嬗变与综合（上）》，《伦理学研究》2002年第2期，第55页。

史上，对正义品质的界定与探讨最早可追溯到"古希腊思想家对各种城邦制度的思考或反思。"①

（一）古希腊的美德正义

古希腊美德正义理论最早可追溯到苏格拉底的一个重要哲学命题——"知识即美德"，该命题强调美德可以通过教育、学习获得。"据此，他认为正义作为一种美德也源于知识和智慧。"②他的正义思想体现了一种实践理性精神，人不仅要懂得正义，而且要行正义之事。同时，他重视法律的作用，强调法律至上，人们必须服从城邦的法律，守法即正义。在他看来，"违背法律和违背契约一样是不正义的行为，为了维护正义，应虽死不辞。"③苏格拉底之死恰是其正义精神的体现。柏拉图和亚里士多德的正义理论都是奠基于苏格拉底正义观上的。

1.柏拉图的正义思想

西方历史上第一部正义论著作是柏拉图的《理想国》，以对话文体的形式驳斥了当时流行的三种正义观，"第一次对正义范畴作了'正义就是善'的哲学规定，并划分了个人正义和城邦正义、相对正义和绝对正义。"④此外，他还对城邦正义与个人正义如何实现进行了详尽论证与探讨。

柏拉图在批判当时社会流行的三种错误正义观基础上，指出正义是一种善德。第一种错误观点认为，正义就是善恶报应，"正义就是'把善给予友

① ［美］乔治·萨拜因：《政治学说史（上）》，邓正来译，上海：上海人民出版社，2008年版，第30页。

② 沈晓阳：《古希腊正义观论要》，《江南大学学报（人文社会科学版）》2003年第4期，第12页。

③ 姚德利：《"正义"的诠释与阐述：西方政治思想产生略论》，《淮南师范学院学报》2004年第4期，第2页。

④ 宋希仁：《西方伦理学史上的正义观》，《道德与文明》1988年第5期，第20页。

人，把恶给予敌人。'"①该观点认为，只有在平时订立合同契约的事件中，正义才有效用。当一个人在战争中能联友攻敌时，这个人就是正义的人，亦即正义的人最能利友害敌。但问题是，正义自身即是一种德性，而德性是不会伤害任何人的。诚如美德不会使人变坏一样，正义也不会使人变得不正义。因此，柏拉图认为，"伤害朋友或任何人不是正义者的功能，而是和正义者相反的人的功能，是不正义者的功能。"②因此，正义不是助友害敌。第二种错误观点认为，正义是强者的利益，即对强者有利的就是正义的。法律是统治者为维护本阶级利益制定的，守法即正义，违法即不正义。但统治者在立法时也难免会犯错误，立错的法就不利于统治者，但只要遵守法律就是正义。如此，正义成了"弱者受命去做对强者不利的事情"。因此，正义不一定能实现强者的利益。第三种错误观点认为，不正义比正义对人更有利。因为正义的人不会损公肥私，徇私情，因而可能会得罪亲朋好友。人们谴责不正义，"并不是怕做不正义的事，而是怕吃不正义的亏。"③行为正义是要付出代价的，比如说吃亏、苦恼，而不正义者却是最快乐的。但不正义真的比正义更有利？俗话说，多行不义，必自毙。不正义者不能合作，他们会使团体中的人彼此为敌，使个人自我矛盾，自相冲突。因此，每个人都应当采取正当的方式来生活，绝对不正义的人做不了任何事。在驳斥完以上三种错误正义观点后，柏拉图指出："正义是心灵的德性"④，并且是一种善德，它会使人生活好，生活快乐。柏拉图认为，善有三种：第一，人们乐意要它本身，而

---

① ［古希腊］柏拉图：《理想国》，郭斌和，等译，北京：商务印书馆，2003年版，第8页。

② ［古希腊］柏拉图：《理想国》，郭斌和，等译，北京：商务印书馆，2003年版，第15页。

③ ［古希腊］柏拉图：《理想国》，郭斌和，等译，北京：商务印书馆，2003年版，第27页。

④ ［古希腊］柏拉图：《理想国》，郭斌和，等译，北京：商务印书馆，2003年版，第42页。

不要其后果。比如说，快乐。第二，人们乐意要它本身，也乐意要其后果。比如说，健康、正义。第三，人们并不是爱其本身，而是爱由其带来的名和利。比如说，赚钱之术。正义是智慧和善，人们行为不正义的原因在于愚昧无知，显然，愚昧无知会使人犯错误，遭受痛苦，而唯有智慧能给人带来明智的选择，使人得到快乐。因此，正义比不正义更有利。此外，与智慧、节制、勇敢等德性相比，唯有正义品质是关涉他人的善，是一种对国家而言能独立实现的善。并且，与其他善相比，正义品质还是一种特殊的善，它自身即是好的，是一切人都可以做到的德性，因此，正义品质是全德。而其他德性则是不同职业群体人们应具有的，诸如智慧是统治者应具有的德性，勇敢是护国者应具有的德性。综上所述，柏拉图认为正义品质作为人的一种德性，它具有两个显著特征：一是正义品质与他人的善相关，是一种关涉他人的善德；二是正义品质是一种总体的德性，而非具体的德性。

在对正义性质进行界定之后，柏拉图将正义区分为个人正义与城邦正义。在柏拉图看来，正义是建立理想国的普遍原则，城邦的正义只不过是个人正义的放大，因此，研究个人正义首先要研究出城邦正义，由大见小，最终将适用于城邦正义的原则应用到个人身上，就能实现个人的正义。柏拉图认为，善的国家也是智慧、勇敢、节制、正义的国家。金银铜铁在人体中的含量决定每个人的天赋，而个人天赋才能的差异是造成社会分工的原因。柏拉图依据人灵魂属性的差异将城邦公民三等分：护国者（天赋含有金子）、辅助者（银子）和生意人（铁和铜）。每种灵魂都有与之相应的特殊美德：智慧是理性的统治者的美德；勇敢是积极进取的军人应具有的美德；节制是生意人应具有的美德。城邦正义的原则是依据天赋进行职业分工，使得每个人做最适合自己天性的工作，每个人各就各业。正义是建立理想国家的一条总原则，"正义就是只做自己的事而不兼做别人的事"①。生意人、辅助者和护国

---

① ［古希腊］柏拉图：《理想国》，郭斌和，等译，北京：商务印书馆，2003 年版，第 154 页。

者各司其职、各守其分，由此，这个国家就实现了正义。因此，柏拉图的正义理论建立在差异性的基础上，即国家的正义建立在人们禀赋的差异上，而个人的正义建立在灵魂的高中低三层次差异上。如前所述，个人正义不过是城邦正义的微缩，和国家一样，智慧、勇敢、节制三种品质不仅是国家的品质，也是个人具有的品质，因为仅就正义概念而言，国家的正义和个人的正义应是相同的。因此，柏拉图认为人的灵魂也分为三个部分：理性、欲望和激情。理性在具有智慧的护国者灵魂中占主导地位；激情在具有勇敢品质的军人灵魂中处主导地位；而欲望则是主导生意人的最重要的灵魂。因此，对于个人而言，当灵魂中的理性统领激情并节制欲望时，这个人就是正义的。总之，当护国者、军人与生意人在国家中各司其职、各守其分时，就实现了城邦秩序的和谐，亦即城邦正义。与此类似，个人正义指的是灵魂的和谐状态。即当个人灵魂的三部分和谐有序，人自己主宰自己时，人就具有了正义品质。

那么，该如何实现人灵魂三部分的和谐，即如何培养公民的正义德性？在此问题上，柏拉图认为，包括文体教育在内的公民教育是公民正义品质培养的最佳途径和有效方式。柏拉图认为，城邦从建立到繁荣的过程，正反映着正义的产生、成长过程。显然，战争是扩大城邦土地的一个源泉，因为战争需要优秀的军人队伍与优秀的护国者，而优秀的护卫者天性应具有的品质包括：勇敢、敏捷、爱智慧。为了更好地保家卫国，就需要在护卫者既有天性基础上，对其进行教育，主要包括体育与音乐文艺教育。这种教育的目的"是用体操来训练身体，用音乐来陶冶心灵。"① 与体育教育相比，音乐文艺教育实为一种净化城邦的精神方面的教育，旨在培养公民的理智德性与道德德性。需要注意的是，故事也属于音乐教育的范畴。众所周知，幼年时的教育最重要。因为，"凡事开头最重要。特别是生物。在幼小柔嫩的阶段，最

_____

① ［古希腊］柏拉图:《理想国》，郭斌和，等译，北京：商务印书馆，2003 年版，第 70 页。

容易接受陶冶，你要把它塑成什么型式，就能塑成什么型式。"① 因此，柏拉图主张通过故事对儿童开展音乐文艺教育，要从五方面入手。第一，故事的编写、内容都应是善的，即讲什么的问题，故事的编者在讲神的故事时，旨在通过对神的规定来培养护卫者的勇敢、节制的品质。因为，处于最好状态下的万物，最不容易被外界他物改变。善的、高尚的故事影响幼儿的心灵。第二，对神的规定完成后，就开始了对人的规定。故事的形式、风格应是什么样的，即怎么讲的问题。通常是采取模仿、叙述，或二者兼用的方法。柏拉图认为，"各种模仿只不过是事物本身的摹本而已。"② 因此，通过模仿等方式讲故事，旨在培养儿童的善德。第三，诗歌和曲调的形式。第四，使音乐的节奏与有秩序的勇敢的生活节奏相适应。一方面，既可以达到"移风易俗，莫善于乐"的目的。另一方面，也是为了实现理论与实践的统一。第五，文词应与符合心灵的精神状态一致。因此，最好的教育是用艺术巨匠的大才美德从童年开始对年轻人教育，使他们耳濡目染地接受净化城邦的教育，避免恶的现象。由此可知，儿童阶段的教育至关重要。音乐文艺教育的终极目的是实现对美的爱，如果说音乐文艺教育是一种心的教育，那么体育训练是一种身的教育，二者凭借不同，但终极目的却是一致的，都是为了心灵，最终实现身心和谐，实现个人与城邦的正义。

2. 亚里士多德的正义思想

柏拉图的正义研究是总体性的，他认为正义是理想城邦的实质与核心，他虽然将理想城邦自产生直至繁荣的发展过程呈现在我们面前，但他未对具体的正义进行界定与说明，尤其是没有明确区分法律正义与道德正义。亚里士多德批判地继承了柏拉图的正义观，他的正义思想集中体现在《政治学》

---

① ［古希腊］柏拉图：《理想国》，郭斌和，等译，北京：商务印书馆，2003年版，第71页。

② ［古希腊］柏拉图：《理想国》，郭斌和，等译，北京：商务印书馆，2003年版，第98页。

与《尼各马可伦理学》两部经典著作中。如果说柏拉图的《理想国》是在理想层面上对国家政治的探讨，那么亚里士多德的《政治学》就是希图通过一种中庸之道将柏拉图的理想变成可行的，以达至建构现实的优良城邦的目的。亚里士多德的《政治学》是一部具有深厚伦理学观念的政治哲学。亚里士多德认为，伦理学研究的是个人的善，政治学研究集体的善，国家政治的目的就是为了实现公民的最高善——幸福。因此，他认为城邦的终极目的不仅仅是为了公民的生活，而应是为了实现公民的幸福生活。在亚里士多德看来，公正与正义是同义词，二者通用，可以相互替换。他第一次对正义进行了学科划分，城邦正义属于政治学研究范畴，个人正义即正义品德属于伦理学范畴，"同时也区分了道德的正义和法律的正义。"①

（1）正义的内涵

与柏拉图的正义界分思想一脉相承，亚里士多德从政治与伦理双重维度上探讨正义问题，并从伦理层面对正义品质的性质与范围做了详尽阐释与说明。

从政治纬度看，"正义是维持社会秩序的基础。"②亚里士多德认为，城邦是自然产生的，而人天生是政治性动物，为了达致个人的完善，人必然倾向于过政治生活，人在本性上不可能脱离城邦而生存。他认为，在城邦中，即使不需要他人的帮助，人仍然应追求共同体生活，共同利益将独立的个人聚集起来，各人得其应得的一份以享有美好的生活。城邦的目的不单单是为了公民的基本生活，而应是为了谋求优良的生活，此为城邦的真正目的。正义对于城邦的重要性在于，"公正是为政的准绳，因为实施公正可以确定是非曲直，而这就是一个政治共同体秩序的基础。"③

---

① 宋希仁:《西方伦理学史上的正义观》,《道德与文明》1988 年第 5 期, 第 20 页。

② 马捷莎:《亚里士多德正义观及其启示》,《黑龙江社会科学》2006 年第 1 期, 第 49 页。

③ ［古希腊］亚里士多德:《政治学》, 颜一, 秦典华译, 北京: 中国人民大学出版社, 2003 年版, 第 5 页。

从伦理维度看,正义是一种目的性的善,甚至是一种全德。和柏拉图的观点一致,亚里士多德也认为存在三种善,有些善只具有手段价值,而不具备目的意义;而有些善则具有目的意义,却没有手段价值;第三种善既具有手段价值也具有目的意义,比如说正义。正义自身即是善,意味着"它在总体上对我们是善或具有更为终极性的善"①,正义作为一种道德品质,是一种目的性的善。

亚里士多德将正义区分为普遍的正义与特殊的正义。普遍的正义指守法,特殊的正义指平等,由此,守法与平等成为正义的主要内容。一方面,亚里士多德继承了柏拉图关于正义品质是关涉他人的善德的观点,认为正义品质是一种总体的德性。在总体意义上,守法即正义。亚里士多德指出,"守法的公正不是德性的一部分,而是德性的总体。"②因为法律旨在促进共同体的公共福利,一个人守法对其他人来说即是善,尽管这种善不是具体的,而是总体性的,但长远来看,每个人都守法必然会推进城邦公共福利最大化,进而实现每个人的幸福,因此守法也是正义的。此外,正义作为一种合作德性,"它是完全的,因为具有公正德性的人不仅能对他自身运用其德性,而且还能对邻人运用其德性。"③另一方面,平等意义上的正义指善、恶两者之间的适度,是一种具体意义上的正义,以"各人得其应得"为核心具体表现在三种不同形式之中。第一,分配的正义,每个人按比例的平等获得各自应得的公共资源。第二,交换的正义,它是由比例的平等派生出来的适用于私人交往活动中的正义原则,发生在人们自愿的交换活动中。第三,矫正的正义,亦是由比例的平等派生出来的适用于不自愿的私人交往活动的分

① [古希腊]亚里士多德:《尼各马可伦理学》,廖申白译,北京:商务印书馆,2003年版,译注者序第xxi页。

② [古希腊]亚里士多德:《尼各马可伦理学》,廖申白译,北京:商务印书馆,2003年版,第131页。

③ [古希腊]亚里士多德:《尼各马可伦理学》,廖申白译,北京:商务印书馆,2003年版,第130页。

配原则。综上所述，在亚里士多德看来，正义既是一种具体的德性，又是个人的一种总体德性，他实现了具体的正义与总体的正义的统一，因此是一种全德。

（2）城邦正义与公民的正义品质

城邦是由公民组成的，了解城邦正义首先需要弄清楚公民的定义。亚里士多德认为纯粹意义上的公民仅指城邦中"参与法庭审判和行政统治的人"①，即城邦中享有政治权利并参与政治活动的自由、平等的人。由此，城邦被视为由一定数量足以维持其自足生活的公民组成的政治共同体。政治的善目的是公正，即维护全体公民的共同利益。由于各政体看重的德性不同，致使不同政体对正义的理解截然不同。亚里士多德将政体区分为正确的政体与变态政体两类，变态政体由正确的政体蜕变产生。正确的政体包括君主政体、贵族政体与共和政体。君主政体容易蜕变成僭主政体；贵族政体容易蜕变成寡头政体；共和政体容易蜕变成平民政体。其中，寡头政体看重财富，认为应当富人执政，分配的正义就是基于财富多寡的政治权利的不平等分配。而平民政体崇尚自由，认为政治权利应平等地分配给所有公民即正义。城邦权力究竟应该归属谁？显然，亚里士多德认为应该由城邦中优秀的多数人执政。在三种正确的政体中，最理想的政体是贵族政体，即由城邦中占大多数的中产阶级执政，他们整体占有城邦的大部分财富，但每个人实际上并不富有，也不贫穷，因此相对其他政体而言，贵族政体更具有稳定性。最重要的是，中产阶级讲究平等，重视德性，因此，他们更易秉持中庸之道，坚守正义。显然，这是一种为实现理想统治的现实主义的做法，中庸的思想贯穿亚里士多德政制构想的始终。在亚里士多德看来，只有正确的政体才会秉持正义原则，公民平等地参与政治活动，轮流执政。如果说财富和自由是公民在城邦中竞选官职的必需条件，那么公民的正义品质与正义原则同样是公

---

① ［古希腊］亚里士多德:《政治学》，颜一，秦典华译，北京：中国人民大学出版社，2003 年版，第 72 页。

民的不可或缺的条件。亚里士多德认为，人的活动在于其灵魂合乎理性的实践活动，理性是人特有的，实践的生命活动的目的就是人的目的。人"是"什么样的人，则取决于其在实践活动中所实现的德性，即取决于其实现活动。人的灵魂存在三种状态：感情、能力和品质。其中，正义不是感情、也不是能力，而是一种品质。正义是出于意愿，做事做得适度的那种品质。正义的品质就是适度，"这种适度是由逻各斯规定的，……德性是两种恶即过度与不及的中间。"① 一个人是正义的，他除了具有正义的性质外，他还必须是出于一贯的行为状态，不断重复正义行为的结果，亦即这一性质具有稳定性。因为缺乏具有正义品质的公民，那么城邦将无法存在，而如果缺乏正义原则，那么城邦内的公民将不能安居乐业，何谈实现城邦目标。因此，城邦的稳定与持久既需要正义原则，更需要具有正义品质的公民。

（3）正义的实现

考虑到正义的双重维度，亚里士多德认为正义原则是城邦的善德，在政治生活中追求公共利益即体现着正义，城邦正义的实现要靠法律和制度，法律正义是实现城邦正义的基本途径；对于个人而言，正义作为公民的一种道德品质，可以通过习惯上的教育来培养公民的正义美德。

柏拉图认为，最理想的城邦是由具有智慧的哲学王统治的国家，他期望通过贤人政治实现城邦的正义。相形之下，亚里士多德意识到人性中感性对理性的干扰，以及法律的普遍约束力，因此，他极力推崇法治。他认为，贤人政治的不足在于"人的灵魂会受各种激情的影响"，法治则不会受激情影响。与法治相比，一个人的统治更容易招致腐败，因此，他指出，法治比任何人的统治都更为可取。但法律的制定易受利益群体的影响，并且法律的适用范围是一般的对象，面对特殊情境法律就难以发挥其真正效力，因而法律的严重不足在于它容易沦为不同政体的统治者谋求私利的正当工具。诚如亚

---

① ［古希腊］亚里士多德：《尼各马可伦理学》，廖申白译，北京：商务印书馆2003年版，第47页。

里士多德指出的那样，对于政体而言，法律是异常重要的，"法律是彼此间对公正的承诺；然而这样的法律无力培养出善良而公正的公民。"① 因此，考虑到人治与法治各有利弊，亚里士多德认为，最优秀的政体应由最优秀的人来统治，至关重要的是君主应秉持正义原则制定法律。因为正确的政体必然会产生公正的法律，不正确的政体则会有不公正的法律。

城邦优良生活的实现，除了需要正确的政体予以保障外，也离不开公民的德性。城邦的目的是实现公民的幸福，而幸福依赖于美德以及其他外在诸善。亚里士多德认为，青少年的教育问题关乎城邦的安危。首先，应教育公民适应城邦政体，因为政体自产生之日起形成的习俗有助于保存政体。"每个公民都是城邦的一部分，因而对每一部分的关心应当同对整体的关心符合一致"。② 亦即，公民天生就是城邦的保卫者与维系者，对所有的公民实施共同的教育，并且教育应成为全城邦共同关心的责任，而不是各自关心自己子女的教育。亚里士多德认为，美德的养成依赖本性和习惯。因此，为了培养公民的美德，习惯的教育就显得尤为重要。他指出，习惯上的教育大致包括读写、体育、音乐和绘画四种，教育的目的是培养适应政体的公民应具有的品质，因此教育应坚持三项原则："中庸的、可能的与适当的"③。公民教育的内容一方面是技能的教育，另一方面是美德的教育。与技能教育相比，美德教育更为重要。在亚里士多德看来，城邦需要的公民德性是丰富多彩、多样的，因此，对公民的德性培养既包括身体的锻炼，也包括习惯的教育与理性的培养。并且，这三种教育是有先后次序的，首先应对公民进行体育教育，因为"身体先于思想"，德性的培养建立在公民良好的身体素质基础上。

---

① ［古希腊］亚里士多德：《政治学》，颜一，秦典华译，北京：中国人民大学出版社，2003 年版，第 89 页。

② ［古希腊］亚里士多德：《政治学》，颜一，秦典华译，北京：中国人民大学出版社，2003 年版，第 268 页。

③ ［古希腊］亚里士多德：《政治学》，颜一，秦典华译，北京：中国人民大学出版社，2003 年版，第 282 页。

其次，应培养公民的习惯。最后，培养公民的理性，因为他认为"习惯先于理性"。总之，在亚里士多德看来，美德是一种需要践行的特殊品质，"美德教育包含着把握、规导和转变各种欲望和情感。"① 美德教育通过培养公民幸福生活所需要的知识和技能，使人能够践行美德，其实质是为了实现人类的善和幸福。

（二）中世纪的宗教德性正义思想

如果从伦理思潮自身演化史的视角来看，西方历史上先后存在着三种不同的道德类型：古希腊的美德伦理，中世纪的信念伦理和近现代的规范伦理。它们分别是各历史时期，与政治、经济制度密切相关的占主导地位的道德类型。中世纪是西方历史上一个漫长而具有特殊意义的时代，古希腊的民主政治文明在此止步并被基督教神学文明取代，教权大于王权是其政治统治的典型特征，哲学沦为神学的婢女，对正义的阐释已不再是哲学家仅有的权利，反成了中世纪神学体系的一部分。西欧中世纪是个信仰的时代，古希腊时期对哲学的理性沉思被对基督教上帝的信仰取代，在此背景下，"上帝不仅是宇宙主宰者，而且是最高正义的化身，社会正义的来源与评判者。"② 然从原初的角度看，中世纪神学正义论的理论渊源仍是西方古希腊的正义论思想，不同的是以中世纪两位伟大的神学家奥古斯丁和托马斯·阿奎那为首的神学家对传统正义论思想进行了全面、彻底的改造，形成了西方文明史上独具特色的以信仰上帝为核心的基督教神学正义观。与基督教诞生相伴的是，人们对正义的理解不断深化与超越。在基督教发展早期，"正义是受苦受难的人们对压迫剥削的抗议，对平等友爱的呼唤。"③ 随着基督教的日益强大与繁荣，尤其是当基督教以官方宗教形式合法存在时，正义观念中的这些反抗、革命

① ［美］阿拉斯戴尔·麦金泰尔：《谁之正义？何种合理性？》，万俊人，等译，北京：当代中国出版社，1996年版，第156页。

② 彭富明：《论中世纪神学正义理论的历史嬗变》，《前沿》2010年第5期，第183页。

③ 沈晓阳：《正义论经纬》，北京：人民出版社，2007年版，第17页。

性要求逐渐被削弱，而以一种温和的、服从上帝的命令形式取代了正义的原有含义。《圣经》描述耶稣在登山训示中告诫世人，不要再抵抗伤害，更不能"一眼还一眼，一牙还一牙。"而要"爱人如己"。基督教对正义理解的前后反差，"体现了对原始同态复仇的纠正，强调了对不义之徒的感化，代表着人类文明水平的提升。但从伦理层次上看，这是一种超越于正义的宗教性道德境界。"① 如果说《圣经》奠定了基督教宗教德性正义观的思想基础，那么中世纪两位伟大的神学家奥古斯丁和托马斯·阿奎那则通过对古希腊传统正义观的神学化改造，开启并深化了现代西方人基督教正义观念的认知与理解。如果说古希腊的美德伦理旨在彰显个人正义美德的重要性，那么中世纪的信念伦理则奠基于宗教神学，通过对古希腊德性正义的全新阐释而形成的一种特殊的宗教德性正义理论，其实质仍是一种德性正义思想。

1. 奥古斯丁的正义思想

奥古斯丁是中世纪教父哲学的主要代表之一，他通过对柏拉图城邦正义理论的神学化改造与诠释，建构了一种奠基于信仰而非理性的宗教德性正义理论。首先，奥古斯丁认为，正义指的是对上帝命令的无条件、绝对服从；当人的理性服从对上帝的信仰时，个人就具有了正义美德。其次，与柏拉图、亚里士多德的正义二重划分相适应，他也将正义区分为个人的正义与社会的正义两个方面。

（1）正义品质的内涵

奥古斯丁是中世纪早期基督教伟大的神学家，他用基督教"信、望、爱"三主德解释古希腊的"智慧、勇敢、节制、正义"四主德。其中，"信"指的是对基督的信仰，亦即信仰上帝；"望"指的是希望，即人要对死后灵魂进入天国及来世抱有希望；"爱"指的是无条件地服从上帝、尊崇上帝，爱上帝，是一种宗教特有的圣爱。在奥古斯丁看来，信仰上帝即智慧；无怨无

---

① 沈晓阳：《正义论经纬》，北京：人民出版社，2007年版，第17页。

悔地忍受人间的一切苦难即勇敢；绝欲弃利即节制；服从上帝的命令即正义。奥古斯丁视上帝的命令为最高的正义，它是优越于人类正义的更高、更纯的正义形式。在他看来，正义不仅关涉人与人之间关系，更关涉人与神的关系。上帝赐予人以幸福，唯有信仰并服从上帝，人才能获得幸福。因此，他主张信仰上帝是人认识并获得正义品质的前提。他对柏拉图的灵魂三分说理论进行了神学化改造，他认为，人的肉体受人的灵魂支配，亦即人的理性统治人的欲望，但在人的理性之上还有一个更高的统治者，即上帝。因此，服从上帝，意味着理性要服从信仰，唯其如此，个人才真正具有了正义美德。由此，他将正义神学化了，认为上帝或神本身即是正义的化身，上帝的意志即是正义的标准。奥古斯丁的宗教德性正义观"是建立在宗教的先验的、不可怀疑的信仰的基础上的"①。在此意义上，原本建立在理性基础上的古希腊四主德被奥古斯丁改造成建立在信仰基础上与基督教三主德相适应的宗教德性。奥古斯丁通过对柏拉图的正义理论神学化的阐释与改造，最终实现了信仰对理性的超越。

（2）个人正义与社会正义。

如果说古希腊的个人正义与城邦正义的二重划分体现了古希腊人热衷于个人与城邦的和谐统一，那么基督教的个人正义与社会正义的二重区分则彰显着宗教信仰背景下，人们对个人灵魂与上帝意志统一的追求与渴望。一方面，个人的正义美德与基督教伦理是一致的，个人正义主要指个人具有的正义品质，即公正德性，"其职责在乎使每一个人尽其天职，因此在人自身中有某一种自然的正当理法，要使肉体归顺乎灵魂，灵魂归顺乎上帝。"② 由此可见，奥古斯丁将正义德性与基督教信仰联系起来，灵魂服从上帝，信仰与

---

① 文长春：《正义：政治哲学的视界》，哈尔滨：黑龙江大学出版社，2010年版，第117页。

② 周辅成编：《西方伦理学名著选辑（上卷）》，北京：商务印书馆，1964年版，第357页。

服从上帝即是个人正义的表现。另一方面，奥古斯丁提出了一种超越于世俗世界的上帝之城，以弥补正义在城邦实践中的不足。奥古斯丁认为，古希腊圣哲们构想的正义从未在世俗城邦真正存在过，真正的正义是上帝的正义，它只在上帝之城中得到实现。奥古斯丁的社会正义思想集中体现在其经典著述《上帝之城》中。他吸收并借鉴了柏拉图理念世界的二重划分方法，将世界区分为上帝之城与世俗之城。他认为，上帝之城是人来世间之前所生活的一个世界，它是一个神圣、纯洁、正义的国度，亦即通常所说的天国；而现实的世界却是一个与上帝之城相对立的充斥着邪恶、欲望与不正义的世俗之城。由此，便有了上帝之城与世俗之城的区分，善恶是二者相异的主要特征，也是正义程度界分的标准。上帝之城代表着一种真善，在奥古斯丁看来，只有信耶稣基督的善才是真善，代表着一种最高的正义；而世俗之城即使有正义存在，也是较低层次的正义。此外，他还从神学自然法学派的观点来诠释社会正义。"神学自然法认为，法来自神意，是上帝意志的体现和上帝一切安排和命定的总和。"[①] 上帝的意志在法的形式表现为永恒法与人法，而社会正义，就体现在人对永恒法以及人法的服从与遵守。在他看来，永恒法存在于上帝之城，它直接源于上帝的心灵，"体现了上帝的意志和智慧"[②]，是人法制定的根源与依据，也是社会正义最高阶段的表现。人法是世俗之城特有的法律，是社会正义低级阶段的表现形式。一般说来，服从人法即正义，但当人法与永恒法发生冲突时，人法只有适应并服从永恒法才是正义的，否则就是不正义。

2. 托马斯·阿奎那的正义思想

托马斯·阿奎那是继奥古斯丁之后中世纪又一位伟大的神学家，他是中世纪经院哲学的主要代表。如果说奥古斯丁的正义思想是柏拉图正义理论在

---

① 沈晓阳：《正义论经纬》，北京：人民出版社，2007 年版，第 18 页。

② 彭富明：《论中世纪神学正义理论的历史嬗变》，《前沿》2010 年第 5 期，第 185 页。

中世纪的延续，那么阿奎那的正义思想则是对亚里士多德正义理论的继承与传播。阿奎那批判地继承了亚里士多德的德性正义思想。在阿奎那看来，正义的目的和实质是协调自我关系以及人际关系，代表着一种秩序的和谐。于个人而言，理性统治人的意志和欲望时，人自身达到了一种和谐，是个人具有正义品质的前提和基础；而人际关系的和谐却不是人的理性能掌控的，而是上帝"规定人对其必须与之共同生活的同伴们的行为"[①]，亦即上帝依靠其理性和智慧协调着人们之间关系，维护着社会正义。简而言之，上帝作为正义的化身，是个人正义与社会正义的终极源泉和基础。

（1）个人的正义品质

阿奎那主张人的理性独立于信仰，当个人行为建立在理性基础上，信仰与服从上帝时，个人就具备了正义品质。阿奎那认为，个人获得正义品质的前提是人的自然理性，理性统治人自身并指导其行为达致其适当目的，是个人行为正义与否的准则和尺度，因此，理性也是人行为的首要原则。人的意志只有受理性节制，他的行为才是正义的。理性统治意志和欲望，这是个人具有正义品质的前提和基础。而上帝彰显着正义，它创造宇宙万物并依靠其理性统治宇宙，以至善和最高功德为目的。在阿奎那看来，一个人如何为人处世及享有何种权利，不一定关涉政治义务，但它却必然要与上帝发生关系。人类的行为，"只要是由理性产生的，在上帝面前就是值得称赞的或谴责的。"[②] 因此，在阿奎那看来，理性是人们行为的首要原则，当人通过自然理性认识、信仰并服从上帝时，个人也就具有了正义品质。亦即人只有在理性基础上，信仰上帝，才真正具有了正义品质。因此，个人的正义品质实是个人的理性与上帝的信仰的统一。在阿奎那看来，尽管理性统治欲望，但理性与信仰并不是真正对立的，它们各有其缺陷，需要互相弥补，因此当二者相辅相成时，个人才真正具有了正义品质。显然，在奥古斯丁信仰对理性超

---

① 《阿奎那政治著作选》，马清槐译，北京：商务印书馆，2010 年版，第 104 页。

② 《阿奎那政治著作选》，马清槐译，北京：商务印书馆，2010 年版，第 103—104 页。

越的基础上，阿奎那提出了一种试图解决古希腊理性与中世纪宗教信仰冲突的理性与信仰统一的正义价值观。

（2）社会正义思想

阿奎那指出，正义以调整人们之间关系为旨归。神作为正义的源泉和化身，它以一种各人得其应得的原则分配一切德性以彰显社会正义。"神由于实施管理和指导，把各人应得的东西归于各人。"① 阿奎那认为，世界是有秩序的，神创造万物并统领宇宙。对于人类而言，人与人之间的秩序依靠服从的形式表现在政治活动中。一般来说，存在着两种服从形式：一种是奴隶式的服从，"这种服从是作为犯罪的结果而开始的。"② 第二种是服从神的智慧，以实现并保障社会秩序的合理。在阿奎那看来，人先天就是不平等的，人的本质在于人的社会性，人天生是要过政治生活的。国家是人类理性实践最完善的产物，个人只有在国家中生活，才能实现生活的幸福与完满。而国家的目的就是要实现所有人的幸福，让每个人都过一种有德性的生活。对于国家而言，法体现着国家的政治秩序，是政治秩序的依据与源泉。"严格说来，法律的首要和主要的目的是公共幸福的安排。"③ 个人幸福从属于公共幸福。在他看来，法律"不外乎是对于种种有关公共幸福的事项的合理安排，由任何负有管理社会之责的人予以公布。"④ 法的类型有四种：永恒法、自然法、人法和神法。"一切法律都是从立法者的理性和意志中产生的：神法和自然法从上帝的合理意志中产生，人法则从受理性支配的人的意志中产生。"⑤ 永恒法是建立在神的理性基础上的，起源于上帝的智慧，体现着上帝对其所创造万物的合理领导，是以理念的形式存在着的，其他三类法都是从永恒法

---

① 《阿奎那政治著作选》，马清槐译，北京：商务印书馆，2010 年版，第 139 页。

② 《阿奎那政治著作选》，马清槐译，北京：商务印书馆，2010 年版，第 100 页。

③ 《阿奎那政治著作选》，马清槐译，北京：商务印书馆，2010 年版，第 105 页。

④ 《阿奎那政治著作选》，马清槐译，北京：商务印书馆，2010 年版，第 106 页。

⑤ 《阿奎那政治著作选》，马清槐译，北京：商务印书馆，2010 年版，第 126 页。

中产生的。正义的实质是要求所有人依理性而行动，惟其如此，才是正当并正确的。无论何种法，只有建立在理性基础上，才能称其为法，并且是正义的法。而违背理性的法则是不正义的法。自然法是由于理性的动物参与永恒法而产生的，将自然倾向视作行为正义的标准的律法，它彰显着理性的动物与永恒法的关系，具有普遍性和不变的特点。人法是支配人类行为的法则，它奠基于自然法基础上，依靠人的理性推理能力而得出的对于人类的特殊安排，它从属于自然法，具有易变性特征。法律的有效性在于它的正义性，正义的标准是行为符合理性。正义的人法具有以下三方面特征：以公共福利为目的；在制定者权力范围内制定法律；法律在形式上保障了各人得其应得，个人享有的公共福利与其承担的公共义务相称。公共福利是法律得以实施并具有强制力的前提。因故，阿奎那指出，"全部法律都以人们的公共福利为目标，并且仅仅由于这个缘故，他才获得法律的权力和效力。"① 阿奎那强调，人法作为一种理性命令调节人类的行为。但除此之外，人类还要追求超越于人类天然才能的人类的永恒福祉，为了达此目的，"就必须不但接受自然法和人法的指导，而且接受神所赋予的法律的指导。"② 正义的法律与神的善性相一致，服从神即正义。人法只能约束人的外在行为，而神法却能约束人的内心，因为唯有作为神法制定者的上帝才能评判人的意志活动。人的统治效法神的统治："人的统治权起源于神的统治权，并且应当以神的统治权为模仿的榜样。"③。在阿奎那看来，自然法和人法作为一种理性的命令，其重要作用在于指导人类追求适合其天然才能的目的。神法弥补了自然法和人法在指导人类合理生活方面的不足，能起到查漏补缺的效果。

---

① 《阿奎那政治著作选》，马清槐译，北京：商务印书馆，2010年版，第123页。
② 《阿奎那政治著作选》，马清槐译，北京：商务印书馆，2010年版，第108页。
③ 《阿奎那政治著作选》，马清槐译，北京：商务印书馆，2010年版，第132页。

二、功利主义正义思想

根据桑德尔的观点，现代西方社会主流正义观有三种。其中，德性主义正义观是一部分坚持德性至上之人的选择，此外，功利主义正义观由于其基本观点更符合常人的理性，自理论诞生之日起就深受大多数人追捧，成为西方社会影响极大的一股政治思潮。

（一）功利主义正义思想的形成

18 世纪法国唯物主义哲学家爱尔维修，继承并发展了洛克的唯物主义经验论。他认为，利益是人们进行价值判断的依据，即利益是人们行为的动机与行为道德与否的标准。少数人追求道德与正义，源于这些人天性对荣誉与尊敬的追求，但多数人却是完全热衷于自己的个人利益而置公益于不顾。他在《论人的理智能力与教育》一书中，对正义问题进行了分析、探讨。他认为，"正义是维持公民的生命和自由的。"[1] 他认为，原始状态中的人对正义与不义的理解是含糊不清的，野蛮人喜爱的是权力，而不是正义。正义观念产生的前提是法律。"正义，以既立的法律为前提。尊重正义，以公民之间势均力敌为前提。保持这种平衡，是科学和立法的主要工作。……改善立法的前提，是人的正义的需要。"[2] 依他的观点，人爱正义的基础，是人对由不义导致恶果的畏惧，或是对在权力支持下伴随尊重、实行正义行为带来的好处的期待与渴求。总之，爱尔维修的正义观建立在人性自爱的基础，他将利益视作人们行为的动力和行为判断的道德标准，提出了合理利己主义的观点。他的思想对英国功利主义代表人物边沁和穆勒产生了深远影响。

边沁作为功利主义思想的创始人，他在《道德与立法原理》一书集中阐

---

[1]　周辅成编:《西方伦理学名著选辑（下卷）》，北京：商务印书馆，1964 年版，第 56 页。

[2]　周辅成编:《西方伦理学名著选辑（下卷）》，北京：商务印书馆，1964 年版，第 58 页。

述了其功利主义思想。他认为，伦理反映着人与人之间的关系，体现着人的目的性，也是"道德与法以及政治学说的基础"①。边沁的伦理思想建立在经验主义人性论的基础上，他认为趋乐避苦是人的本性，也是人们行为的最终目的。由此，他认为道德的评价标准是行为的后果，判断行为正当与否的标准在于后果是否最大限度地促进了行为人的快乐。由此，他将快乐视作人的内在价值与根本的善。在正当与善的关系问题上，他认为"道德上的正当行为就是那些能最大限度地实现内在的价值的行为"。②亦即，正义意味着最大限度地促进快乐。作为一个法学家，他在书中对法律的探讨明显多于对伦理、道德的分析，加之，他没有专门的伦理学主张，因此，他的伦理学是粗糙的。尽管他的功利主义正义观不甚清晰，但其功利主义思想对其后继者与功利主义集大成者约翰·穆勒产生了深远影响。

（二）功利主义正义观的核心内容

穆勒在其代表作《功利主义》一书中，对正义的内涵与特征、正义感的培养，以及正义与功利的关系做了详尽的论证与阐释。

1. 正义观念的性质与特征

为了弄清楚正义与功利的关系，穆勒首先考察了人类的正义情感。通常，主导的正义观念主要有五种。第一，法律的正义，即尊重每个人的法定权利就是正义，侵犯法定权利就是不正义。第二，当存在恶法时，维护每个人的道德权利是正义的，不正义意味着"剥夺了任何人对之具有道德权利的东西。"③第三，应得的正义，即每个人得其应得是正义的。第四，守信是正义的，不守信用即不正义。第五，不偏不倚是正义。为了弄清楚支持正义用

①　王润生：《西方功利主义伦理学》，北京：中国社会科学出版社，1986年版，第16页。
②　牛京辉：《英国功用主义伦理思想研究》，北京：人民出版社，2002年版，第46页。
③　[英]约翰·穆勒：《功利主义》，徐大建译，上海：上海人民出版社，2008年版，第45页。

法多样却不会招致歧义背后之间的心理关联,穆勒首先从词源学对正义观念进行追本溯源。显然,对于正义观念的含义,词源学所能提供的解释力有限,但它却能反映出正义观念是如何发生的。通过词源学考察,穆勒发现,在古希伯来人那里,正义意味着遵从法律。"即便当实际上实施的法律已不再被接受为正义的标准的时候,法律和法令的观念也仍然在正义的概念中占有主导地位。"① 由此可知,法律的观念在正义概念中占主导地位,其他一些不受法律管制的事,也同样"适用正义的观念和义务"。正义的初始含义指遵守法律,现代正义的核心概念——权利,是在此基础上演化而来的。其次,通过考察正义与其他道德的区别,他认为正义包含着个人权利的观念,作为一种完全强制性的道德与其他道德相区别。他指出,义务蕴含的意思是我们可以正当地强迫他人去履行它。道德学家将义务区分为完全强制性义务与不完全强制性义务两大类,穆勒认为,道德哲学家对义务的分类方法恰好适用于正义与其他道德(慷慨、仁慈)的区分。与慷慨、仁慈等不会产生任何权利的强制性义务相比,正义是一种完全强制性义务,它意味着尽一定义务的人必享有与之相应的权利。可见,正义概念本身蕴含着个人权利的观念,社会功利是个人权利的基础。正义意味着某人拥有一种道德权利,"任何情况,只要存在着权利问题,便属于正义的问题。"② 穆勒认为,正义观念在本质上蕴含个人权利的概念。最后,正义不仅与权利密切相关,而且包含着平等的主张。"正义标准具有多义性特点,只有诉诸社会利益才能确定其具体意义。"③ 由于关涉利益分配,平等就成为正义的最简单标准。穆勒认为,给予每个人应得的是正义的,即以善报善,以恶制恶。显然,应得的正义蕴

---

① 〔英〕约翰·穆勒:《功利主义》,徐大建译,上海:上海人民出版社,2008年版,第48页。

② 〔英〕约翰·穆勒:《功利主义》,徐大建译,上海:上海人民出版社,2008年版,第51页。

③ 牛京辉:《英国功用主义伦理思想研究》,北京:人民出版社,2002年版,第139页。

含着平等观念，作为一种道德义务，它其实已包含在功利的基本原理——最大幸福原理的本义之内。穆勒指出，每个人持有的平等标准各不相同，但任何人的平等标准必然都依赖于社会功利原则，否则都是不平等，也是不正义的。由此可见，权利与平等是正义的核心内容与原则。

2. 个人正义感的培养

个人的正义感究竟是如何产生的，正义感是出自人的天性还是其他？

穆勒认为，正义感本身并不源于人的利益关系，但正义感蕴含的道德成分却是由利益观念产生的。社会之所以应当保护个人拥有的东西，原因是社会功利。他指出，正义感在本质上包含两个要素：第一，正义感是一种"想要惩罚侵害者"的欲望。第二，正义感意味着"知道或者相信存在着某个或某些确定的受害者"。正义感作为一种"想要惩罚侵害者"的欲望，它源于人的自卫冲动与同情心，而自卫冲动与同情心是人的一种自然本能。正义感之所以由一种自然情感被转化成一种道德情感，原因在于社会公共利益的驱使。而"想要惩罚侵害者"的欲望实是一种对侵犯权利的报复的欲望，社会之所以要保护人的权利，是为了社会的公共安全。于人而言，安全权利是个人除了食物之外最重要的权利，并且安全权利是社会必须予以保护的。在他看来，正义感源于社会对个人正当权利的尊重与保护，对于个人来说，安全的需要是个人最重要的权利之一。他认为，作为一种社会化的道德情感，个人坚持正义意味着，"不仅要考虑自己的利益同时也要考虑别人的利益"[1]。穆勒指出，人和动物都具有正义感，且它们都源于一种自己或同伴受伤时的报复的欲望，但人的正义感的特殊性在于，"人有推广同情的能力和特有的明智的利己的观念，因而可以将同情的范围扩展到一切人以及人的集合体。"[2]个人具有正义感的前提是，国家和政府应保护个人的正当权利，并为个人提

---

① ［英］约翰·穆勒:《功利主义》，徐大建译，上海：上海人民出版社，2008 年版，第 53 页。

② 牛京辉:《英国功用主义伦理思想研究》，北京：人民出版社，2002 年版，第 138 页。

供参与社会、国家事务的权利，否则没人会关心国家和社会，更不会具有正义感。"只有把个人利益与公共利益协调起来的社会制度，才有利于培养公民的正义感情和正义观念。"① 因此，正义感不是个人通过内省可以产生的，它是由于社会对个人正当权利的尊重产生的，即受社会功利驱使产生的。

3. 正义与功利的关系

穆勒明确指出，阻碍人们接受功利标准的一个最大障碍是正义观念。因此，他在《功利主义》一书中，专用一章来谈正义的性质与特征，以及正义与功利的关系问题。显然，穆勒继承并修正了边沁的功利主义思想，他将最大多数人的最大幸福视作社会功利的原则与标准，与边沁不同的是，他将幸福范围扩大了，幸福不仅仅是肉体感官的快乐，而且包括亚里士多德所谓的内心的愉悦。他认为，正义不仅蕴含着权利观念，而且包含着平等的主张，并且是一种具有次级准则性质的社会功利原则。穆勒认为，一般情况下，正义原则作为符合社会功利原则的次级准则是正当的，但在某些特殊情况下，当正义原则与功利原则发生冲突时，承认功利原则的优先性地位才是正当的，也是正确的，因此，他将正义原则视作一种从属于功利原理的次级准则。最终，他认为正义既是一种行为规则，又是一种"赞同行为规则的情感"。

三、自由平等主义正义观

罗尔斯的自由平等主义正义观是在继承、批判古典自由主义正义观基础上形成的。古典自由主义有两个重要的传统：一是自边沁、密尔至西季威克的功利主义传统，二是自洛克、经卢梭，直至康德的契约主义传统。同样是强调自由与权利，但这两个传统之间存在着不相一致的地方。功利主义者坚

---

① 牛京辉：《英国功用主义伦理思想研究》，北京：人民出版社，2002 年版，第138页。

持认为社会功利是个人权利的依据，而康德却认为人人生而平等，每个人都应受到尊重，提倡一种普遍的人权。因此，在古典自由主义内部，康德在批判功利主义正义观的基础上，提出了一种以自由、平等为核心内容的权利正义观。罗尔斯在继承康德的正义观基础上对功利主义进行了猛烈的批判，实现了康德正义理论由理想到现实的飞跃，解决了康德的理论难题。

康德的形而上学分为善德的形而上学与正义的哲学原理两部分，自由是康德道德哲学的出发点，个人权利是其正义的哲学原理探讨的基点。自由在康德善德的形而上学中指的是理性的自由或意志自由，而在其正义的哲学原理部分，自由指个人的一项权利，内括个人的生存权与平等权。一方面，他认为，人的实践领域与自然领域不同，自然领域受必然性规律支配，而人的实践领域是道德领域，受意志自由支配，"意志的自由特性来自于人的理性，是理性为自我立法。"[①] 康德认为，意志自由是人们应当遵循的普遍法，遵循意志自由意味着人的行为动机是纯粹义务性的，是真正的道德行为。因此，他的理论也被视为一种道义论。另一方面，康德认为人是目的，而不仅仅是手段，"人的本性自在地就是目的，人是一种不可以被当作手段使用的存在者。"[②] 康德的义务论学说，意在强调每个人都有其道德尊严，即使在作为手段的情况下人的尊严也应得到尊重。康德认为，每个人凭借理性为自己立法，就是意志自律的过程，如果每个人都秉持意志自由，那么就能达致他所谓的目的王国，即道德的王国。显然，康德的目的王国在历史上不曾出现过，而是一个道德的乌托邦。康德的权利正义观建立在他所谓的目的王国的基础上，他继承了近代古典自然法学派关于自然状态的假设，"以权利概念取代目的王国中的责任（职责）概念。权利成了它'正义的哲学原理'的出

---

① 龚群:《当代西方道义论与功利主义研究》，北京:中国人民大学出版社，2002 年版，第 92 页。

② 龚群:《当代西方道义论与功利主义研究》，北京:中国人民大学出版社，2002 年版，第 98 页。

发点。"① 他认为，人类文明社会之前存在着一个自然状态，自然状态下人人自由、平等。他认为自由权是人与生俱来的权利，其中，平等权包含在自由权内。与自由权相伴而生的是财产权，如果说自由权是人的天赋权利，那么财产权也是一项天赋权利，不可剥夺。"康德认为，正是由于财产权以及由此产生的安全问题，人类脱离自然状态而进入文明状态。"② 在他看来，自然状态下的自由不是一种真正的自由，因为缺乏法律的保护，"人们的生命、自由和财产都处在威胁之下"③，每个人都可能会受到他人的暴力侵犯，因此，他假设，在由自然状态进入到文明社会的过程中，为了保护个人的私有财产权，人们相互达成一致协议，即形成一种契约。显然，康德意识到社会契约实是一种虚构，但由于它是代表着一种理性的观念，因此，它具有社会实践的可能性。他将人们普遍意志认同的契约视作合法的，并指出存在着一种公共的强制力量约束人们践行契约。在他看来，这样一种公共权力对个人施以强制性的基础在于公意，即人民的普遍同意。符合公意的社会制度才是正义的。"每个人放弃了自然状态下的自由而获得了法律之下的自由。……在康德看来，个人权利不是削弱了，而是得到了保护。"④ 而一旦进入到文明社会，立法的依据在于尊重保护公民的基本权利，正义就意味着要遵守理性的法律，违反法律即不正义。因此，在康德看来，个人的基本权利是社会正义的基础，在此基础上形成的正义原则实是公平正义。公平正义的原则就是个人的天赋权利：自由、平等与独立。因此，康德的正义论被视作是一种权利正

---

① 龚群:《当代西方道义论与功利主义研究》，北京：中国人民大学出版社，2002 年版，第 101 页。

② 龚群:《当代西方道义论与功利主义研究》，北京：中国人民大学出版社，2002 年版，第 103 页。

③ 龚群:《当代西方道义论与功利主义研究》，北京：中国人民大学出版社，2002 年版，第 104 页。

④ 龚群:《当代西方道义论与功利主义研究》，北京：中国人民大学出版社，2002 年版，第 105—106 页。

义观，他将人权视作社会正义的基础与准绳。

如果说康德着重从人的自由、平等权利方面进行理想正义社会的设计，那么罗尔斯的主要任务在于如何把这种理想贯彻到现实中，真正实现社会的正义。从《正义论》全书的逻辑来看，原初状态是罗尔斯正义论的逻辑起点；两个正义原则是正义论的核心；构建正义的社会制度和具有正义感的人并确保其稳定是正义论的目的。

罗尔斯的自视其理论是一种公平的正义理论。"公平的正义"意味着正义原则是在一种以原初状态为预设前提的背景下，理性而彼此冷漠的人一致同意而达成的一种公平契约的结果，正义原则的选择是终极性的，也是一种对自由平等的理性人来说公平的结果。该理论认为："所有社会价值——自由和机会、收入和财富、自尊的社会基础——都要平等地分配，除非对其中一种价值或所有价值的一种不平等分配合乎每一个人的利益。"① 罗尔斯的正义理论之所以被称为"公平的正义"理论，原因在于两个正义原则是在一种公平的背景、条件下达致的公平的结果。

依罗尔斯的逻辑，原初状态中的人们首先选择出用于指导社会制度正义的两个正义原则，其次，他们还要选择出指导个人正义的两个正义原则：公平的原则与自然的义务。在他看来，制度正义优先于个人正义，因此，用于制度的两个正义的原则是罗尔斯正义论的核心。它们分别是：第一个原则是平等的自由原则，第二个原则是机会的公正平等原则和差别原则相结合。在他看来，第一个原则优先于第二个原则，亦即自由的优先性，就是说公民的自由平等权利相对于社会经济利益具有优先性；在第二个原则中，机会的公正平等原则优先于差别原则，亦即正义对效率和福利具有优先性。换句话说，在确保每个人享有的基本人权的前提下，要给每个人以平等的机会，但考虑到每个人天赋存在差异，因此要用差别原则对人们的结果不平等进行限

---

① ［美］约翰·罗尔斯：《正义论》，何怀宏，等译，北京：中国社会科学出版社，2009 年版，第 48 页。

制。差别原则假设存在着一种链式联系，在能者多劳多得的同时，它必然会带动少数天赋差的人同时获利。罗尔斯的正义论弥补了功利主义造成的对少数人利益的损害，试图建立一种尽可能对每个人都是公平的正义制度，因此他的理论具有一种对最少受惠者（弱势群体）最大利益的一种偏爱和眷顾，因此被视作一种尽可能的平等的正义理论，亦即自由平等的正义理论。

第三节　马克思主义视野下的正义品质

鉴于马克思主义在中国的特殊地位以及马克思本人的特殊魅力，国内学者在研究当代中国人的正义观念时，必会先反思马恩的学说，以期获得马恩对正义问题的真实看法。尤其是国内伦理学和政治哲学的研究者在深入研究本领域的重点问题时，必然不能回避对马恩正义理论的分析。人们不禁要问，马恩的学说究竟是不是一种蕴含正义的学说？即马恩如何看待正义，马克思主义正义何以可能？其次，马克思主义正义类属何种，亦即马恩的正义理论究竟是一种实质正义还是形式正义？最后，马恩正义观的实质是什么？即马克思主义正义观的价值基点是个人还是社会？本节试图对以上三个问题做出学理的分析与回应。

一、马克思主义正义何以可能

20世纪70年代，围绕着马克思对正义问题的看法，国外分析派马克思主义学者展开了一场激烈的学术争论。以艾伦·伍德为代表的反对派认为，"正义"在马克思的学说中"只是一种意识形态的法权概念"，而不是一个规范的道德概念，它与其他道德范畴一样是受经济基础影响的一定社会结构的上层建筑，具有历史相对性、阶级性和现实依赖性。因此，马克思本人并不谴责资本主义的不正义，甚至认为它是正义的。显然，反对派对马克思之正义的批判源于他们意识到，马克思对正义概念及其他道德范畴相对性的赞许。

对于伍德的言论，以诺曼·杰拉斯为代表的支持马克思的一派指出，马克思对正义问题的看法并不是道德相对主义，而是"道德现实主义"（moral realism）。"马克思对道德多样性及其历史相对性的承认"①，仅是马克思本人在道德哲学层面对正义及其他道德范畴的反思。尽管马克思认为道德标准受社会和阶级的影响，但这并不意味着道德评价标准也受经济结构的影响。"马克思关于权利不能'高于经济结构'的断言就是这方面的例子。该断言的上下文清楚地表明，这是一个现实主义的命题，而不是一个相对主义的命题。"②马克思一开始认为，按劳分配原则是超越资本主义的社会主义的一个分配原则，但该分配原则本身并不是完美无缺的，因为在社会主义的高级阶段共产主义社会，按需分配是合理的，按需分配将取代按劳分配。由此可见，马克思对分配原则以及道德评价标准的探讨都是采用现实主义的视角，由此才被反对派误读为相对主义。此外，马克思一生研究的问题与领域甚广，涵括政治、经济、文化、社会各领域，但从其著述来看，他没有对正义问题进行专门的探讨与分析，"正义"一词在其著述中多是与对资本主义的反讽、批判联系在一起的，因此，反对派主张马克思反对正义。问题是，仅从纯语义学的视角分析马克思对正义的看法是否是正确、合理？答案是否定的。因为马克思本人是非常反对从抽象概念出发来探讨问题实质的，诚如他在《关于费尔巴哈的提纲》中说道："哲学家们只是用不同的方式解释世界，而问题在于改变世界。"因此，马克思认为，真正的哲学首先应是一种实践的哲学，马克思对正义的态度不能仅从概念入手分析，而应该采取历史

---

① 李义天：《正义之正与马克思的道德哲学》，见于李惠斌、李义天编：《马克思与正义理论》，北京：中国人民大学出版社，2010年版，第442页。

② ［英］诺曼·杰拉斯：《关于马克思和正义的争论》，见于李惠斌、李义天编：《马克思与正义理论》，北京：中国人民大学出版社，2010年版，第160页。

唯物主义的方法分析马克思对正义的真实看法才是科学的、亦是合理的。马克思本人显然是否认将正义作为一个普遍可以套用的公式被采用的，因为正义"受历史条件下所出现的生产方式的具体要求所制约"①。从马克思早期的一些著述来看，他本人具有强烈的正义感，极力肯定正义，并热切追求正义。马克思之所以在后期著述中竭力批判资产阶级的正义，原因不是他反对正义，而是为了建构一种现实的与实质的正义在他看来，资产阶级所谓的正义是一种抽象的、虚假的正义，而不是现实与实质的正义，此外，他写《资本论》的初衷就是对不正义现实的不满。"马克思反对对理性、正义和道德采取虚无主义的态度。"②马克思一方面秉持正义，另一方面却又猛烈批判资产阶级的正义，一个重要原因在于正义理念与正义现实的冲突，使他不得不在批判抽象的虚假的正义的基础上建构一种道德现实主义的正义理论。这种现实主义的正义标准建立在他对人性的本质认识的基础上，他指出，人的本质在其现实性上是一切社会关系的总和，人们的正义观念由不同社会经济关系决定，因此，正义观念是因时、因地、因人而异的。唯有符合人民意志的正义才是现实的、真实的正义，人类的自由解放是正义的终极目标，而建立在人剥削人基础上的社会关系是不正义的。正义的社会应是一个消灭了剥削与阶级的自由人的联合体的社会。在那里，每个人都是自由全面发展的人，每个人的特长都得到最大程度的发挥，劳动已不再是生存的手段，而是一种生活方式，个人享有并支配自己的劳动成果。因此，在马克思看来，存在剥削的资本主义社会是一个毁灭人性的社会，是严重不公正的。

最后，马克思认为，公正是"给予每个人因其为人而应得到的东西。"③这种"应得"的正义确实是西方古希腊正义观的延续，同样强调"应得"，

---

① ［新加坡］洪镰德:《马克思正义观析评》,《北京大学学报（哲学社会科学版）》1991 年第 1 期, 第 22 页。

② 林进平:《正义在马克思思想历程中的遭遇》,《哲学研究》2009 年第 6 期, 第 17 页。

③ ［波］W. 兰, 初晓:《马克思主义的公正观》,《哲学译丛》1991 年第 5 期, 第 1 页。

马克思却赋予它新的内涵。马克思认为，人们应当平等被对待的前提是他们都是人，因此，在分配物品时，应根据每个人贡献的多寡给予每个人适当的权利。用马克思的话说，即是"各尽所能，按需分配"。值得注意的是，"按需分配"旨在强调人们在衣、食、住等必不可少的需要方面是平等的，而不意味着满足个人的一切需求。马克思极其反对平均分配，在他看来，平均分配仅是一种形式正义，建立在"应得"基础上的"按需分配"才是一种实质的正义。因为，每个人的天赋能力与需求是不同的，给予每个人平等权利，"对不同等的劳动来说是不平等的权利。……它像一切权利一样是一种不平等的权利。"① 根据马克思的观点，建立在"应得"正义基础上的"按需分配"只能在消灭了阶级的共产主义社会的高级阶段才能得以实现。马克思强调，实现"按需分配"的客观条件是，在共产主义社会的高级阶段，"生产手段和生产工具的完全集体化，生产力达到高度的发展，商品生产能够极大丰富"②，主观条件是劳动已不再是谋生的手段而是人的第一需要，个人得到自由全面的发展。显见不争的是，"按需分配"是一种存在于共产主义高级阶段的广义的分配方式，其狭义的表现形式是"各尽所能，按劳取酬"，这是共产主义初级阶段社会主义社会的分配原则。"按劳取酬"是根据每个人的劳动贡献赋予其相应的劳动所得，劳动成为衡量应得报酬的标准和依据。由此可见，"按需分配"与"按劳分配"是马克思构想的支配社会发展的正义原则，它们是"应得"的正义在不同社会阶段的具体表现，用马恩的历史唯物主义的基本原理来说，即是正义的实现程度最终仍取决于社会生产力发展水平。

二、马克思主义正义类属何种

研究任何一种正义论，都不可避免要对其作出实质正义和形式正义的区

---

① 《马克思恩格斯文集》第3卷，北京：人民出版社，2009年版，第435页。
② ［波］W.兰，初晓：《马克思主义的公正观》，《哲学译丛》1991年第5期，第2页。

分与判断。"实质正义作为一种合理的社会关系和行为方式，是正义所追求的合理的价值目标。"① 而形式正义即通常所说的程序正义，它是对正义得以实现的形式性规定，他通常以制度和法律形式来表现实质正义。不同是，实质正义旨在要求社会的制度和法律本身是正义的以体现人类合理的价值追求，而形式正义更侧重于要制度和法律实施的程序必须合理、普遍、有效。与对形式正义的重视相比，马恩更加重视实质正义。马恩尤为关注法律与制度自身的正义性，它们是正义得以实现的前提和基础。马克思指出："如果认为在立法者偏私的情况下可以有公正的法官，那简直是愚蠢而不切实际的幻想！既然法律是自私自利的，那么大公无私的判决还有什么用处呢？法官只能一丝不苟地表达法律的自私自利，只能无所顾忌地运用它。在这种情况下，公正是判决的形式，但不是判决的内容。内容已被法律预先规定了。如果诉讼无非是一种毫无内容的形式，那么这种形式上的琐事就没有任何独立的价值了。"② 马恩认为，实现实质正义的条件有二：第一，法律和制度应符合事物的本质。只有符合事物本质和规律的制度和法律才是保障人类自由的制度和法律，才能彰显实质正义。因此，立法者在立法时，要"用有意识的实在法把精神关系的内在规律表现出来"③ 第二，制度和法律应反映人民的意志，公意是法律制定的依据。

此外，在马恩看来，"正义的实质性不仅表现为制度和法律的合理性"④，更体现在正义的真实性上。马恩是在批判资本主义社会正义的虚伪性的基础上建构其正义理论的，在他看来，资本主义所谓的平等、平均只是一种虚假正义，而非实质正义。马恩批判资产阶级的虚假正义，其实质并不是要否

---

① 祈程:《论马克思主义正义视阈的四重张力》,《思想理论教育》2011 年第 5 期,第 41 页。

② 《马克思恩格斯全集》第 1 卷, 北京: 人民出版社, 1995 年版, 第 287 页。

③ 《马克思恩格斯全集》第 1 卷, 北京: 人民出版社, 1995 年版, 第 347 页。

④ 沈晓阳:《马克思主义正义观探要》,《马克思主义研究》2006 年第 6 期, 第 64 页。

定正义本身，而是要重建实质正义。他们认为，存在着阶级与剥削的资本主义社会，其所谓的正义只是蒙蔽人民大众的手段，资产阶级所谓的"阶级平等"实是一种妥协的平等，而非彻底的平等。"因为资产阶级的'阶级平等'的要求是针对封建主义的'阶级特权'提出来的，一旦特权消除，资产阶级的平等也化为泡影。"①而无产阶级的平等要求是彻底性的，他与资产阶级的平等要求存在实质性的差别，诚如恩格斯强调的那样，"无产阶级平等要求的实际内容都是消灭阶级的要求。任何超出这个范围的平等要求，都必然要流于荒谬。"②在马恩看来，资产阶级的正义只能是一种抽象的、虚假的正义，而非实质的正义。实质的正义不仅要求制度和法律的合理性，更要求制度和法律体现人民的意志。相较于资产阶级的虚假平等而言，旨在消灭阶级与剥削的无产阶级的平等才是人民意志的真实体现。因此，只有消灭剥削、消灭阶级特权的共产主义社会才是足以实现真正正义的社会，在那里，每个人的自由发展都是其他人自由发展的条件，人得到自由全面的发展。正义的实质是实现人的自由全面发展。

三、马克思主义正义的实质

马克思恩格斯的正义观奠立于他们对人类自由解放目标认可的基础上，他们从无产阶级和人民大众立场出发，坚持历史唯物主义，将"各人得其应得"作为正义的基本原则。总的说来，马恩将个人作为其正义价值的出发点和归宿，正义的实质是实现人的自由全面发展。

研究正义问题，价值基点在于个人还是社会，不同学者会基于不同的价值基点进行不同侧重点的分析。"出发点不同，决定着正义观念的不同思想倾向和理论特点。……一般来说，以个人作为正义的价值基点，往往会把

---

① 陈传胜:《马克思恩格斯的公平正义观研究》，合肥:合肥工业大学出版社，2011年版，第126—127页。

② 《马克思恩格斯文集》第9卷，北京:人民出版社，2009年版，第113页。

正义的主题集中在社会制度的正义上，即以正义的社会制度来实现和保障个人的自由和权利；而以社会作为正义的价值基点，往往会把正义理解为个人行为的正义，即通过个人的合乎正义要求的行为来推进和维护社会的公共利益。"① 如，新自由主义者罗尔斯是从个人本位出发探讨社会基本结构的正义问题，通过逻辑论证提出应用于社会制度的两个正义原则，旨在建构一个正义的社会制度。而美德伦理学家麦金泰尔则从社会群体本位出发探讨个人正义美德的重要性，旨在将个人的美德作为正义的主题。受中国传统"群体本位"思想影响，国内一些误读马克思主义的学者将马克思主义视作一种抽象的整体主义，在那里，个人的价值与利益被忽视，个人的利益消融在整体利益当中，殊不知这正是马恩一再批判的"虚幻的共同体"。马恩认为，个人是构成社会的细胞，现实的个人是人类社会发展的前提。因此，他强调："全部人类历史的第一个前提无疑是有生命的个人的存在。"② 马恩非常重视人的平等与自由问题，认为它们是社会不断前进要解决的问题。恩格斯在《反杜林论》中指出，现代意义上的平等与古代的相对平等观和基督教的原罪平等观是有本质的区别的。他指出现代意义上的平等应是："一切人，或至少是一个国家的一切公民，或一个社会的一切成员，都应当有平等的政治地位和社会地位。"③ 由于社会生产力发展水平决定正义的实现程度不同，因此，马恩认为，真正意义上的自由和平等只能在共产主义社会才能得到实现。共产主义社会作为社会主义发展的高级阶段，是一个自由人的联合体的社会，"在那里，每个人的自由发展是一切人的自由发展的条件。"④ 由此可见，在马恩那里，个人的自由价值对于社会整体价值（"一切人的自由发展"）具有优先性，个人是马恩正义论研究的出发点与价值基点。

---

① 沈晓阳：《马克思主义正义观探要》，《马克思主义研究》2006 年第 6 期，第 62 页。

② 《马克思恩格斯文集》第 1 卷，北京：人民出版社，2009 年版，第 519 页。

③ 《马克思恩格斯文集》第 9 卷，北京：人民出版社，2009 年版，第 109 页。

④ 《马克思恩格斯文集》第 2 卷，北京：人民出版社，2009 年版，第 53 页。

但以下两点要尤为谨慎对待。第一，以个人作为正义的价值基点并不意味着马克思本人秉持西方自由主义价值观。"自由主义持有一种原子主义的个人主义，把个人看成是先于社会的存在，认为在社会形成之前人类即以个人的形式存在于自然状态之中，而社会只是个人之间订立契约的结果，是个人的机械组合。"① 与此不同，马恩认为，人的本质在于人的社会性，社会是个人存在与发展的基础。因此，马克思说："只有在共同体中，个人才能获得全面发展其才能的手段，也就是说，只有在共同体中才可能有个人自由。"② 第二，正义的现实性根据在于人的社会性存在，正义的实质是实现人的自由全面发展。正义作为人的一项价值追求，自人类与自然相脱离那刻起便已产生。脱离自然而以社会性方式进行活动的人类个体，"既要从自然中获取基本的物质能量，又要在自己创造的自为生命中得到自我的价值确认。"③ 由此，正义便以社会规范、权利与利益分配的原则、德性等存在于人及人的实践活动中，正义也便成了唯人类独有的一项价值追求。正是由于现实存在的社会性的个人，正义才被视作人类的一种永恒的价值追求。因此，正义"体现了人类生命的内在特质，表达着人对自身自由与解放的追求，承载着生命丰富与完善的根本任务。"④ 但马恩也一再强调，正义的实现程度受一定历史条件下的生产力发展水平的制约，共产主义社会是正义得以真正实现的物质基础前提，正义的实质是实现人的自由全面发展。根据马恩的构想，在共产主义社会，剥削和阶级被彻底消灭，生产力水平高度发展，人类社会第一次从总体上摆脱物质匮乏而达到完全富足，劳动作为人的生活方式存在着，物质财富分配的基本原则是"各尽所能，按需分配"，每个人都是独立、自由、平等

---

① 沈晓阳:《马克思主义正义观探要》,《马克思主义研究》2006 年第 6 期, 第 63 页。

② 《马克思恩格斯文集》第 1 卷, 北京: 人民出版社, 2009 年版, 第 571 页。

③ 涂良川, 胡海波:《论马克思哲学视阈中的正义》,《贵州社会科学》2007 年第 2期, 第 24 页。

④ 涂良川, 胡海波:《论马克思哲学视阈中的正义》,《贵州社会科学》2007 年第 2期, 第 24 页。

的个体，每个人的自由发展是其他人自由发展的条件，并且每个人的才能都得到充分发展与实现。因此，个人既是马恩正义观的价值基点，也是其最终归宿。马克思主义正义观的实质是消灭阶级与剥削，实现人的自由全面发展。

胡海波根据马克思的人类发展形态理论将正义观的历史演变划分成三个基本形态：一是人依赖于群体时代下的群体本位正义观；二是个性独立时代的个人本位的正义观；三是以个性自由为核心的人类本位的正义观。西方古希腊、中世纪的正义观以及中国儒家的正义观属于群体正义观的典范；西方功利主义、自由平等主义的正义观属于个人本位的正义观，而马克思的正义理论是"面向未来的人类本位正义观"。他认为，正义得以产生的真正根据在于人，正义不是抽象的说教，而是体现着人文精神与实践意义的人类的最高追求与价值标准。"正义的本质就是人对人的自身本质的确认。"[1] 正义是人的本质追求，唯有人才追求正义，对于动物而言无所谓正义与不正义。人追求正义的实质是实现人的自我超越，即实现马恩所谓的人的自由全面的发展。换言之，人追求正义，既不是为了获得儒家所谓的"克己复礼"，也不是为了功利主义所谓的利益，更不是为了获得宗教正义所谓的解脱或永生，而是为了实现人之为人的理想与追求。"人之所以追求正义，根源在于人是历史的存在，即超越现存状态，以人自身为理想目的的存在。"[2] 人与动物的根本区别在于"人是具有实践能力与自我意识的主体性存在"[3]。由于正义关乎人的动机及其行为的正当性，即是否符合人性，有利于人性的发展。因此，正义的实质在于人自身的发展以及人性的完善，即人的自由全面发展。

---

[1] 胡海波：《正义的追寻——人类发展的理想境界》，长春：东北师范大学出版社，1997年版，第24页。

[2] 胡海波：《正义的追寻——人类发展的理想境界》，长春：东北师范大学出版社，1997年版，第1页。

[3] 胡海波：《正义的追寻——人类发展的理想境界》，长春：东北师范大学出版社，1997年版，第23页。

第二章　公民正义品质培养的基础理论

对公民正义品质培养机制进行深入系统的研究，首先要对公民正义品质相关概念有一个清晰的认识，在此前提下，还要弄清楚正义品质的人性论基础问题，这是理解公民正义品质基本特征的首要前提。

第一节　公民正义品质的界定与辨析

"人们自己创造自己的历史，但是他们并不是随心所欲地创造，并不是在他们自己选定的条件下创造，而是在直接碰到的、既定的、从过去承继下来的条件下创造。一切已死的先辈们的传统，像梦魇一样纠缠着活人的头脑。"① 马克思旨在说明现有的一切道德观念都受既有传统的影响。因此，在对公民正义品质进行概念界定之前，梳理出中西方伦理思想史中的正义品质是有必要的。通过历史考察，我们发现正义品质是一种既属于个人，又属于社会交往的德性，它不仅仅关涉人的自制与自我约束，更是关涉人的自我提升与自我超越。

公民正义品质的概念界定建立在对公民与正义品质两个重要概念界定基础上。首先，何谓公民？公民于人而言，它究竟是一种政治地位，还是一种权利，抑或是二者的融合统一？其次，何谓正义与正义品质？最后，正

---

① 《马克思恩格斯文集》第 2 卷，北京：人民出版社，2009 年版，第 470—471 页。

义品质之于公民有何重要意义，亦即正义品质何以成为公民的一项重要道德品质？

一、何谓公民

一般来说，学界对公民概念的界定建立在西方两大政治传统基础上，共和主义传统从义务的角度理解公民，认为义务是公民概念的核心；而自由主义则从权利的角度谈论公民，视权利为公民概念的本质。两大政治传统关于公民义务与权利的论争，为现代学者研究公民及公民身份提供了重要的理论资源，在此基础上，既有的研究又成就了笔者对公民概念的界定。

（一）两种公民传统：公民概念的理论渊源

从历史角度看，公民最早是作为一个政治概念产生于古希腊城邦中的，它象征着具有自由平等权的一部分特殊群体，他们既享有政治共同体所赋予他们的政治权利又承担着相应的政治责任。但受近现代以来自由主义思潮的影响，现代意义上的公民概念是作为一个法律概念存在于人们的视野之中，表征着民族国家法律规定下人享有的基本法律权利和法律义务。政治与法律双重属性下的公民概念与西方历史上存在的两大政治思潮关系密切，政治意义上的公民概念产生于西方共和主义传统中，而法律范畴下的公民概念发端于近代西方自由主义思潮的兴起。鉴于此，在对公民进行概念界定之前，有必要先对共和主义与自由主义视野中的公民概念进行系统梳理与分析。

1. 共和主义公民观

共和主义传统视公民为共同体中具有成员资格或地位的一部分特殊群体，参政对于公民来说不仅是一项政治权利，更是公民的责任和义务。共和主义是西方极为古老的思想传统，共和主义的公民概念可以追溯到亚里士多德关于古希腊城邦政治的系统研究与阐述。

政治性是公民的首要特征。亚里士多德的城邦政治理论建立在他对作为城邦主体的人——公民的人性看法的基础上。亚里士多德认为，人天生是政治动物，参与城邦公共政治活动是人的本性。在此，亚里士多德所谓的"人"特指城邦中，年满18岁以上具有自由权，且人身与思想独立的城邦男性，亦即传统共和主义公民概念的由来。根据亚里士多德的观点，城邦中的妇女、儿童、奴隶以及外邦人都不是公民，因此也与城邦政治活动无关。唯有参与城邦公共事务，有权制定公共政策的自由人才是公民。与其说参与政治是公民的一项政治权利，毋宁说是公民的一项义务。

参与公共事务是公民德性实现的重要途径。"公民与公民之间是一种政治关系，他们聚会所要讨论和决定的事务是公共而不是私人的事务"①。并且，对于一个公民而言，公共事务优先于私人事务，他必会将公共利益置于私人利益之上。城邦的目的是培养公民的德性，参政议政是公民实现其全部潜能的重要途径。对于公民而言，唯有公共领域的事务才是人类存在的目的，唯有参与公共事务，公民的德性和幸福生活才能得以实现。

自由是公民的资格条件。亚里士多德认为自由是人获得公民身份的前提条件，平等是公民的基本权利，公民概念具有排他性。在亚里士多德看来，唯有具有理性并参与公共利益讨论的人才能成为公民，而这种理性抉择的能力是自由人所独具的。自由人不仅经济独立，而且精神独立，一个在物质或精神上依赖他人的人都不具备完整的自由，根本不能进行理性、独立的思考与判断。自由与公民的关系在于，自由是获得公民资格的前提而非结果，公民活动展现着公民的自由与自主性。

综上所述，共和主义传统对公民的理解建立在义务基础上，政治性是人的本质，自由是个人获得公民资格的前提条件，共同体的政治实践既是公民的义务，更是公民德性与自由得以实现的途径。正是这种政治实践推动着公民德性在公共领域的实现。

---

① 林火旺:《正义与公民》,长春:吉林出版集团有限责任公司,2008年版,第145页。

2. 自由主义公民观

近 200 多年，自由主义一直是西方哲学中占主导地位的思想传统。自由主义政治传统认为权利是公民概念的核心，正是权利保障了公民的自由与平等得以实现，尽管这种平等仅是一种形式的平等。

对权利与义务的侧重不同使得自由主义和共和主义的公民概念相区别。奠基于权利基础上的公民概念不再直指政治身份，而是受法律保护的法律身份。《中华人民共和国宪法》规定，"凡具有中华人民共和国国籍的人都是中华人民共和国公民。"[①] 我国宪法对公民身份的规定即是法律意义上的公民概念，它彰显着法律对人之基本权利的保护。显然，从法律角度定义公民及公民身份，其重心在于强调权利，这成为自由主义与共和主义的分歧所在。第一，共和主义从人的积极意义上看待公民概念，公民指积极主动地参与公共活动的自由人；相形之下，自由主义的公民概念就显得有些消极，在他们看来，满足法律规定条件的一切人都是公民，然而在代议制民主的现实中，绝大多数人仅具有公民身份，积极主动地参与公共政治活动只是少部分人的权利。第二，共和主义传统认为，唯有参与共同体活动才是最崇高的，也是公民德性得以养成的前提。而自由主义却认为政治活动仅是少部分具有政治权力的人的事情，对于大多数人来说，经济、社会活动比政治活动更重要，人的本质不在于其政治性，而在于其社会性。第三，与对政治、经济活动的侧重不同相适应，共和主义认为公共领域是公民活动的重心，而自由主义却认为现代公民生活的重心在于私人领域，公民资格是每个受法律规定并保护的人的一项基本权利，公民概念已不具排他性。

如果说共和主义看重的是实质平等，那么建立在权力基础上的自由主义的公民概念强调形式的平等。尽管都强调平等，但共和主义与自由主义对平等基础的看法迥异。共和主义认为人天生是不平等的，自由与财产是公民平

[①] 《中华人民共和国宪法》第 33 条规定的《公民的基本权利和义务》中《平等权》的第一条款。

等的基础，旨在通过不平等构建出一种实质的平等。一方面，自由是人获得公民资格的前提。自由包括人身自由与精神自由。奴隶无任何财产，更不具备人身自由与精神自由，因此，不能成为公民；妇女和儿童由于具有不完全的自由而附属于公民，也不是真正的公民。另一方面，财产为公民参与政治实践提供物质保障。自由主义将平等建立在人性基础上，视平等为人的自然权利，法律面前人人平等，而不管个人是否具有财产或财产多寡，只要符合法律规定即是一个合格的公民。显然，与共和主义的公民平等相比，自由主义的平等是一种形式的平等，而非实质的平等。

总的来说，共和主义传统从共同体的角度界定公民概念及公民身份，强调参与公共讨论、决策是超越私人利益追求的公民的义务与责任，正是这些公共事务彰显着公民的自由与德性。而自由主义则从个人主义的视角出发，将公民视为法律赋予人的一项权利，个人权利优先于公共善，法律旨在保证私人领域的自由。由此可见，共和主义的公民传统旨在构建一种积极参与公共活动的好公民，而自由主义传统塑造的却是法律意义上的好人。通常，自由主义的好人不是一个好公民，而是消极的公民。亚里士多德关于好人与好公民德性的区分，在某种程度上也彰显着自由主义与共和主义公民概念的分野。亚里士多德认为，"好公民必须全心全意地、充满效率地通过其思想和行动来奉献于共同的福祉。"① 工匠尽管是自由人但不是公民，如果将工匠归为公民，那么公民德性就不再适用所有公民，而成了整日为生活奔波之人的德性。与好人相比，公民的德性是多样的，而善良之人却只具有一种德性，即一种完满的德性。一个善良的人是一个好人，但未必是一个好公民，不善良也不妨碍个人成为一个好公民。由此可知，不是所有公民的德性与善良之人的德性相同，而仅有一部分公民的德性是与善良之人的德性相同的，即最优良城邦的公民德性与善良之人的德性是相同的。但亚里士多德也意识到，

---

① ［英］德里克·希特:《何谓公民身份》，郭忠华译，长春:吉林出版集团有限责任公司，2007年版，第44页。

好公民不是天生的，而是教育的结果。因此，他主张，首先要对公民进行体育训练以培养公民具有良好的身体素质与体格，在此基础上，对公民进行文学艺术方面的教育，培养公民具有良好的德性以适应城邦共同体的需要。

（二）当代公民观：两种公民传统的统一

在两种公民传统基础上，当代学者提出了一种崭新的综合的公民观。当代英国学者德里克·希特从共和主义的视角对公民身份的目的、品质等问题进行了详尽的理论分析与探讨。他认为公民作为共同体的成员资格，它有两个目的：保障公民的自由和保护共和国的稳定有序。他认为，爱国是公民必备的品质，理性判断与决策是公民德性的一部分，也是公民的责任和义务。当代英国学者露丝·里斯特从女性主义的视角通过对传统公民观的考察及当代公民身份的研究，将人的主体性视作理解公民身份的途径，并实现了两种公民传统在权利与责任分歧上的综合统一。露丝·里斯特在对两种传统公民观批判的基础上，建立了以人的主体性为核心的现代公民概念，实现了公民权利与义务的综合统一。她认为，公民身份的最初含义指的是政治共同体中的成员资格与义务，描述的是个体与国家、个体与个体之间的关系，义务是公民概念的核心。诞生于 17 世纪的西方自由主义传统视权利为公民概念的核心，认为正是权利保障了公民的自由与平等得以实现。20 世纪以来，尽管自由主义在西方政治话语中占主导优势，但共和主义却从未从历史上退却，尤其是 21 世纪之交，"责任话语"日趋强大，它正通过各种形式批判自由主义，并高呼共同体与公民德性的重要价值。露丝·里斯特综合两种传统及其当代表现，总结说：公民"作为一种地位，它覆盖了广泛的权利，作为一种实践，涉及宽泛地加以界定的政治参与。作为一种实践并且在实践与权利的关系中的公民身份可以理解为一个动态的过程。"[①] 她试图用一种包容的方法

---

① ［英］露丝·里斯特：《公民身份：女性主义的视角》，夏宏译，长春：吉林出版集团有限责任公司，2010 年版，第 63 页。

重新解释两种公民传统，以实现权利与义务的统一。

当代英国社会学家 T.H. 马歇尔将公民视作共同体中具有平等的权利与责任的一种成员资格，他指出："公民身份是一种地位（status），一种共同体的所有成员都享有的地位，所有拥有这种地位的人，在这一地位所赋予的权利和义务上都是平等的。"①公民资格由权利的三个基本要素构成：公民的要素、政治的要素与社会的要素。公民的要素指的是确保个人自由所必需的一些基本权利，诸如人身自由、言论、思想自由等，以及确保这些自由得以实现的财产权和司法权利；政治的要素指的是公民作为政治活动的主体具有的各项政治权利；社会的要素指的是与经济福利和安全相关的人应享有的一种文明生活的权利。"没有社会权利，总体上的不平等将会破坏内在于公民身份理念中的政治和公民地位的平等。"②马歇尔认为这三种要素的形成分别属于不同的世纪，总的来说，"公民权利归于 18 世纪，政治权利归于 19 世纪，社会权利归于 20 世纪。"③正是在马歇尔公民身份理论的基础上，20 世纪以来的学界主流，将公民概念视作建立在这三种要素的彼此重合基础上的权利与责任的统一，或地位与实践的统一。如艾德里安·欧菲尔德，他就把公民视作地位与实践的统一。他认为，以地位为核心的公民概念旨在强调个体公民权利的优先性；而视实践为公民的本质，其意在突出公共利益的优先性。

（三）公民概念

现代民族国家存在于一个经济全球化、政治民主化与文化多元化包容并蓄的复杂世界体系之中，建立在多元与开放基础上的现代民主国家，"它

---

① ［英］T. H. 马歇尔，安东尼·吉登斯：《公民身份与社会阶级》，郭忠华，刘训练编，南京：江苏人民出版社，2008 年版，第 23 页。

② ［英］露丝·里斯特：《公民身份：女性主义的视角》，夏宏译，长春：吉林出版集团有限责任公司，2010 年版，第 25 页。

③ ［英］T. H. 马歇尔，安东尼·吉登斯：《公民身份与社会阶级》，郭忠华，刘训练编，南京：江苏人民出版社，2008 年版，第 18 页。

肯认其公民之政治、社会文化等价值的多元分歧。"① 用共和主义传统或自由主义传统来界定公民概念都会失之偏颇，但如果将公民概念建立在人性基础上，并整合两种传统中的核心概念也许是明智的，因为，唯有建立在尊重人性基础上的公民概念才能被人们普遍接受，而只有被普遍认可的理论才是现实。因此，笔者试图在既往学者对公民及公民身份研究基础上界定公民概念。

第一，就公民身份而言，公民概念体现着权利与义务的统一。自由与平等是公民概念的实质。显然，无论是以美国为首的西方发达资本主义国家，还是以中国为首的发展中国家，在和平与发展成为时代主题的世界历史大背景下，任何民族国家的合法性都是建立在对人权保护的基础上，没有任何国家会否认自由、平等对于人的重要价值。

第二，就公民的实践活动而言，公民是属于公共领域的，包括公共政治生活、经济生活以及社会生活各领域。根据露丝·里斯特的观点，应从积极意义上界定公民概念，在她看来，尽管公共领域与私人领域的界限很模糊，但公民应是公共领域的。当然，她所谓的公共领域是比较宽泛意义上的描述：公共领域既关涉日常生活，又关涉"一小撮人的正式的政治学的舞台"②，还包括公民社会中起积极作用的志愿者组织。露丝·里斯特对公共领域的看法建立在她对消极公民认知的基础上，不仅中国，即使英国、美国，消极公民也是一种普遍现象。如何将如此庞大的消极公民转化为对国家，甚至对世界有用的力量是当代很多学者考虑的焦点问题。显然，在多民族统一的国家中，代议制民主不可能容许每个具有公民资格的人都参与公共政策的制定与修正，参政仅是少数人的事情，在此背景下，将消极公民转变为积极

---

① 蔡英文：《公民身份的多重性——政治观念史的阐述》，见于许纪霖：《公共性与公民观》，南京：江苏人民出版社，2006年版，第94页。

② ［英］露丝·里斯特：《公民身份：女性主义的视角》，夏宏译，长春：吉林出版集团有限责任公司，2010年版，第45页。

公民的唯一有效途径就是扩大公共领域的覆盖范围，而不是取消多数人的公民资格。尤其是随着世界经济全球化进程的加快，公共领域正日益侵蚀私人领域，因此，公民的活动时间及活动内容更多地与公共领域有关，而非私人领域。

第三，就公民的自身能力而言，公民是具有理性推理、决策能力的人。露丝·里斯特将人的主体性视作"一个自治的、有目的行为者的个体，一个具有选择能力的个体。"[1] 人权正是建立在人性基础上的，其实质是自由的主体性。在她看来，主体不仅具有自由选择和行为的能力，它也具有自由意识的能力，这种能力与个体在本质上是同一的。因此，政治参与和承担政治责任对于具有主体性的公民而言是同等重要的。她指出，"形式性的（公民的和政治的）权利与实质性的（社会的和经济的）权利相互支持而构成了权利之网，对权利作这样的理解就成了人的主体性得以实现的前提条件。"[2]

综上所述，公民指的是受特定民族国家法律保护的具有理性推理与决策能力的个人，公民身份的实质是个人权利与义务的统一，宽泛意义上的公共领域是公民的实践活动场所。对于公民而言，自由与平等是公民的基本权利，公民德性唯有通过公共领域的实践活动才得以实现，公民是属于公共领域、而非私人领域的。

二、何谓正义品质

正义品质是公民在社会化过程中获得的，公民对正义的认知和理解影响着公民的行为，行为的一贯性与稳定性彰显着个人德性。因此，在弄清正义品质内涵之前，首要的问题是对正义概念有个清晰的认识。

---

[1] ［英］露丝·里斯特：《公民身份：女性主义的视角》，夏宏译，长春：吉林出版集团有限责任公司，2010年版，第56页。

[2] ［英］露丝·里斯特：《公民身份：女性主义的视角》，夏宏译，长春：吉林出版集团有限责任公司，2010年版，第52页。

（一）正义相关概念辨析

正义品质的研究奠基于对正义概念界定基础上，然而提及正义，映入人们脑海的首先是一系列支撑现代民主政治社会的正义相关概念——公正、公平、平等诸概念，人们不禁要问，它们之间关系是怎样的？如何辨别它们？本节通过对正义相关概念的辨析，旨在获得对正义概念的清晰认知。

1. 正义与公正的区别

一般说来，正义与公正是同义词，即英语的 justice，它既关涉个人美德又关乎社会制度，旨在实现人的自我完善与人类社会的进步与完善。作为个人具有的一种美德，正义建立在个体理性明辨是非、善恶基础上，通常表现为个人具有的不偏不倚、一视同仁的处事态度与作风。而作为一种社会制度规范，正义"主要指处理人际关系和利益分配的一种原则，即一视同仁和得所当得。"[①]总的来说，"各人得其应得"是学界对于正义概念的普遍看法。无论是中国传统文化，还是古希腊、中世纪，抑或近现代西方正义观都是建立在"应得"基础上的。不可否认，有学者认为正义与公正在汉语语境下是有差别的。如吴忠民，他从社会学的角度考察汉语语境下正义与公正的三层差别。第一，他认为，正义在价值观层面是一个"应然"的概念，代表着人类社会的一种最高的价值追求。而公正却实现了"应然"与"实然"的统一，它既可以是社会制度设计的依据和原则，又可以是现实层面的社会制度的设计与安排，实现了"理想"与"现实"的统一。第二，正义作为一种理想和目标追求，在不同历史阶段具有相对恒定的特征；而公正由于关涉现实，"因而其具体内容必然会随着时代条件的变化而变化。"[②]第三，与"应然"相关的正义是少数人能做到的，对于大多数人而言，公正更具有现实价值。

---

① 朱贻庭主编：《伦理学大辞典（修订本）》，上海：上海辞书出版社，2011年版，第46页。

② 吴忠民：《社会公正论（第二版）上卷》，济南：山东人民出版社，2012年版，第116页。

2. 正义与公平的区别

从最直观的意义上讲，正义与公平区别在于二者的概念外延及侧重点的显著差异上。一方面，二者关系密切，公平是正义的基本原则，蕴含于正义概念之中。在英文中，justice 表示正义，fairness 表示公平。正义一词不是中国传统文化固有的，而是舶来品。查阅《牛津高阶英语词典》，我们发现正义概念包含着两种公平形式：第一，正义指公平地对待人民（the fair treatment of people）；第二，正义具有公平性与合理性特征（the quality of being fair or reasonable）①。显然，与公平相关的正义的这两重含义表明，公平既是正义的原则与标准，又是正义的特征，公平概念从属于正义概念。另一方面，二者相互区别，正义侧重强调基本价值取向的正当性，即目的性追求的正当性，而公平旨在工具性意义上强调衡量标准的"同一尺度"。从词源学意义上讲，justice 一词由 just 演变而来，just 是一个含义广泛的概念，就公平的角度而言，just 的一般含义指的是特殊情形下行为或制度的恰当性与正当性。在正当性含义的基础上，justice 可以作为一种公平的尺度用以衡量人的行为的正当性或制度的合法性。而公平是一个与平等密切相关的概念，公平具有平等地对待人民的特征，或者说惟其如此，公平才具有合理性。②平等是公平的核心原则，公平意味着某种程度的平等，公平侧重于平等性。平等并不一定能实现正义，但却能实现公平。而正义不同，正义侧重于正当性。由此可见，公平作为一个以平等为原则的概念蕴含于正义概念之中，是正义的基本原则。

---

① 《牛津高阶英语词典（第 7 版·英语版）》，北京：商务印书馆，牛津大学出版社（中国）有限公司，2007 年 8 月第 2 版，第 839 页。

② Fairness 共有两层含义，其首要含义是指 "the quality of treating people equally or in a way that is reasonable"。参看《牛津高阶英语词典（第 7 版·英语版）》，北京：商务印书馆，牛津大学出版社（中国）有限公司，2007 年版，第 549 页。

3.正义与平等的区别

一方面，平等是实现社会正义的基础，是正义的基本原则。亚里士多德将正义视作一种无过无不及的德性，即一种适度。在此基础上，他将具体的正义区分为分配的正义与矫正的正义，在他看来，分配的正义依据的是几何比例的平等，他指出："合比例的才是适度的，而公正就是合比例的。"[①]矫正的正义依据的是算术比例的平等，此种意义上，正义"是得与失之间的适度"[②]。由此可见，正义是以某种程度的平等为价值尺度的基本原则，平等是社会正义的前提与基本原则，正义就是某种程度的平等。另一方面，平等具有理想性，正义却具有现实实践的可能性。平等只存在于社会交往活动中，对于个体的人而言，无所谓平等与不平等。如果从适度的角度理解正义，那么平等就有可能是过度，并且，平等作为一种价值追求仅存在于理想之中。不可否认的是，人天生是不平等的，平等自诞生之日起就是作为一项人权只存在于人的理想追求之中，要求绝对的平等必然会导致社会的不正义。而正义不仅关涉社会，更关涉个人。仅通过正义制度的构建不一定能真正实现社会的正义，但个人由于天生具有向善的习性倾向，因此通过正义的教育以及正义制度的实践活动，个人是可以养成正义品质的。因此，与平等作为一种理想追求相比，正义更具有现实的可能性。简言之，平等不是正义，只有对过度的平等实施限制才是正义的，并且，平等仅是人们的一种理想追求。即使如此，平等仍是社会正义的前提和基础，而正义作为一种适度的品质，既具有现实可能性又具有理想性，是理想与现实的统一。

（二）西方三种主流正义观

以上关于正义相关概念的辨析仅是从常识意义上的简单说明，而究竟何

---

① ［古希腊］亚里士多德：《尼各马可伦理学》，廖申白译，北京：商务印书馆，2003年版，第136页。

② ［古希腊］亚里士多德：《尼各马可伦理学》，廖申白译，北京：商务印书馆，2003年版，第138页。

谓正义，不同的思想家对正义的理解是不同的。博登海默对于正义多样性的形容是当代正义论研究者都耳熟能详的，他说："正义有着一张普洛透斯似的脸（a Protean face），变幻无常、随时可呈不同形状并具有极不相同的面貌。"① 正义的基本含义指"给每个人以应得的"，但在分配于人而言最重要的三种物品（福利、自由和德性）时，各学派发生了重大分歧，他们分别围绕着使福利最大化、尊重自由和促进德性等三种观念展开，由此，形成了当代西方三种主流正义观：功利主义正义观、自由主义正义观和德性主义正义观，这三种正义观直接影响着公民对正义的认知和理解。

在市场经济背景下，功利主义正义观对人们正义观念的影响至深至广。功利主义者认为功利优先于正义，正义仅是从属于功利原则的次级准则。功利主义正义观建立在经验主义人性论基础上，他们认为趋乐避苦是人之本性，以此为基础，他们认为正义应促进社会福利最大化，使得幸福最大化，哪怕是牺牲少数人的正当利益也在所不惜。显然，功利主义传统对正义的界定建立在功利原则基础上，在他们看来，功利原则优先于正义原则，人们进行道德选择与价值判断的首要原则是功利原则而非正义原则，由此，正义成了附属于功利原则的次级道德准则。原因在于，穆勒认为正义起源于人们的守法观念，法律保护个人权利是实现社会正义的前提，因此，功利主义传统蕴含着一种权利观念。但在处理个人权利与社会权利关系时，功利主义者坚持功利的基本原理——最大多数人的最大幸福，认为社会权利优先于个人权利，牺牲少数人的幸福换取最大多数人的幸福是正义的，但这显然有悖于正义，功利主义的正义观并不是一种实质的正义。因而，建立在社会功利原则基础上的正义观一经产生，就招致自由平等主义与德性主义的两面夹击与批判。对于自由平等主义者而言，人不仅是手段，更是目的，自由与平等是人之为人的基本权利，公共福利的最大化不能成为践踏少数弱势群体基本权利

---

① ［美］E.博登海默：《法理学：法律哲学与法律方法》，邓正来译，北京：中国政法大学出版社，2004年版，第261页。

的正当理由，真正的正义是建立在尊重人权基础上的。因为人权是神圣不可侵犯的，对少数人正当权益的践踏实为藐视人的尊严与权利，这显然有悖于正义。但对于德性主义者而言，功利主义的另一个重大缺陷在于它的计算原则，因为很多东西都无法用货币价格进行计算，尤其是人的生命，它不同于物质商品，无法用价格进行衡量。在德性主义者看来，践踏少数人的权利无论如何都是不正义的，诚如柏拉图在《理想国》中所说的，伤害任何人无论如何都不是正义。总之，功利主义正义观由于过分强调功利原则的优先性，忽视人的目的价值，导致了虚假正义的产生并引发了一系列不正义现象而招致来自学界的猛烈批判。

以康德、罗尔斯为代表的自由平等主义者从尊重与保护个人基本自由平等权利出发，在批判功利主义传统的基础上，建构了一种旨在促进所有人的基本权利的实现为目标的正义理论体系。康德认为人既具有手段价值，更具有目的意义；自由与平等是人的基本权利，个人权利是社会正义的前提和基础，立法的依据在于保障人的基本权利，遵守理性制定的法律就是正义的。因此，康德的正义理论的核心概念是权利，个人基本权利是否得到尊重与保护是判断正义与否的总根据，践踏任何人的基本权利都不是正义的。康德认为，尊重人权既不是出于长远利益的考虑，也不是出于"我们拥有自身"观念的考虑，而仅仅是因为我们每个人都是理性的存在物，都应该获得尊严并值得尊重。罗尔斯的正义理论就是奠基于康德理论基础上，建立的以人的自由平等权利为基础，旨在实现基本的社会善（自由和机会、收入和财富以及自尊的基础）尽可能地平等分配的正义观。无论康德，还是罗尔斯，他们都坚持认为即使人天赋等方面存在差异，但每个人都应当享有基本的人权，即自由平等权利，这是社会正义的前提和基础。但正义不等同于平均主义，正义允许差别的存在，也只有差别才更符合正义的实质。因此，他们又强调，社会基本善的分配应坚持"机会的公正平等与差别原则相结合"，亦即依据个人能力与贡献分配基本善，但与此同时，社会应尽可能地保障最少受惠者最大利益的实现与满足。

由亚里士多德开创的古典德性主义者认为，政治生活是符合人本性的，只有在城邦中，人才足以实现自己的本性。德性、荣誉、财富等都是社会的基本善，公正地分配一切善即正义，正义的实质就是"各人得其应得"。柏拉图用"各司其职，各守其分"表达着"应得"的正义；亚里士多德则用"适度""公道"表达其"应得"正义的理念。以"应得"的正义概念为基础，社会正义指的是社会公正地分配一切善，个人的正义品质则指的是灵魂的三部分"各司其职，各守其分"。与智慧、勇敢、节制等公民德性相比，公民的正义品质是一种全德。也就是说，智慧、勇敢、节制都是个人自身具有的品质，而正义不仅关涉自我，更关涉他人。亦即，正义不仅是个人身心和谐的基本原则，也是城邦有序稳定的基本原则。一个正义的社会应促进并实现公民的德性。

综上所述，影响现代人对正义理解的三种主流政治思想传统由于各自认可的善不同，以及对善与正当关系的理解存在差异，致使他们产生了相异的正义观念。德性主义正义观认为德性、荣誉、财富等都是社会的基本善，应当依据"各人得其应得"的原则公正地分配一切善；功利主义正义观则认为善即功利，社会功利优先于个人权利即正义，或者说善优先于正当；自由平等主义者认为自由、平等是个人的基本权利，也是社会的基本善，正义指的是正当对善具有优先性。显然，功利主义与自由平等主义的区别在于他们对善的界定以及善与正当关系理解的差异。而自由平等主义与德性主义传统由于对社会基本善的理解不同而产生了不同的正义观念。尽管不同学派对正义研究有不同的侧重点，并提出了相异的正义原则，但毫无疑问，他们都将"各人得其应得"作为正义的基本要求。在他们看来，正义的基本含义指的是"各人得其应得"，该层面上的正义突出的是个人的美德。但麦金泰尔在对正义美德进行历史考察时发现，正义作为一种美德最初强调的是一种统一的秩序，既内括自然宇宙和谐之意，也含有人格和谐之意。"要成为正义的，就是要按照这一秩序来规范自己的行动和事务。"① 因此，从词源学意义上讲，正义既是一种规则，更是一种美德。在古希腊社会，"正义的概念是按照功绩（merit）和应得（desert）来定义的。"② 因此，正义作为一种德性，在概念上分为优秀善和有效善两个方面。作为优秀善的美德正义概念强调应得的正义；而作为有效善的美德正义概念强调对正义秩序的遵守，即人遵守正义规则的品质。可见，正义的概念不仅内括个人美德，更表现为宇宙自然的和谐有序，换言之，正义还是一种规则。前者强调"各人得其应得"是正义的基本含义，后者表明守法即正义。因此，应得与守法作为正义的一体两面的规范与要求存在着。对于个人而言，正义首先要求个人要守法，此外，社会善的分配应依循应得的正义进行分配。对于个人而言，坚持正义就意味着个人权利与义务统一的实现，个人追求正义的最高目标是实现人的自由全面发展。

（三）正义品质的内涵

正义品质的理解建立在对正义基本含义认知基础上。在良序社会中，当个人自觉地将正义的基本原则作为个人行为与道德评价的标准时，该人就被认为具有正义感或正义品质，正义感是正义品质形成的关键前提，践行正义品质旨在实现人的自由全面发展。可见，正义品质的概念至少应包括三方面内容：正义的基本含义、正义感与正义品质之间关系、正义品质的实践。

正义的基本含义是"各人得其应得"，这是正义品质赖以形成的前提和基础。前面探讨的三种正义传统对人们实践活动的影响是极其深刻的，理性人日常活动的行为准则或价值判断，如果不是出于功利考虑，那么就可能是坚持自由平等主义或者是德性至上主义。尽管每个人的正义选择不一，但似乎没人会否认人权是正义得以产生的基础，自由与平等是人的基本权利，社

---

① ［美］阿拉斯戴尔·麦金泰尔：《谁之正义？何种合理性？》，万俊人，等译，北京：当代中国出版社，1996年版，第20页。

② ［美］阿拉斯戴尔·麦金泰尔：《谁之正义？何种合理性？》，万俊人，等译，北京：当代中国出版社，1996年版，第48页。

会公共善的分配必须依据"应得"的原则进行分配才是正义的这样一个古老的观念，"应得"的正义构成了人们正义观念的前提。此外，由"应得"的正义调节的良序社会，"各人得其应得"作为一种道德标准，是人们普遍认可的道德原则，正义观念是被普遍接受的，因此人们会产生正义行为的欲望。并且，只有在良序社会，成员才会有一种按照正义原则的要求行动的强烈的欲望，这是正义品质得以形成的基础，而制度正义则为公民正义品质的获得提供制度保障。

综上所述，正义品质指一定社会中的公民基于对正义原则的正确认知，在公民内心确立的秉持正义原则的道德心理与意愿，并在社会生活中表现为具有较稳定性的不偏不倚、正直处事的道德行为倾向与特征。简言之，正义品质就是人自愿地、恒久地按照正义原则行事的道德品质，具有自觉性、稳定性和一贯性特点。

正义感与正义品质都是人社会化过程的产物，但二者在形成时具有先后次序，正义感是正义品质形成的关键性前提，缺乏正义感的人不可能具有正义品质。显见不争的是，在一个良序社会中，大多数人都具有正义感，而真正具有正义品质的人则凤毛麟角，主要原因在于正义品质较正义感更具有稳定性。对于一个良序社会而言，正义感是理性人具有的一种按"应得"的正义原则行为的能力和欲望，同时希望他人也具有类似的欲望和能力。正义感是人具有的一种高级的道德情感，植根于人们对正义原则的认识，体现在人们评判社会制度时具有的道德情感和态度。正义感作为人的一种特殊道德情感，它与人的自然心理相一致，在罗尔斯看来，人在本性上是倾向于具有正义观念的，正义感是符合人的自然本性的。但正义感却是一种特殊的道德情感，它具有自然潜在性特征，只有在社会化过程中，正义感才得以形成。罗尔斯从道德心理学的角度将公民正义感获得的一般过程区分为权威道德、社团的道德与原则道德三阶段。他认为，公民是在进入社团道德阶段后，才开始理解正义原则并获得正义感的。但由于在社团道德阶段，正义原则还没有内化为个人的至高精神追求，公民仅是出于社会需要满足的角度坚持正义原则，因此，该阶段，公民的正义感不具有稳定性，但毫无疑问，公民的正义感是在个体社会化过程中形成的。此外，正义品质与正义感不同，正义品质不仅关涉遵循正义原则，更关涉正义原则的践行，正义感是公民践行正义原则的前提和基础。对于主体实践活动而言，遵循既可以是积极主动的实践，又可以是消极被动的服从，而践行却是表达着主体活动的积极主动性的。一方面，当公民只是消极服从正义原则时，公民仅具有正义感，而不具有正义品质。另一方面，当主体遵循并积极践行正义原则时，公民潜在的正义感就会通过公民的正义行为表现出来，并且，一旦公民的正义行为能一贯坚持，那么这种正义行为就会内化、积淀成为公民具有的一种稳定的道德品质。总之，正义感是公民具有正义品质的关键性前提，公民的正义品质比正义感更具稳定性，践行公民正义品质旨在实现人的自由全面发展。

解决自由主义与社群主义关于正义之争的问题，关键不在于正义美德与正义制度谁更具有优先性，因为个人的美德与制度的美德只有相辅相成才是合理的，也是和谐的。问题在于正义作为一种德性首先是人的一种价值追求，正义的本质在于它是人类社会独有的，旨在实现人的自由全面发展。对于动物而言，无所谓正义与不正义，正义德性是与人类活动特有的一种道德品质。正义品质作为人的一种价值追求，它既是现实的也是理想的，是理想与现实的统一体。因为，人的本质是一切社会关系的总和，人在实践活动中遵守理性的法律或遵守普遍的社会规范就是正义的，因此正义于人而言是现实的。但另一方面，正义品质不仅关涉他人，更关涉自我，当自我与他人发生利益冲突时，能秉持正义又是极其困难的，尤其是当需要牺牲小我成全大我时，坚持正义就成为一种理想。综上所述，笔者认为，对于个人而言，正义品质是人的一种特殊道德品质，它以尊重每个人的基本权利为基础，根据"各人得其应得"为一般原则分配一切善，旨在实现人的自由全面的发展，是人的理想追求与现实追求的统一。

三、正义品质与公民德性

正义品质潜存于人性之中，人只有通过社会公共活动才能获得，它作为一种合作德性，是理性人具有的一种特殊的道德品质。如前所述，公民作为权利与义务的统一体，它是属于社会公共活动的，尽管人们在社会公共活动中具有不同的角色道德，但正义作为一种合作德性是社会活动得以有序进行的重要条件。公共性成为联结公民与正义的桥梁，离开正义，公民的各项活动难以进行；失去公民，正义的价值难以显现。由于正义品质与公民都具有公共性特征，并且都蕴含着个人权利与责任的对等的观念，加之，正义品质作为一种既底线又超越的道德品质是公民的一项道德义务，因此，正义品质对于公民而言具有极其重要的意义，是公民而非一般人的德性。

（一）正义品质是公民参与公共活动的一种特殊德性

亚里士多德认为，公民天生是政治动物。在他看来，参与公共政治生活是公民本性使然，只有在公共活动中，公民才能实现其德性并达致个人的完善。智慧、节制、勇敢与正义是公民最重要的四种德性。正义品质之所以重要在于，与其他三种德性相比，正义品质是一种全德，它不仅属于公民个人，而且属于政治共同体。一方面，对于公民个人而言，正义品质关涉个人灵魂的统一与和谐。柏拉图认为，人的灵魂由理性、激情、欲望三部分组成，当理性统领激情并节制欲望时，人的灵魂三部分就达致了有序与和谐，个人也就具有了正义品质。另一方面，对于政治共同体而言，正义品质关涉城邦的良序发展与公共善的实现。柏拉图认为，当城邦中三个等级的人们——统治者、护国者与生意人能"各司其职、各守其分"时，城邦就具有了正义品质。亚里士多德认为，政治的善目的是公正，即维护全体国民的共同利益。如果说财富和自由是公民在城邦中竞选官职的必需条件，那么正义品质作为一种德性则是公民政治活动不可或缺的。因为缺乏前者，城邦就无法存在，而如果缺乏后者，城邦内将不能安居乐业，何谈实现城邦目标。因此，城邦既需要正义制度，又需要具有正义品质的公民。综上所述，正义品质既关涉公民个人灵魂的和谐，同时，正义品质作为一种合作德性又有助于公民社会公共活动的良序进行，对于维持公民社会交往的稳定、正常运行意义重大。因此，正义品质是公民公共活动中的一项重要德性。

（二）"应得"的正义原则要求公民权利与义务相统一

正义品质的基本要求是"各人得其应得"，在其现实性上表现为公民权利与义务的对等。柏拉图认为，当城邦中的统治者、护国者与生意人"各尽其职、各守其分"时，城邦就实现了正义，亦即"应得"的正义。对于公民而言，"各尽其职、各守其分"其实就是对公民权利与义务的要求，不同政治地位的人在享有不同的权利的同时也要履行相应的义务才是正义的。公民作为权利与义务的统一体，依据"应得"的正义，他享有的权利与其应当履行的义务是相称的。公民享有法定的基本权利，这是公民履行政治、社会义务的前提和基础，公民只有达致权利与义务的统一，才是正义的。公民是权利与义务的统一体，也是正义品质践行的主体。

（三）践行正义品质是理性人的道德义务

对于公民而言，正义品质的践行是具有理性的公民的一项道德义务。公民特指理性参与公共活动的人，唯有理性的人才有践行正义品质的义务。有智力缺陷、儿童或其他缺乏理性的人不具有践行正义品质的义务。通常，当发生不正义现象时，公民是否践行正义品质会招致大众的褒奖或贬斥，而对于一个缺乏理性或理智不健全的人而言，其是否践行正义品质并不重要，因为人们不会谴责一个儿童或智障人士的非正义行为，但我们可以根据形势需要采取适当的手段予以制止其不正义行为。并且，不同阶层的公民，他们的正义品质所造成的社会影响是不一样的。"与普通公民的正义德行相比，他们（统治者或官员）的正义德行对于维持社会的正义局面、防止和消除社会非正义的例外，有着重大的影响。"①

如果说以上关于公民正义品质的概念界定，回答的是"是什么"的问题，那么接下来要探讨的问题就是公民正义品质的基本特征，以及为什么是这样的，即"为什么"和"怎么样"的问题。在对公民正义品质的基本特征进行探讨之前，首先要分析正义品质得以产生的人性论基础是什么，亦即正义品质究竟是人与生俱来的品质，还是人在社会化过程中产生的，抑或二者兼具？这是接下来将要探讨的核心议题。

第二节　公民正义品质的人性论基础

人为什么要有道德？古今中外伦理思想家对此回答不尽相同，意见分歧较大。以孟子为代表的传统儒家主张"人性本善"，道德是根植于人内心的与动物相区别的标志；在西方，经验主义者休谟认为，"道德根源于人的情感和经验"②；而康德却坚信，人之所以要追求道德，源于人是理性的存在物，人的理性是道德得以产生的人性基础。尽管伦理思想家们对道德的人性基础看法不一，但他们却都认为道德是根源于人性的，"是人性的内在规定。"③而正义品质作为人的一种特殊的道德品质，它显然也根源于人性。人性是"一切人普遍具有的各种属性的总和。"④人性既包括人的自然属性、社会属性，还包括人的精神属性，是人的自然属性、社会属性与精神属性的统一。人的自然属性关涉人和自然界之间的关系，探讨的是人的起源与存在问题；人的

---

① 万俊人：《正义为何如此脆弱——悠斋静思下的哲学回眸》，北京：经济科学出版社，2012年版，第11页。

② 彭柏林：《道德需要论》，上海：上海三联书店，2007年版，第54页。

③ 彭柏林：《道德需要论》，上海：上海三联书店，2007年版，第55页。

④ 戴景平：《人的需要：马克思人性论的逻辑起点》，《长白学刊》2007年第2期，第11页。

社会属性关涉人与社会之间的关系，分析的是基于人的生存之上的人的生活问题；而人的精神属性既涉及人与自然、社会关系，更进一步来说，它关注的是人自身，即在解决人的生存、生活问题之后，人的自由全面发展问题。所谓正义品质的人性论基础，即是从人性的视角解释"正义作为一种道德品质得以产生的人性根源"。具体地说，它包括三方面内容：人的自然属性是公民正义品质产生的人性根源：人的社会属性是决定公民获得正义品质的关键因素；人的精神属性使得正义品质成为根植于人内心的一种价值追求，实现了正义追求的理想性与正义实践的现实性的统一，因故，包括自然属性、社会属性、精神属性在内的人自身使得正义品质成为人之为人的本质所在。

一、人的自然属性：公民正义品质产生和存在的人性根源

人的自然属性与人类起源于自然界的事实密切相关，中国古代先贤们用天地和气解释人类的产生与构成，是一种朴素唯物主义的观点；近代自然科学的伟大发现——细胞学说与进化论，为人类的自然起源作出了合理的、科学的解释，人类是由猿进化而来。可见，尽管古今学者在人类起源上存在分歧，但它们都意识到人类是起源于自然界，是自然的产物，因此，自然属性是人与生俱来的。

（一）人是自然的产物

人类是如何起源的？中国古代先贤们从朴素的唯物主义观点出发，将人类的起源解释为自然界的产物，亦即人是自然的产物，人先天地具有自然属性。根据袁贵仁的观点，这种用以解释人类起源的朴素唯物主义的人性观主要有两种：一是天地生人论，中国早期以神话形式存在的文献将大地的主要材质土视作神造人的原材料，渐渐地，古圣先贤逐渐意识到天地是宇宙最高范畴，天地和合而生万物，因此，他们认为天地是人类得以产生的根源。第二种是精气生人论，认为人类作为宇宙万物之一，是由宇宙中细微运动着的

客观物质"气"构成的。概而言之，无论是天地生人论，还是精气生人论，它们共同之处在于将人类的起源视作自然界物质的产物，"人和一切自然物具有共同的本原。"①

总的说来，以上两种用以解释人类起源于自然界的理论尽管扫除了神创论的阴影，但它们仍是一种朴素直观的、而非科学对人类起源的解释。近代自然科学的三大发现——细胞学说、进化论与能量守恒定律，尤其是达尔文的进化论指出，人类是由猿进化而来的，这一重大发现，从根本上弥补了古代朴素唯物主义人性论的不足，为人类起源提供了科学的解释。马克思主义理论正是奠基于唯物主义人性论基础上，对人类起源做出了科学、合理的解释。恩格斯曾指出，人类是由动物进化来的，直立行走是人由猿进化成人的最关键的一步。为了满足自然生存的需要，人类的祖先逐渐学会用手进行一些简单的劳动并制造劳动工具，"手不仅是劳动的器官，它还是劳动的产物。"②但人不同于动物，随着人类劳动能力的增强以及智力发展水平的提高，人的劳动日益带有目的性，人会为了自我保存与发展利用自然界，甚至改变自然界。"这便是人同其他动物的最终的本质的差别，而造成这一差别的又是劳动。"③可见，劳动是人与动物相区别的显著标志。尽管如此，人类起源于自然界，是自然的一部分却是毋庸置疑。人的自然属性与人起源于自然界的事实密切相关，它不仅指自然人生而固有的血肉之躯，而且指劳动过程中人形成的自然力量。诚如马克思指出的那样，"劳动首先是人和自然之间的过程，是人以自身的活动来中介、调整和控制人和自然之间的物质变换的过程。人自身作为一种自然力与自然物质相对立。为了在对自身生活有用的形式上占有自然物质，人就使他身上的自然力——臂和腿、头和手运动起来。当他通过这种运动作用于他身外的自然并改变自然时，也就同时改变他自身

① 袁贵仁：《对人的哲学理解》，郑州：河南人民出版社，1994年版，第30页。
② 《马克思恩格斯文集》第9卷，北京：人民出版社，2009年版，第552页。
③ 《马克思恩格斯文集》第9卷，北京：人民出版社，2009年版，第559页。

的自然。他使自身的自然中蕴藏着的潜力发挥出来，并且使这种力的活动受他自己控制。"① 可见，从人类的起源来看，人类是由猿进化来的，人是自然界的产物，直立行走是人进化过程中极为关键的一步，劳动使人与动物相区别，使得人成为人，而不是动物。

（二）人类效法自然正义

为了满足人自然生存的需要，人类摆脱蒙昧的一个重要表现就是效法自然，顺应自然本性地生活，因此，人类的正义观念最初是在效法自然正义的基础上产生的，自然的正义是衡量人行为正当与否的首要标准。

正义因何产生？它起源于神话世界中诸神之间关系的平衡。自然的正义指宇宙中各力量间的均衡，它先于人类的正义而普遍存在，是人们正义观念产生的自然根源。从词源学意义上考察中国古代的正义观念，"义"指的是以干戈护卫财产，它与利益的界分有关，旨在实现各方利益的平衡。而在西方古希腊神话中，宙斯是统辖宇宙秩序的诸神与人类之父，诸神与人类都受宙斯统治，正义女神手执天秤，以衡量人间的是非善恶，评判与巩固宇宙万物的自然秩序。当然，古希腊人也崇敬只关涉私事的爱神，但他们似乎更尊崇正义而非仁爱，因为正义被视为公民"四主德"中唯一的全德。在他们看来，顺从自然规律即正义②，正义是促进并维持人类社会有序的基石。显然，"当亚里士多德称奴隶制度的存在有其本性的根据时，他不仅为自己辩护，而且为整个社会秩序辩护"③。在他看来，城邦中的奴隶与主人的欲望都是根

① 《马克思恩格斯文集》第5卷，北京：人民出版社，2009年版，第207—208页。

② 根据周辅成的观点，在古希腊奴隶制城邦中，公民是带有特权性质的概念，是城邦中的统治阶级，公民与奴隶有着截然相反的正义标准。统治阶级为了维护政治统治，借神之口将祖先遗传的习惯与法律视作自然的规律，也就意味着奴隶与公民生而固有的身份等级差异是符合自然规律，也是正义的，奴隶唯有安于现状才是正义的。可见，古希腊的自然正义观建立在人先天不平等的基础上。

③ ［美］约翰·杜威：《人的问题》，傅统先，邱椿译，上海：上海人民出版社，1965年版，第151页。

植于人性中，不可改变的，试图将奴隶改造成公民是违背自然规律的，也是不正义的。可见，正义的观念无论在东方还是西方，它最初都表达着一种善的秩序的理念，即自然、社会诸领域内部各要素之间的均衡。沈晓阳将自然的正义理解为"自然界各种要素之间的自然平衡"①。在他看来，宇宙万物都有各自的规定地位与规定职责，但万物天生又是不安分的，为了协调诸要素之间的越己冲动，使各要素之间达致一种力量的平衡就尤为必要。自然正义体现为宇宙万物对自然秩序的遵守与服从。宇宙万物受自然规律支配，各守其应有的秩序即是自然的正义。诚如亚里士多德所指出的那样，自然的正义是永恒的、普遍地适用于人间的正义，它是人类正义的基础。

人类效法自然正义的前提是生活于自然界中的人们形成了一种与原始人不同的新的自我观念。"这种新的自我观念就是古希腊罗马人和中国先秦儒家、道家所持有的'人是自然的一部分'。"② 此刻，人们所理解的自然已不仅仅是具体的自然存在物，还包括抽象意义上的具有法则性质的整个自然界。自然界的运动不息，以及自然固有的秩序与规则表明，自然界与人一样都是有灵魂的、有理智的、活的存在物。而人作为自然的一部分，是对自然的分有，人自身的一切包括灵魂和身体都源于自然界，"人与自然世界遵循着共同的活动原则和生命准则"③，在本性上二者具有内在的一致性。自然界是具有灵魂和理性的活的生命物，这是自然秩序合理性的根据所在，也是自然正义的根源。人不仅分有自然界的灵魂，还分有其理性，这种分有就表现在人会顺应自然而生活，唯有顺应自然才是合乎人性、正义的生活，人类的正义正是效法自然正义的结果。先秦时期，中国的老子将宇宙万物产生的根源归于"道"，它自化自生，是宇宙万物之始祖。人作为宇宙"四大"（人、

---

① 沈晓阳：《自然正义·生态正义·社会正义——对生态环境问题的新思考》，《攀登》1999年第1期，第6页。

② 曹孟勤：《人向自然的生成》，上海：上海三联书店，2012年版，第113页。

③ 曹孟勤：《人向自然的生成》，上海：上海三联书店，2012年版，第115页。

地、天、自然）之一，"人的一切行为通过法地、法天、法道的中介环节而最终达致效法自然，以自然而然为准则，顺应自然而生活。"①用老子的话说：即"人法地、地法天、天法道、道法自然。"因此，效法自然既是人类自我活动合理性的所在，也是人类正义得以产生的根源和前提。

（三）正义根植于人的自然属性

探讨公民正义品质与人的自然属性之间的关系问题，其实质是回答正义作为一种德性，它是否根植于人的自然本性？这个问题的回答显然与人性善恶的判断有关。

一方面，以孔孟为代表的传统儒家坚持认为，人性本善，仁是根植于人的自然本性的。孔子认为，"仁"是人之本，是人生而固有的自然属性，"仁"也是个体具有正义品质的基础，具有"仁"德的人一定是正义的人。因此，孔子说："唯仁者能好人，能恶人。"（《论语·里仁》）孟子发扬了孔子的仁学思想，提出了著名的"四端说"，他声称，"羞恶之心，义之端也。"在孟子看来，人自然具有的羞恶之心，其实就是正义品质的萌芽了。因此，在坚持"人性本善"的孔孟儒家看来，正义是从人的自然属性中产生的，因此，人的自然属性是个人正义品质产生和存在的根源。

另一方面，以霍布斯为代表的性恶论者却从抽象的人性的一般原理出发，推导出正义是人类超越自然状态以实现人与人和谐共处的一种道德需要。霍布斯认为，自然状态是人类社会、国家产生之前的一种状态，在自然状态下，人人自由且平等，"每一个人按照自己所愿意的方式运用自己的力量保全自己的天性——也就是保全自己的生命——的自由。"②尽管每个人具有平等的自然权利，但人性却是贪婪的，为了确保自我的安全以及维持生

---

① 曹孟勤：《人向自然的生成》，上海：上海三联书店，2012年版，第123页。

② ［英］霍布斯：《利维坦》，黎斯复、黎廷弼译，北京：商务印书馆，2010年版，第97页。

存，人性的贪婪使得"人对人是狼对狼"的状态。可见，自然状态下的人性是恶的，尽管这种自然状态着实令人望而生畏，但霍布斯却指出人类自然地具有超越这种可怕状态的办法。他指出，理性与激情都是人的自然属性，激情促使人产生一种趋利避害的自然倾向，人性是向往和平的；而理性则帮助人们达成关于和平的共识，即订立契约以约束每个人对他人的不当干涉。霍布斯也强调，人们之所以能订约以走出自然状态，原因在于寻求并保卫和平是自然法，正义产生于人们对自然法的遵守。契约一经制定出来，就具有至高的约束力，也就具有法的性质。人们只有遵守法律，才是正义的，因为守法意味着达成的秩序的和谐。

与人性善恶各执一端者相比，杜威提出了人的自然本性中善恶并存的观点。杜威认为，如同好斗是人的自然本性一样，同情心与怜惜心也是人的自然属性。他强调，"这些本性的因素之种种表现是可改变的，因为它们常为风俗和传统所影响。"① 也就是说，人的自然属性既包含着善的心理与情感，也蕴含着恶的萌芽，后天的环境与习俗对于人性的养成是至关重要的。正义作为一种善的品质，尽管它不是人的自然属性，但它却是源于人的自然属性，主要是人的同情心与怜惜心。

可见，尽管人们对人性善恶的看法如此悬殊，但他们在一点上是共识的，即正义是源于人的自然属性，是人为了自然生存而产生的一种自然需要的结果。在性善论者眼中，正义源自人生而固有的一些自然情感；而性恶论者却从抽象普遍的人性原理出发，将正义视作人为了自我生存与发展而形成的一种自然需要。尽管对人性善恶的看法持迥异的观点，但对于正义的起源的理解却是有着惊人的相似，正义根源于人的自然属性，是人的自然需要的结果。

---

① ［美］约翰·杜威:《人的问题》，傅统先，邱椿译，上海：上海人民出版社，1965年版，第152页。

二、人的社会属性：公民获得正义品质的关键因素

人的社会属性是根植于人类社会结构而产生的，"不仅使人与动物相区别，而且使人从自然中获得解放，成为自觉的存在物。"[①] 恩格斯指出："我们不仅生活在自然界中，而且生活在人类社会中"[②]。人与自然的物质交换构成了人类社会的前提，而人与自然的关系必然要借助于人与人的关系得以存在和实现。如果说自然的正义是人类正义观念产生的总根源，那么个体正义品质的实践与养成必然要借助于人与人之间关系得以存在和实现。亦即，自然秩序的正义，这是个体正义品质作为一种观念上层建筑得以产生的前提，个体正义品质的真正获得更需要社会化活动作为客观条件，缺少其一，个体正义品质的产生和存在都如同空中楼阁，华而不实。因此，自然正义是个体获得正义品质的终极源泉，但正义品质的养成却是人的社会化活动的结果。

（一）社会属性是人的特质

"一切人类生存的第一个前提，也就是一切历史的第一个前提，这个前提是：人们为了能够'创造历史'，必须能够生活。但是为了生活，首先就需要吃喝住穿以及其他一些东西。"[③] 可见，人类为了自然生存，首先要依赖自然以存活，满足人的自然需要。如果说自然属性是人类得以产生的根源所在，那么社会属性则是人得以生活与发展的动力与源泉。自然属性不独人所有，动物亦有；但社会属性却唯独人有，是人不同于动物的显著特征。

人的社会属性的一个显著表现是：人类是群居动物，具有共生依存性。马克思指出："人的社会属性最主要的含义是人类共生关系中的相互依存性和人际关系中的交往性，人是最社会化的动物，人只能在社会群体中生存

---

① 袁贵仁：《对人的哲学理解》，郑州：河南人民出版社，1994年版，第55—56页。
② 《马克思恩格斯文集》第4卷，北京：人民出版社，2009年版，第284页。
③ 《马克思恩格斯文集》第1卷，北京：人民出版社，2009年版，第531页。

和发展。"① 根据马克思的观点，人的自然本性使人倾向于过一种"群聚"生活，"只有在共同体中才可能有个人自由"②，这就是人的社会属性的一个显著特征——共生依存性。这种共生依存性表现为两个方面：其一，人首先是以个体形式存在着的，社会是由每个独立的个体组成的。无论是依据地缘还是血缘姻亲关系建立的社会，生活于其中的人首先是具有独立意志与人格的个体，社会群体对每个个体的基本权利予以同等的尊重与保护。其二，尽管每个个体都独立存在且具有独立人格，但既然生活于社会群体之中，那么个体的行为就要受到社会群体的制约。换句话说，个体生活于社会群体之中，要依赖于社会群体而存在，离群索居之人，根本上算不得一个真实的人。比如猪孩、狼孩。历史表明，社会文明程度越高，个体对社会群体的依赖性就越强。从关于人的共生依存性的两方面特征的分析中可以看出，于个体的人而言，存在着两种主要的社会关系：人与人、人与社会之间的关系。如何看待与处理于人而言最重要的两种社会关系直接关系到人的生活状况，所有这一切都取决于人的社会需要。亦即，社会需要决定着社会关系的处理，而正义作为一种合作德性是处理社会关系的首要原则，亦是由社会需要决定的。在此意义上，可以说，人的生活离不开人的社会属性，而人的生活状况的好坏与人依据社会需要所选择的处理社会关系的方式有关。简而言之，如何处理人的社会关系是由社会需要决定的，而正义作为正确处理人际关系的首要原则，它是依据人的社会属性满足人的社会需要的产物，而社会属性是沟通人的社会需要与正义选择的桥梁。可见，正义是人们良善生活的必然选择。

（二）人的社会属性使正义成为一种道德需要

人类文化是如何萌芽的？从历史角度看，它是人类的需要与环境交迫出

---

① 黄明理：《从人性看人的道德需要》，《南京师范大学学报（社会科学版）》1997年第1期，第25页。

② 《马克思恩格斯文集》第1卷，北京：人民出版社，2009年版，第571页。

来的。正义作为文明社会中人的一种道德品质，它更是人的社会需要与环境交迫的产物。"我们（所有人）都是文化的产物；我们创造并生活在有意义的社会里。……正义扎根于人们对地位、荣誉、工作以及构成一种共享生活方式的所有东西的不同理解。"①

马斯洛的需要层次理论认为，人自身潜藏着五种不同层次的需要：生理需要、安全需要、社会需要、尊重需要与自我实现需要，人的需要发展的这五个阶段是一个由低级到高级的过程，在不同时期因迫切程度不同而表现出需要的差异。其中，最迫切的需要是激发人行为的动力和源泉。一般来说，生理与安全的需要是人的低层次的、自然的需要，当衣、食、住、安全等基本需要得到满足之后，人才会追求高层次的需要。如果说生理与安全需要满足的是人的自我保存，那么高层次的需要，诸如社会需要、尊重的需要，以及自我实现的需要都是为了满足并实现人的自由全面发展而逐渐产生的。

可见，人的社会需要，即由人的社会属性所呈现出来的关于处理人的社会关系的需要，是奠基于人的社会属性基础上产生的。如前所述，就个人而言，其社会关系主要有两种：人与人、人与社会之间关系。具体说来，这种社会关系又包含三个层面的关系：自我与他人，自我与社会，以及自我如何处理他人之间的社会关系。既然共生依存性是人的社会属性的一个显著特征，那么在处理各种社会关系时就要求处于社会关系中的各方首先具有一种合作的意向，在此基础上以达到使社会关系中的各方互利的目的，这才是有利于人的社会属性的处理方式。诚然，人们在满足社会需要时，谋求的方式是基于人的理性选择的结果，人们会理性地选择一种最有利于各方社会关系发展的方式，而正义作为一种既属于个人又关涉他人的德性，是最恰当不过的处理社会关系，以适应人的社会属性的发展的首要方式。当正义品质仅就个人德性而言时，它意味着该人是守法的，他只做分内之事而不干涉他人的

---

① ［美］迈克尔·沃尔泽：《正义诸领域：为多元主义与平等一辩》，褚松燕译，南京：译林出版社，2002 年版，第 419 页。

正当行为。此外，正义还要求他要不偏不倚地处理社会关系，这主要表现为道德的奖惩，即惩恶扬善两方面，这就意味着正义本身蕴含着一种互惠、平等的观念，这是人际交往得以良序发展的基础。而人的社会属性使得人际交往成为必然，正义品质是一种有利于友谊与合作的德性，旨在满足与实现人的社会交往需要。个体还依赖社会群体而存在，"而社会群体的生活是一个以合作为基础的有序的过程。"① 而正义作为一种合作德性，它有助于社会群体生活的健康有序发展。综上所述，人的社会属性使正义成为人的一种道德需要。如果说正义根源于人的自然属性，解决的是人的生存问题，那么人的社会属性则是公民获得并实践正义的关键因素，正义品质作为人的一种社会需要，其关注的是人如何生活的问题。

（三）公民正义品质是在社会实践中养成的

人们正义观念产生的人性论根源在于由自然需要决定的人的自然属性；人的社会属性既使得正义原则成为处理社会关系的首要原则，亦即社会制度的首要德性，它又是正义原则得以产生，以及公民获得正义品质的人性论根据。无论是坚持制度优先的罗尔斯，还是突出个人美德优先的亚里士多德，他们都认为，公民正义品质的获得与人的社会属性密切相关，是人社会实践的产物。

罗尔斯《正义论》的显著贡献在于他通过原初状态的假设推论出正义的两个原则，亦即指导社会制度与个人的两个正义原则。他认为制度正义优先于个人正义，正义的两个原则首先应用于社会制度各方面的安排，以实现社会制度的正义。在此基础上，他又将两个正义原则应用于个人，作为个人获得正义品质的指导原则。问题不在他如何推理、论证出两个正义原则，以及社会制度的正义如何实现，而在于通过对人的道德心理发展过程的考察，他

---

① 黄明理:《从人性看人的道德需要》,《南京师大学报（社会科学版）》1997 年第 1 期, 第 25 页。

发现公民的正义感与正义品质是在社会实践中获得的，唯有社会实践，才使得正义感成为人的一种稳定的道德情感，亦即公民的正义品质是社会实践的产物。他认为，正义感的形成先后要经历权威道德、社团道德，直至原则道德阶段。在权威道德阶段，儿童不理解正义概念，儿童对于正义的认知和理解是附属于父母的正义观念的，儿童缺乏道德知识，没有正当的概念，不能对正义进行独立判断。到了社团道德阶段，理性人已经认知并理解正义原则，公民"遵循正义原则的动机主要还是产生于与他人的友谊和同情的纽带，以及对于更广泛的社会认可的关切。"①

如果说权威道德阶段，公民对道德标准的感知源于对父母的爱与信任，那么社团道德阶段公民对正义原则的遵循则是源于对社团的信任和依恋。但由于此刻的正义感不具稳定性，因此也不是严格意义上的正义感。直至原则道德阶段，公民意识到自己是良序社会公平正义制度的受益者，也日益产生按正义原则行为的欲望，并越发欣赏公平的正义制度本身，至此，正义感才真正形成和确立。此刻，公民遵循正义原则的动机既不是服从父母的权威，也不是屈从社团关系，而是源于个人对道德原则的坚守。依据罗尔斯的逻辑，正是由于公民坚守道德原则，正义感才真正形成，亦即正义感关涉人们遵循的正义原则。因此，在罗尔斯心目中，正义感是在社会交往中获得的，尽管他将正义感的获得视作原则道德阶段的产物，但他却认为社团道德，由于公民理性的完善与成熟，公民已获得一种不稳定的正义感。显然，正义感作为正义品质的前提，公民唯有先获得正义感，而后才可能获得正义品质。既然正义感是在社会交往中获得的，那么毫无疑问，正义品质亦是人的社会实践的产物。

此外，亚里士多德早在两千多年前就已向世人昭告，正义品质作为一种德性，它不是自然产生的，而是通过后天的社会实践获得的。他认为，正义

---

① ［美］约翰·罗尔斯:《正义论》，何怀宏，等译，北京：中国社会科学出版社，2009 年版，第 374 页。

品质既是一种道德德性，又兼具理智德性的性质，因此，个人正义品质的养成既有赖于正义知识的教导，又有赖于社会实践活动中习惯的养成，主要是人的理性的社会实践活动。它将正义品质视作一种"天生之，人成之"的东西，尽管人生而不具有正义品质，即正义品质不是人自然获得的，但自然却赋予每个人获得正义德性的能力，正义品质必须经由人借助理性积极的实践活动才能获得。他认为，"德性因何种原因和手段而养成，也因何种原因和手段而毁丧。"[1] 如同在一个社会中，有的人由于接受了正确的知识教育与实践而成为正义之人，而有些人由于缺乏应有的爱与教育实践活动而成为不义之人。个人正义品质的养成都有赖于其理性实践活动的状况，因此，他说："一个人的实现活动怎样，他的品质也就怎样。"[2] 而理性是人与生俱来的一种能力，"它能够使个人在自我之外构设自己，并意识到合作及联合努力的必要。"[3] 可见，正义的产生与具有利益冲突的人们之间的合作有关，而人的社会属性使得正义品质变成现实。

从罗尔斯与亚里士多德关于正义品质如何获得的描述中，我们发现他们都将正义品质视作一种依赖于人的理性发展能力，并在人的社会实践活动中获得的德性。综前所述，人的自然属性是公民正义品质产生的人性根源，人的社会属性是公民获得正义品质并实践的基础。那么，人的精神属性与正义品质又具有何种关系，这是接下来要探讨的问题。

三、人的精神属性：公民正义品质对人性的超越

人吃饭是为了活着，但人活着却不仅仅是为了吃饭。与此类似，人追

---

① ［古希腊］亚里士多德:《尼各马可伦理学》，廖申白译，商务印书馆 2003 年版，第 36 页。

② ［古希腊］亚里士多德:《尼各马可伦理学》，廖申白译，商务印书馆 2003 年版，第 37 页。

③ ［美］E. 博登海默:《法理学:法律哲学与法律方法》，邓正来译，北京:中国政法大学出版社，2004 年版，第 7 页。

求正义是为了满足人的自然需要以生存，亦是为了满足社会需要以好好地生活，但自然需要与社会需要绝不仅仅是人们追求正义的终极目的，人们追求并实践正义的终极目的在于正义是根植于人内心的一种至高的精神追求，是人性的至高价值，是为了实现对人性的超越。

（一）人性是三种基本属性的矛盾统一体

人性作为反映人的基本属性的总体性复合概念，是自然属性、社会属性与精神属性的矛盾统一体。

人的自然属性与人的自然需要的满足有关，它关涉的是现实中人的生存问题；而人的社会属性是人在自然需要满足基础上更高一级的需要：社会需要，他更关注现实的人的生活问题；而精神属性却是人在自然需要与社会需要都满足基础上，将实现人性的超越作为至高精神追求的一种精神需要，具有现实超越性特征。可见，自然属性与社会属性都立足于人的现实需要，而精神属性却试图达致对现实的超越，因此，精神属性是一种人超越动物而成为人之为人的特征所在。

人的自然属性是人存在的基础，亦是人的社会属性与精神属性产生与存在的依托和前提。人的自然属性与人类起源于自然界的事实有关，具体表现为人生而固有的生存与安全的需要，这些基本的自然需要的满足是人的社会需要与精神需要得以产生的前提和基础。人类起源于动物的事实表明，人的自然属性既有源自动物的自然本性：饮食、安全等自然需求；亦有不同于动物的自然属性，因为人的自然生理结构与动物存在显著差别，并且正是人的生理结构功能的差异推动着人的社会属性与精神属性的获得。比如说，人自然地会制造并使用劳动工具，人会通过语言进行交流与合作，也就是说人的社会属性是奠基于人的自然本能基础上产生与出现的，并弥补着自然本能的不足。不仅如此，人的精神属性也奠基于人的自然属性上。"人是有意识的存在物。"① 意识是人脑的机能，人的精神活动要依赖于人的自然感官获得感觉和知觉。但人的意识的产生离不开人的劳动，是人社会实践的产物。因此，马克思强调说："意识一开始就是社会的产物，而且只要人们存在着，它就仍然是这种产物。"② 亦即，人的精神属性的获得既有赖于人的自然属性，又离不开人的社会属性。总之，自然属性、社会属性与精神属性彼此相互补充，相互协调以促进人性的自我完善，三者对立统一于人性之中。

（二）人性旨归：超越兽性，达至灵性

斯芬克斯是坐落于埃及金字塔旁边的一头高达 22 米的狮身人面像。依据古希腊神话，斯芬克斯会向每一个经过的路人问同一个问题："有一个东西能发出声音，早晨用四条腿走路，中午用两条腿走路，晚上用三条腿走路。这是什么？"③ 凡被问及此问题，而没有回答出来的人都要被斯芬克斯吃掉。这就是著名的斯芬克斯之谜。斯芬克斯之谜最终被古希腊英雄俄狄浦斯猜中了，谜底即是人，而斯芬克斯由此变成了一座永远守在路边的石像。对斯芬克斯之谜破解的解释有很多，有学者从对人性的自我认知的角度进行解释，他们将斯芬克斯视作人之外的一种异己的力量，人如果不能认识自我，那么将受到异己力量的惩处；而如果人能认识自我，那么他就获得了生存与发展的机会。④ 但如果换个角度，我们会发现埃及的这座狮身人面像向人类昭示着人性中的兽性因素，人性中既有兽性因素，亦有神性因素，人性介于神性与兽性之间，如何实现人性对兽性的超越？

---

① 李友谊：《人的属性结构和人性的样态结构——人性结构的二维透视》，《长沙大学学报》2006 年第 1 期，第 69 页。

② 《马克思恩格斯文集》第 1 卷，北京：人民出版社，2009 年版，第 533 页。

③ 章海山、罗蔚、魏长领：《斯芬克斯现代之谜的破解：马克思主义人的哲学研究》，广州：中山大学出版社，2009 年版，第 1 页。

④ 章海山、罗蔚、魏长领：《斯芬克斯现代之谜的破解：马克思主义人的哲学研究》，广州：中山大学出版社，2009 年版，第 1 页。

尽管人的自然属性中蕴含着兽性因素，但人之为人的特殊性在于人具有精神属性，这为人性远离兽性，接近神性提供了可能。人的自然属性与人由动物进化而来的事实有关。自然属性赋予人以物质存在形式，人唯有先满足自然需要，而后才会追求社会需要及更高层次的精神需要。所以，中国古谚语说："仓廪实而知礼节，衣食足而知荣辱。"亦即，人的自然需要的满足是道德存在与产生的前提和基础。并且，在孔孟先贤看来，人的自然需要满足后，如果不进行教育，那么还不足以实现人性对兽性的超越。因此，孟子说："人之有道也，饱食、暖衣、逸居而无教，则近于禽兽。圣人有忧之，使契为司徒，教以人伦。"（《孟子·滕文公上》）可见，试图超越人性中的兽性因素，既要以满足自然需要为前提，同时也要接受道德教育。道德作为人的精神追求，它赋予人以超越兽性，接近神性的意义。诚如马克思所强调的那样："真理的彼岸世界消逝以后，历史的任务就是确立此岸世界的真理。"①

（三）正义是人性的至高追求

既然道德根植于人的精神属性，是人超越兽性，以接近神性的价值追求，那么，何种道德才是人性的至高精神追求？对此问题的回答，关涉到对道德本质属性的理解。"道德，就其本质属性而言，是人类的实践精神。"②这种实践精神由人类的理性能力决定，尽管是一种精神，但却具有强烈的实践性。道德作为一种精神，通过指导人们的行为以养成正确的行为习惯。亦即，道德属于精神意识的范畴，但通过人类的主体实践活动而变成现实的存在，因此是一种实践精神。而道德具有的实践精神属性决定了它对于人类的特殊价值和意义。

就宏观社会而言，道德是促进并维持良序社会正常运行的重要手段。先秦时期的荀子认为，礼作为传统中国社会政治统治的手段，它源于为了避免

---

① 《马克思恩格斯文集》第1卷，北京：人民出版社，2009年版，第4页。

② 彭柏林：《道德需要论》，上海：上海三联书店，2007年版，第19页。

人性私欲膨胀而引起的群居之道。人的自然属性使人倾向于逐利，其实质是使人"分"；而人的社会属性则要求人群居，互利共生，其实质是让人"合"，处理好"合"与"分"之间关系，重要在于秉持正义，使不同等级身份的人各得其所，各守其分。因此，他说："故人生不能无群，群而无分则争，争则乱，乱则离，离则弱，弱则不能胜物，故宫室不可得而居也，不可少顷舍礼义之谓也。"(《荀子·强国》)无独有偶，罗尔斯也正是意识到正义对于社会良序发展的重要意义，而推论出指导社会制度正义的两个原则，以推动社会的稳定发展。可见，道德，尤其是正义对于促进良序社会发展至关重要。

同时，从个体角度而言，道德更是促进个人自我完善的精神力量。社会属性使得人与动物相区别，但精神属性，尤其是人的自我完善与发展的追求是人之为人的本质所在。尽管所有德性都旨在实现人性的自我完善与发展，但它们都存在着一定的局限性。比如说智慧，它仅关注人的理智德性的完善；仁爱，它仅关注人的道德德性的完善；或者节制，它仅关注人的欲望的约束，等。而正义不同，它既是一种底线道德，更是一种超越性道德，它不仅关涉自我，更关涉他人。之所以说正义是一种底线道德，源自柏拉图关于正义的经典定义："各司其职、各守其分"，亦即就个体角度而言，每个人做好自己分内之事，而不干涉他人的正当利益即为正义。但它又是一种超越性道德，因为正义还关涉他人，很多时候，正义的实现却是以牺牲个体的生命为代价的。并且，从正义品质的含义来看，它指的是不偏不倚，不过亦不及，这其实已蕴含着孔子所谓的中庸观念，无怪乎孔子将中庸推崇为至高的德性。他说："中庸之为德也，其至矣乎！"(《论语·雍也篇》)此外，从人性三维度来看，一方面，正义品质根源于人形体存在，根源于人的自然需要，但另一方面，正义品质作为一种伦理德性，它旨在超越兽性，接近灵性，是人精神的至高追求。亦即，在社会实践中获得的正义品质是为了满足人的社会需要与自尊需要，关涉的是人的生活；而将正义视作一种精神追求却是源于人的自我实现的需要，关涉的是人的自我超越。

第三节 公民正义品质的基本特征

在对公民正义品质的两个核心议题"是什么"与"为什么"进行系统探讨之后，接下来要研究的是公民正义品质的基本特征问题，即正义作为一种特殊的道德品质，其特殊性是怎样的？正义品质究竟是一种底线品质，抑或是超越性品质，还是二者的统一？这是本部分讨论的核心。

一、公民正义品质的边界

不同个人或群体的善观念的冲突，其实质在于"以不同善观念为意识形态框架的利益之争，亦即追求自我利益的不同方式之间的冲突。"①纯粹利己主义坚持个人主义的道德观，强调个人利益优先于集体利益，视正义为现代社会的道德底线。纯粹的利他主义——仁爱，却秉持集体主义的价值观，认为发生利益冲突时，应自利并利他。慈继伟从正义秉性具有的有条件与无条件双重特征出发，通过对正义与纯粹利己主义、纯粹利他主义的界分，指出正义品质是一种介于纯粹利他主义和纯粹利己主义之间的道德品质。当然，这种将正义品质视作利己主义与利他主义之间的道德的分析主要是针对正义行为的动机而言的，在实践层面上，正义品质的特殊性就表现在它有可能实现对道德动机的超越，即正义品质的实践可能使其成为一种超越性道德存在着。

（一）正义品质的动机高于纯粹利己主义

尽管正义品质的实践是有条件的，但它不同于纯粹利己主义。在慈继伟看来，正义的有条件性指的是正义作为一种利益交换的规则，规定人们之间以"等利害交换"的方式获得各自的利益。正义品质的形成与实践都是有条件的，在社会公共活动中形成的正义感是公民形成正义品质的前提和基础，并且，个人之所以秉持正义原则并践行正义品质在于其他人也如此做。即使

① 慈继伟：《正义的两面》，北京：生活·读书·新知三联书店，2001年版，第56页。

正义品质的形成与实践都是有条件的，但这并不意味着正义品质等同于纯粹利己主义。因为，对于纯粹利己主义者而言，守法是他们追求个人利益的前提，哪怕对利益的追求有悖于社会正义规范，但只要能免于法律惩罚，他们就会如此行事。由此，正义品质与纯粹利己主义的区别就在于二者与法律之间关系的界分。对于正义者而言，法律只是一种辅助手段，法律促进并保障人们遵循正义规范，正义对法律的依赖仅限于法律对社会稳定良序发展的保障作用；而对于纯粹利己主义者而言，法律是一种强制与胁迫手段，只要有利可图他们就会钻法律的空子，而不管行为是否正义。简言之，对于正义者而言，法律的作用在于对人的正当权利的保障与维护，法律的强制性仅在于它对人们底线道德行为的约束；而对于纯粹利己主义者而言，法律是对人不当逐利行为的强制与胁迫，只要行为不违背法律，就是正义的。因此，正义品质对法律的依赖使得正义品质成为一种高于纯粹利己主义的道德品质。

（二）正义品质在动机上低于仁爱

正义的动机是有条件的，即慈继伟所说的"等利害交互性"，但正义的行为却是无条件的。尽管正义品质具有无条件的一面，但它又不同于纯粹利他主义——仁爱。在慈继伟看来，正义的无条件指的是，正义作为人的一种特殊的道德品质，作为一种道德命令，它要求人们无条件地践行正义原则。显然，纯粹利他主义——仁爱也是一种无条件的利他德性。而纯粹的利他主义——仁爱却与正义品质有着显著不同，仁爱者自愿利他是出自一种无条件的自愿，不在乎其他人是否也利他。而正义品质的践行却要求，一个人自愿地遵守正义规范并利他的前提是其他社会成员也这样做。因此，"仁爱者热衷于帮助他人，正义者则侧重于不损人利己。"[1] 二者的区别在于，仁爱是无条件的、自愿的行为；而个人践行正义的前提是社会回报，是有条件的。

就行为动机而言，二者也有质的区别："正义以相互性为条件，仁爱则不

---

[1] 慈继伟：《正义的两面》，北京：生活·读书·新知三联书店，2001年版，第19页。

需要这一条件。"① 由此可见，正义者的利他行为是以相互性为前提条件的，而仁爱者的利他行为却完全出于无条件的自愿；而利己主义者则是竭力逃避个人在相互性关系中的责任。因此，诚如慈继伟认可的那样，"正义以相互性为动机，所以必然导致愤恨的反应性态度。仁爱在动机上高于相互性，所以能超越愤恨的反应性态度。利己主义在动机上低于相互性，所以不会导致愤恨的反应性态度。"②

从另一方面看，仁爱却是蕴含于正义品质之中的，如果一个社会遍布仁爱，那么正义也就如英雄而无立足之地了；但如果一个社会在力倡正义，那么，足以表明这个社会还不够仁爱。因此，正义品质是一种介于纯粹利己主义与纯粹利他主义之间的道德品质。

（三）正义品质的践行可能是超道德的

我们对一种现象进行道德评价时，不仅要考虑其行为的动机，更要考虑其行为本身。尽管正义品质在动机上低于仁爱，但在行为实践上，它却可能高于仁爱，体现为人对自身道德的超越。

既然正义品质是一种高于纯粹利己主义却又低于纯粹利他主义的道德品质。因此，在实际经验领域，正义既可以倾向于利他主义，也可以倾向于利己主义。慈继伟指出，正义究竟偏向哪一端取决于社会化的具体结构，而这又是由特定的文化和历史条件决定的。通常，成功的社会化环境下，正义秉性更倾向无条件的德行，人们甚至会产生一种主观上对正义无条件秉性的认同，以至于有可能实现对正义品质的道德超越。但如果在社会化失败的环境中，正义秉性更倾向于有条件的德行，人们对正义的理解与认同建立在对自我利益保护的基础上，正义成为人们行为选择与道德评价的底线原则，正义品质也以一种底线道德的形式存在着。相较于超越性道德而言，正义品质通

① 慈继伟:《正义的两面》，北京：生活·读书·新知三联书店,2001年版，第19页。

② 慈继伟:《正义的两面》，北京：生活·读书·新知三联书店,2001年版，第20页。

常是作为一种底线道德在现实中存在的，它的实现需要借助于国家法律的制度化形式，要求人们无条件（义务）地践行正义原则，以达到社会道德秩序与利益交换的稳定。但作为一种底线道德，它却具有超越性的一面，万俊人指出："最起码的底线伦理规范既是一种最为普遍的社会道义要求，也就同样有着强大的道义力量。最平常的也是最难做到的。"①综上所述，正义品质既是一种底线道德，又是一种超越性道德。

综上所述，正义品质作为一种合作德性，要求个人在处理他人与他人、他人与自我关系时能不偏不倚。一方面，与其他崇高的道德品质，例如仁爱相比，正义品质是人应具有的一种于人而言底线的德性；但另一方面，由于正义品质既关涉他人又关涉自我，当关涉自我时，个人践行正义品质又是极为艰难的抉择，因此，它又是不同于一般道德品质的一种超越性品质。

二、公民正义品质的本质特征

公民正义品质作为一种德性，在本质上是他律而非自律的，这不仅是因为正义品质的秉性是有条件的，而且其实践也是有条件的。

（一）正义的秉性是有条件的正义动机与无条件的正义行为的统一

关于正义的条件，休谟从人的"外在环境"与"自然脾性"两方面探讨；罗尔斯则将其区分为主观条件和客观条件；慈继伟在罗尔斯关于正义主客观条件区分的基础上，将其界分为正义动机的有条件性与正义行为的无条件性。在慈继伟看来，正义的主观条件指"人的某些动机和意向，因为哲学动机和意向的存在，正义不仅是必要的，而且是可能的。"②他认为，正是因为人有自爱的动机和倾向，因此，正义无论是作为个人的美德还是作为社会实践都有

---

① 万俊人：《正义为何如此脆弱——悠斋静思下的哲学回眸》，北京：经济科学出版社，2012年版，第11页。

② 慈继伟：《正义的两面》，北京：生活·读书·新知三联书店，2001年版，第48页。

其局限性，只要这些主观条件存在，"正义就无法超越其局限性。"而正义的客观条件指"人类生活的某些普遍性特征，因为这些特征的存在，人们必须诉诸正义制度才能满足他们各自的需求。"①总的来说，不正义现象是由客观条件造成的，"而解决这些问题的动机资源则有赖于正义的主观条件。"②

在慈继伟看来，"有条件性与无条件性同为正义的基本属性"③，缺少其一都不能称之为正义。一方面，正义是有条件的，它规定人们之间以"等利害交换"的方式获得各自的利益。另一方面，正义的无条件指，正义于人而言具有道德命令的性质，它要求人们无条件地践行正义。深受慈继伟关于正义秉性特征的影响，万俊人将正义界定为"相互性基础上的利益交换"，正义的实质是权利与义务的对等交换，个人实践正义品质具有"假言命令"的性质，即个人践行正义品质的前提是他人也如此。但与此同时，万俊人也认为正义作为一种普遍的社会道德规范具有"绝对命令"的性质，要求所有人都必须遵守而没有例外。据此，他认为，制度正义反映的是个体公民与国家间的关系正义，其实质是国家或社会对权利和义务的公平分配。由于现代社会已不是启蒙思想家所谓的自然状态，而是建立在社会契约基础上的民主、法治社会，因此，制度正义的实现形式已发生了变化。一方面，公民要无条件地服从并遵守社会正义规范；另一方面，由于正义具有相互性，因此，国家有义务保障并维护公民的正当权利和利益。总之，他认为正义体现的是一种公平的价值交换关系，相互性是正义的首要特征。总之，关于正义秉性上是有条件性和无条件性的统一，两位学者的看法是一致的。

（二）正义品质的本质是他律而非自律

在慈继伟看来，条件性关涉两方面内容：一是康德所谓的"道德准则能

---

①　慈继伟：《正义的两面》，北京：生活・读书・新知三联书店，2001 年版，第 48—49 页。

②　慈继伟：《正义的两面》，北京：生活・读书・新知三联书店，2001 年版，第 48 页。

③　慈继伟：《正义的两面》，北京：生活・读书・新知三联书店，2001 年版，第 2 页。

否成为普遍意志的对象的问题，或者说道德准则的合理性问题。"① 亦即正义品质能否成为一种合理的普遍适用的道德准则？或者说正义命令能否成为一种"绝对命令"？二是指道德准则与个人实践的统一，亦即正义品质的实践条件。就第一个方面而言，显然，正义品质不是普遍适用的道德准则，不具有"绝对命令"性质。正义品质仅是具有公民资格的理性人的一种道德义务，对于儿童或理性不健全的人而言，正义品质没有任何意义。另一方面，正义品质的养成与实践都是他律而非个人自律的结果。从个体道德发展的一般过程而言，公民正义品质的养成是有条件的，是他律而非自律的结果。正义感是个人养成正义品质的前提，缺乏正义感的人无论如何都不具有正义品质。尽管人天生具有正义感的潜质，但就道德心理发展的一般过程来说，正义感是理性人在社会交往与合作中逐渐获得的一种较为稳定的道德情感，它有赖于人的理性的发展程度以及人的社会化程度。因此，就正义品质养成的一般过程而言，正义品质的养成是有条件的，不是人自然形成的，因此，不是人自律的结果。此外，正义品质的实践具有相互性特征，其实践是一种他律的活动。相互性指的是，"一个人是否遵守社会准则取决于社会其他成员是否遵守该准则。"② 既然正义品质不具有"绝对命令"的性质，并且，正义品质的养成有赖于个人正义感的获得，那么，正义品质的实践就是有条件的，它具有相互性特征。慈继伟认为，愤恨、义愤、负罪感作为三种反应性态度是正义的秉性特征，也是正义感的主要表现形式。他通过对正义感的三种表现形式的分析揭示正义品质具有的相互性或条件性特征。慈继伟认为，愤恨、义愤、负罪感这三种反应性态度在人心理上占据着不同的位置。依据经验，人们"最初产生的要求是为自己而对别人提出的要求"③，与此相应地，人们首先体会到的是愤恨。在此基础上，负罪感和义愤才会产生。义愤产

---

① 慈继伟:《正义的两面》,北京:生活·读书·新知三联书店,2001年版,第23页。

② 慈继伟:《正义的两面》,北京:生活·读书·新知三联书店,2001年版,第23页。

③ 慈继伟:《正义的两面》,北京:生活·读书·新知三联书店,2001年版,第14页。

生的心理基础在于，"我们只有先感受自己的遭遇，然后才能体会他人的不幸。"① 渐渐地，人们才会产生"为他人而对自己提出要求，并且为他人而对他人提出要求。"② 易而言之，愤恨产生于人天生的自我偏爱，而"义愤和负罪感是长期道德教化的结果。"③ 他认为，与义愤和负罪感相比，愤恨更能体现正义的相互性特征。在他看来，"我们对非个人性规范的承诺也是我们与他人就该规范达成的相互性承诺。在此意义上，社会全体成员共同遵守规范是每一个人遵守规范的先决条件。……人与规范的关系也是人与人之间的相互性关系。"④ 个人产生愤恨的原因有两个：一是他人的行为违背了公认的道德规范，并侵犯了我；二是长期以来，我并没有违反过。因此，愤恨产生的原因，既包括个人性因素——自我利益受侵犯，又包括社会性因素——非个人性规范遭破坏。违背道德规范会使人产生负罪感，但负罪感产生的条件还包括"我所伤害的人长期以来并未伤害过我。"⑤ 由此可见，"相互性动机是愤恨情感的先决条件；反过来，愤恨情感是相互性动机的逻辑产物。……他人普遍遵守正义规范是每一个人遵守正义规范的前提。"⑥ 相互性既是正义感的特征，又是正义品质的特征，从正义品质的相互性特征，我们可以看出，正义感和正义品质都是他律而非自律的道德情感与道德品质。

因此，尽管正义秉性上是有条件性与无条件性的统一，但对于正义品质而言，正义品质不具有"绝对命令"的性质，其本质是他律而非自律。

三、公民正义品质的实践意义

慈继伟认为，正是由于正义品质的相互性特质，使得正义品质在实践时

---

① 慈继伟：《正义的两面》，北京：生活·读书·新知三联书店，2001年版，第14页。
② 慈继伟：《正义的两面》，北京：生活·读书·新知三联书店，2001年版，第14页。
③ 慈继伟：《正义的两面》，北京：生活·读书·新知三联书店，2001年版，第14页。
④ 慈继伟：《正义的两面》，北京：生活·读书·新知三联书店，2001年版，第16页。
⑤ 慈继伟：《正义的两面》，北京：生活·读书·新知三联书店，2001年版，第16页。
⑥ 慈继伟：《正义的两面》，北京：生活·读书·新知三联书店，2001年版，第18页。

表现得极为脆弱。万俊人认为，正义品质脆弱性表现在个体主观动机资源是有条件的，它既依赖于社会客观环境条件，又依赖于个体对社会正义规范的"认知、体认、心理感受、经验和自觉意识的程度等内在主体因素"①。

既然正义品质的实践有赖于主观动机条件，那么如何达致对正义品质条件性的超越，将主观正义动机的有条件性转化为公民行为的无条件性呢，亦即如何克服正义品质的脆弱性？慈继伟认为，正义秉性的社会化即正义品质的实践可以实现有条件的正义动机向无条件的正义行为转化。正义的无条件仅关涉行为，因为人们的正义动机仍是有条件的。正义秉性的社会化仅能改变正义条件的形式，而无法消除正义的有条件性。正义秉性的社会化过程有两种表现：一是社会借助于法律保障并维持人们的等利害交换关系的正当性，亦即正义对法律的依赖。二是考虑到法律手段的局限性，社会还往往通过道德教育改变人们的正义认知，使得正义规范成为一种"绝对命令"支配人的动机与行为，从而实现了正义的"无条件行为"向"无条件动机"的转变。

万俊人认为，为了保证正义规范的无条件和权威性，社会必须及时有效地惩罚非正义行为，在此基础上，公民才会坚定正义的信念，以抵消正义的脆弱性。万俊人同时指出，即使社会中存在不正义现象，却还是有一些人会"出淤泥而不染"，秉持并践行正义品质。在现代民主社会，社会代替个人直接惩罚不正义行为，社会制裁与威慑非正义。制度正义有其自身的缺陷，比如说，制度惩罚的滞后性，由此，影响人们的正义动机与行为。为了减轻制度缺漏性造成的不良影响，社会正义的实现必须"寄希望于公民个体的正义理性（智）、正义意识或道德良知，甚至宽容。"②

---

① 万俊人：《正义为何如此脆弱——悠斋静思下的哲学回眸》，北京：经济科学出版社，2012年版，第5页。

② 万俊人：《正义为何如此脆弱——悠斋静思下的哲学回眸》，北京：经济科学出版社，2012年版，第9页。

第三章　公民正义品质培养的内在机制

　　公民正义品质属于个体道德的范畴，指的是公民依据正义原则行动时所形成和表现出来的具有稳定性的特征与倾向的总和。个体道德的发生与发展与个体自身的发展息息相关，同时它又反映着社会道德的内容，是不同社会历史文化在个体身上的积淀与结晶。公民正义品质培养的内在机制与个体道德发展的规律具有相通性，探讨其内在培养机制，其实质是揭示个体正义品质形成的心理结构、过程及其变化的一般规律。公民正义品质的内在培养机制研究是从个体道德发展的一般过程：儿童、青少年和成人三阶段的划分，分别探讨不同阶段个体正义品质生成的四要素"知—情—意—行"等方面的发展原理与特点。

　　关于个体正义品质内在机制养成的研究，学界主要集中于序列说和类型说。序列说强调个体正义品质的养成是分阶段有序进行的，不同年龄段的人对正义概念的理解与践行都会存在差异。而类型说则侧重于从道德品质的一般构成要素角度分析个体道德品质是如何养成的，他们强调那些不受个体年龄制约的极性变量。道德类型说认为，道德认知、道德情感与道德意志是个体道德品质养成的重要心理构成要素，也是道德行为产生的心理动机。道德品质的这四种要素是品德教育应该"晓之以理，动之以情，导之以行，持之以恒"的理论根据。这四种成分是相互渗透，互相影响的。序列说的缺陷在于它忽略了决定序列发展的独特类型，而类型说的不足在于它仅从人的道德品质的横向构成探讨个体道德品质的养成，而缺乏对个体道德养成纵向发展的考察。本书在借鉴并融合序列说与类型说基础上，试图从发展的类型角度探讨公民正义品质养成的内在规律，旨在强调个体正义品质发展的阶段，突出该阶段的独特类型，即个体正义品质的养成既是一个过程又是一个结果。

公民正义品质的养成是从个体对正义的认知开始，个体对于正义的不同理解直接决定了个体正义品质发展的不同阶段。具体来说，公民正义品质的养成是从儿童对正义的感性认知开始的，随着个体理性的成熟与完善以及社会经验的丰富，个体对正义的认知与理解日益全面。对正义的全面认知是公民正义感得以产生的心理前提和基础，正义感由一种道德观念转化为正义的实践，必须借由建立在个体理性成熟基础上的自由意志，当公民真正获得意志自由时，正义的实践才是一种对于个体而言稳定的行为，经由稳定的正义实践的长期积淀，正义品质才能成为根植于个体内心的一种坚固稳定的道德品质。可见，公民正义品质的养成是在个体社会化过程中，伴随个体理性的日益成熟与完善而形成的。单就个体道德发展的某一阶段而言，正义品质的内在机制主要包括对正义的认知，这是正义情感与正义意志产生的前提和基础，正义的情感和个体自发产生的意志是对正义认知的进一步深化，而正义的行为与实践则是实现将前三者转化正义品质的关键。如果正义的认知、情感与意志构成了正义行为的心理动机，那么实践则是将正义动机转化为正义品质的关键，正义的实践在正义品质内在养成机制中居于核心地位。

需要指出的是，本书关于公民正义品质内在生成机制的探讨主要是在吸收借鉴皮亚杰与罗尔斯的道德发展理论基础上提出的一种不同于前者的更加全面的正义品质养成理论。但与他们的研究不同，笔者试图论证从个体道德发展的一般规律来看，公民正义品质的养成先后要经历三个密切相关的阶段：以坚信内在的公正为主的对正义的感性认知阶段，即自然正义阶段；以平等为核心的社团协作阶段，即社会正义阶段；以及以公道为原则的精神正义阶段。之所以分阶段阐释公民正义品质发展的不同阶段，既有实用价值的考虑，也是为了方便。并且，科尔伯格通过研究发现，个体的道德发展阶段在各文化中都是普遍存在的，换言之，即使各社会历史文化传统不一样，但道德发展的这些阶段特征却是共性。并且，道德品质的养成是一个由低到高逐步发展的过程，新的阶段是在前一阶段基础上产生的，道德发展阶段是递进发展的，而不能后退或逾越。需要补充的是，公民正义品质的养成过程中根据年龄段所区分的三个道德阶段划分不是一种严格的划分，现实中，理性的发展程度以及生理、心理状况，甚至社会环境因素都会对个体正义品质的获得产生影响，因此，有些人即使在年龄上达到了某一阶段，未必真正会具有该阶段的特征都实属正常现象。因此，本书是立足于普遍的道德发展过程而言，特殊情况的质疑不在笔者考虑范围内。

第一节　儿童期正义品质的发生机制

个体道德认识的发展先后要经历四个阶段：道德无意识阶段—道德他律意识阶段—道德自律意识阶段—道德自由意识阶段。与道德认识发展的四阶段相适应，公民正义品质的发展先后经历了从儿童期的道德无意识向道德他律的过渡，青少年期的道德他律向道德自律的转变，以及成年后的道德自律向道德自由的飞跃阶段。

"人们总是根据自己的认识水平，依据自我的认识能力，凭借自身的价值认同而对客观事物产生某种情感，进而形成稳定的行为习惯。"[①] 正义既是现代民主政治社会制度的首要德性，更是公民的首要价值，正义的重要性决定了其实现形式必须由外部约束向内部自觉过渡，即正义必须内化为公民个体的道德品质。实现公民正义品质的内化，首先要借助人生理与理性的成熟实现辩证认知正义，在此基础上还要把正义变成了人的一种情感需求，即

---

① 《伦理学》编写组编：《伦理学》，北京：高等教育出版社：人民出版社，2012年版，第230页。

产生正义感，进而在社会实践中，经由自由意志的选择与过滤，实现正义感向正义行为的转变，这就是公民正义品质养成的一般过程。

一、儿童的正义认知

辩证唯物主义认识论主张，个体道德认知的发展先后要经历三个阶段，处于由道德无意识向道德他律过渡阶段的儿童，他通常凭借对事物的直观感受认知事物，这是道德认知的第一步，即感性认知阶段；随着年龄的增长以及理性的发展，处于由他律向自律转变的青少年会借助理性认知事物的概念，并理性地对道德现象进行推理与判断，这是理性认知阶段；道德认知发展的最高阶段是辩证认知阶段，处于此阶段的成人，不仅能理性地看待道德现象本身，而且能对材料进行深入加工整理，甚至改造以形成对概念的全面认知。就儿童而言，其对正义的认知处于感性认知阶段，他们并不能真正理解正义概念，也分不清正义与义务、服从之间的关系，他们是迫于外界压力，主要是社会和家庭的惩罚机制进行道德判断并获得有关正义的知识，这种知识通常以感性的符号形式存在于儿童大脑中，因此，该阶段儿童对正义的认知处于一种感性认知阶段，正义的知识是以一种直观的、形象的内容存在于儿童大脑中而没有被理解与内化。

（一）儿童正义判断的根据：自然需要

无论是皮亚杰还是科尔伯格都把儿童的道德判断视作评判儿童道德认知发展阶段的重要标志，在他们看来，"道德发展的机制就是道德判断的认知结构的变化发展过程。"[①] 两位心理学家之所以如此重视道德判断，是因为道德判断是道德认知的前提和基础，通常，从个体的道德判断就能推测出个体道德认知发展的阶段与水平，而道德判断又受个体需要的支配。马斯洛的

---

① 佘双好主编：《毕生发展心理学（第二版）》，武汉：武汉大学出版社，2005年版，第299页。

需要层次理论认为，人的需要的满足是一个由低级向高级不断发展的过程，不同年龄段与处境不同的人最紧缺的需要是不同的。一般来说，儿童最紧迫的需要是自然性需要的满足，比如说生存与安全需要的满足。在该阶段，儿童关于正义的所有判断基本上都以行为结果对于个体自然性需要的满足为标准。该阶段，儿童自然需要以两种形式呈现出来：在儿童道德发展的早期，儿童会为了避免权威人的惩罚而选择服从权威命令；在后期，儿童之所以遵从规则，是为了获得报偿与奖励。换言之，处于道德感性认知阶段的儿童对于正义的认知最早与服从由父母等权威人产生的强制性命令密切相关，儿童已能认识规则，但遵守规则的动机却是免于挨打。在此阶段，规则是外在的而非内化的，儿童遵从规则源于趋利避害（避免惩罚，获得报偿）的自然需要。细究起来，儿童对于正义的感性认知最初是从身边至亲，主要是父母那里感受到的，因为在儿童能参与同伴的学习与交流之前，父母是最早对儿童道德判断产生影响的人。"从他的婴儿时期起，他就要遵守许多规矩，甚至在他会说话以前他就意识到有一定的义务。"①当儿童还处于襁褓之中时，父母就会以强制服从的方式影响着儿童，儿童会根据父母和长辈的喜怒偏好呈现出微笑或沮丧的表情，儿童对于成人的模仿与适应都是为了自然性需要的满足。可见，父母对于儿童强制性命令的灌输从婴儿期便开始了，并且通过正反两种方式对儿童的道德判断与认知产生影响。就正面方式而言，父母会以强制命令的方式要求儿童遵守某些规则，儿童一旦按照父母的要求做了，就自然会得到父母的奖赏与鼓励；另一方面，父母也会以恐吓式胁迫的命令禁止儿童的某些行为，父母会欺骗孩子说：如果不听话，你会受到上帝的严厉惩罚等。这样，儿童理解的正义就包含两方面内容：一是绝对服从父母的命令即是正义，并会自然地得到奖赏；二是儿童认为一旦违背父母的命令，自然地会受到父母或自然神的责备甚或惩罚，这就是儿童最初的关于正义的

---

① ［瑞士］让·皮亚杰：《儿童的道德判断》，傅统先，陆有铨译，济南：山东教育出版社，1984 年版，第 2 页。

认知。儿童基于自然需要满足形成的关于正义的两方面理解即是儿童关于正义的基本观念，即自然正义观念。

（二）儿童理解的正义：自然正义

自然正义是公民正义品质发展的第一个阶段，它在本来形态上就是儿童的道德，儿童由于缺乏对正义的认知和理解，也不能将正义与规则的权威相区别，因此不能挑战父母的合法权威。该阶段，"决定个体的权威、权力或道德价值的个体特征，往往是身体特征或绝对特征。例如，父亲说了算，因为他更大。"[1] 为了自然性需要的满足，他们在受制于父母等权威人的压力下，以一种近乎神圣的方式绝对地服从父母等权威人的命令，并且，儿童认为由成人制定的规则是永恒的，神圣不可侵犯的，他们以一种近乎崇拜的方式服从权威人的命令及规则。在他们看来，惟其如此，才是正义的。因此，儿童所理解的正义就是绝对地服从并遵守父母的命令及道德准则，并自觉地接受由于错误而招致的自然或人为的惩罚。在这里，与正义行为的实践相对应，自然正义有两层含义：第一，就绝对地服从规则而言，它指的是单方面地服从建立在生物性需要满足基础上的运动性规则，比如说出于趋乐避苦的自然需要，儿童会绝对地服从成人的命令。在儿童看来，服从权威人的命令是自然正义的，因为对于儿童来说，服从命令就会得到奖赏；而违背命令必将受到惩罚与责备。由此，就引出了自然正义的第二个含义，它指的是一旦违背权威人的命令，儿童会错误地认为必将受到严厉的惩罚，在他们看来，"谁违反了社会规则就难免要受到这样那样的惩罚"[2]，这是非常自然的事情。"因为在儿童的心目中，自然并不是一种受到根据偶然性的原则运行的受物理法则所调节的盲目力量的体系。自然是一个协调的整体，它服从于一些法则，

---

① ［美］L.科尔伯格：《道德发展心理学——道德阶段的本质与确证》，郭本禹，何谨，等译，上海：华东师范大学出版社，2004年版，第602页。

② ［美］戴维·谢弗：《社会性与人格发展》，陈会昌，等译，北京：人民邮电出版社，2012年版，第360页。

这些法则像具有物理性那样具有道德性"①。在该阶段，儿童由于缺乏理性，还不能将物理世界与社会世界区分开来，因此，他们认为成人作为自然界的同谋者，自然地担当起惩戒犯错的职责。处于自然正义阶段的儿童，他们普遍"认为在已经犯下的错误和发挥惩罚作用的物理现象之间的联系是非常自然。"② 这种自然正义的实质是处于感性认知阶段的儿童相信事物存在着内在的正义，这种正义对宇宙一切起支配作用，因此儿童会以绝对服从的方式践行权威人的命令，一旦违反命令，他们又会选择一种极为严格的抵罪式惩罚予以回应，儿童纯粹是"为了惩罚而惩罚，而不管惩罚与被禁止行为之间的关系。"③ 在他们看来，惟其如此，才是正义的。因此，将该阶段定义为自然正义是就正义行为实践的两个角度而言的，它与儿童的道德认知发展阶段密切相关，"在这里，没有一个自主的个人，没有一个自觉的心灵，他们都不能根据他们内心服从的法则使他们自己产生某种行为。"④ 可见，感性认知阶段的儿童是从对绝对服从规则的角度认知自然正义的。儿童意识到规则是父母等权威人物制定的，因此是神圣不可改变的。一旦违背父母等权威人的命令或规则，他们会产生负罪感，认为唯有接受与错误结果相一致的惩罚才是正义的，这就是儿童理解的正义。

（三）惩罚的正义：抵罪式惩罚

正义的含义有两种：第一种同惩罚和奖励有关，指的是惩恶扬善；第二种含义指某种程度的平等。就惩罚的正义而言，它有两种形式：抵罪的正义

---

① ［瑞士］让·皮亚杰：《儿童的道德判断》，傅统先，陆有铨译，济南：山东教育出版社，1984 年版，第 311 页。

② ［瑞士］让·皮亚杰：《儿童的道德判断》，傅统先，陆有铨译，济南：山东教育出版社，1984 年版，第 314 页。

③ ［美］戴维·谢弗：《社会性与人格发展》，陈会昌，等译，北京：人民邮电出版社，2012 年版，第 360 页。

④ ［瑞士］让·皮亚杰：《儿童的道德判断》，傅统先，陆有铨译，济南：山东教育出版社，1984 年版，第 105 页。

和回报的正义。一般说来，年幼的儿童会认为抵罪的惩罚更公正，而年长的儿童和青少年更倾向于回报对待的惩罚。在感性认知正义阶段，为了趋乐避苦等自然需要的满足，儿童将正义理解为包括绝对服从与违犯必受惩罚两方面内容在内的自然正义。该阶段，儿童将游戏规则视作强制约束性、神圣不可侵犯的，而刻板地遵守。儿童之所以会绝对服从规则，是由于年长儿童及成人对儿童施加压力的结果，"这样，规则便等同于所谓责任。"[1] 显然，对于以满足自然需要为目的且缺乏理性的儿童而言，命令与规则都具有强制性，而非自愿的。既然服从规则不是儿童出于理性且意志自由的选择，那么，儿童违反规则与命令就不足为奇了。儿童坚信的自然正义认为，只要违背成人的规则与命令，那么必将受到来自自然或成人的惩罚，并且，他们是根据错误的结果而非动机来进行正义判断的，认为抵罪式惩罚是最正义的惩罚方式。抵罪式惩罚认为，"谁犯过谁就该受惩罚以抵罪，惩罚要严厉，最严厉的惩罚将是最公正的，也是最有效的"[2]。该阶段惩罚正义的特征是缺乏平等的观念，儿童的正义感建立在"一种高于他所接受的任何命令的自治感"的基础上。抵罪的惩罚"部分地起源于儿童的本能反应，但从根本上说，它是由成人的约束所形成的"[3]。成人对于儿童的强制约束具有专断性与任意性，这种专断性表现在成人通过强制命令的方式要求儿童履行职责，并以严惩的方式让儿童明白不服从是有罪的；而任意性就表现在"罪行的内容和对罪行施加的惩罚的性质之间没有联系"[4]。可见，抵罪的惩罚与约束和权威规则密

① ［瑞士］让·皮亚杰:《儿童的道德判断》，傅统先，陆有铨译，济南:山东教育出版社，1984年版，第123页。

② 佘双好主编:《毕生发展心理学（第二版）》，武汉:武汉大学出版社，2005年版，第297页。

③ ［瑞士］让·皮亚杰:《儿童的道德判断》，傅统先，陆有铨译，济南:山东教育出版社，1984年版，第276页。

④ ［瑞士］让·皮亚杰:《儿童的道德判断》，傅统先，陆有铨译，济南:山东教育出版社，1984年版，第245页。

切相关，受成人强制约束的影响，儿童普遍地产生了一种根据错误结果进行惩罚的正义观，而不考虑行为的动机。也就是说，儿童会认为无意打坏二个暖壶的后果要比故意破坏一个暖壶更应该受到严惩。因此，处于自然正义阶段的儿童有着严格依据效果进行的抵罪式惩罚的正义观念，在他们看来，严惩犯错者既合法，更具有预防再犯的教育作用，因此，皮亚杰用略带嘲讽且关切的语气说道，"他们是当代道德真诚的和热切的信徒。"

二、儿童的正义情感

道德认知是道德情感产生的前提和基础，对象只有被认识才可能引起人们对该事物的道德情感，如果说道德认知揭示的是对象的道德性质，那么道德情感则表达了对该客体的道德评价。"道德情感的形成和变化同个人对道德原则规范的认识程度有关。道德主体认识水平的高低，直接影响到道德情感的产生和提升。"[①]此即"知之深，爱之切；知之误，情亦变"的根据所在。正义感作为一种高级的道德情感，它建立在公民个体在对正义的理解和认知基础上，反映着个体的道德认知阶段的社会性情感，受社会历史条件的制约。个体如何认知与理解正义直接决定了他会产生一种什么样的正义情感并如何实践正义。在自然正义阶段，儿童缺乏道德认知和理解，儿童正义感的获得其实是父母等权威人强制命令及行为渗透的结果，儿童正义感的主要表现形式是当违反命令时，儿童自发产生的内疚感，这种内疚感是以情境直觉体验的形式存在的，它产生的根源在于儿童的自然需要。

（一）儿童正义感的获得

处于道德无意识阶段的儿童，其正义概念是后天习得的，主要是父母等权威人告诉他们的，儿童的正义感就体现在服从命令以及当违犯命令时，自

---

① 曾钊新，李建华等著:《道德心理学》，长沙：中南大学出版社，2002 年版，第136 页。

发地产生的负罪感上。在该阶段，儿童由于缺乏理性辨别与认知能力，他对正义的理解建立在父母所信守的道德准则上，为了逃避父母的责罚以获得父母的赞扬，儿童会对父母的强制命令采取全盘接受的做法，一旦没有达到父母的要求，儿童会自发地产生一种负罪感，这种负罪感其实是公民正义感的最初表现样态——内疚感。海特曾根据各情感之间的内在关系，区分了四种特殊的道德情感，他人谴责的情感、自我意识的情感、为他人感到痛苦的情感，以及赞颂他人的情感。如果用自我意识的道德情感——内疚表示处于感性认知正义阶段的儿童的正义感，那么义愤作为一种他人谴责的情感则是青少年阶段正义感的突出表现形式，而敬畏作为一种对正义德性本身的赞颂之情则是成人正义感的特殊表现样态。需要指出的是，儿童的内疚感并不是一种严格意义上的内疚感，根据海特的理解，内疚感是"个体意识到自己的行为给他人或社会带来不利或有利的结果时而产生的体验"①。但作为一种道德无意识状态下产生的情感，它却是儿童自发地意识到伤害他人而产生的道德情感，与其说它是由于违背了父母命令，毋宁说是违背了父母的爱和信任。为了弥补过错，儿童通常会自我坦白或通过抵罪式惩罚寻求父母的谅解。可见，儿童正义感的获得与父母灌输的道德原则与命令密切相关。

儿童之所以会严格遵从父母的命令，是由于父母秉持的正义原则凭借命令的形式渗透并影响了儿童早期正义观念的结果。具体说来，父母主要从两方面影响儿童正义观念的形成。首先，"父母必须爱孩子，必须是值得他崇拜的对象。"②据此，儿童会欲求具有堪比父母的道德人格。其次，父母对道德准则的解释必须用一种孩子能理解的方式让孩子接受。儿童具有的权威道德突出表现在没有奖惩时，孩子仍倾向于遵守这些道德准则，因为"这些

---

① 佘双好主编：《毕生发展心理学（第二版）》，武汉：武汉大学出版社，2005 年版，第 308 页。

② ［美］约翰·罗尔斯：《正义论》，何怀宏，等译，北京：中国社会科学出版社，2009 年版，第 368 页。

准则表现着他想成为的那种人特有的行为方式。"① 相比之下，父母对孩子的爱和信任在儿童正义感获得中起着重要作用。不可否认，每个父母天性上都是爱自己孩子的，父母对孩子的爱和信任直接影响到孩子对父母及他人的感情，在接受爱的过程中，孩子会模仿父母将这种爱与信任回报给父母。父母爱孩子首先表现在实现并满足孩子的意图或需要，进而上升到尊重孩子的人格，相应地，孩子也逐渐爱与信任其父母，并且产生一种自我价值感。由于孩子没有道德评价标准，还不能拒绝父母的合理命令，因此孩子对父母的爱和信任就表现在遵守父母的命令及道德准则上。并且，由于儿童没有自己的道德评判标准，因此他们会倾向于接受所爱之人的命令，并欲求所爱之人具有的人格。诚然，孩子的欲望可能会超越这些道德命令的拘束，由于孩子还不理解为何要遵守这些命令，因此一旦违反这些命令，孩子就会坦白并求得父母的谅解，至此，负罪感就产生了。这种负罪感还不是严格意义上的正义感，它以内疚感的形式存在，产生的原因在于违反了权威人的命令，或说是违反对父母的爱和信任。这就是儿童正义感获得的一般过程。

（二）儿童正义感产生的根源：自然需要

一般说来，"道德情感的产生和存在是以客观的道德需要为基石的。"② 当人们自觉意识到遵守正义原则的必要性，人们才会自觉地产生正义感。公民正义感的发展是与其道德需要发展的水平密切相关的。处于感性认知正义阶段的儿童，一旦满足其自然需要，他就会表现出一种积极、乐观的情绪。随着年龄的增长以及理性认知的发展，青少年社会活动与交往的日益频繁与深入，便产生了不同领域、水平的道德需要，如：集体生活与社会公共生活，甚至是政治生活中的道德需要。在道德无意识期，儿童最初产生的是绝对服

---

① ［美］约翰·罗尔斯：《正义论》，何怀宏，等译，北京：中国社会科学出版社，2009 年版，第 369 页。

② 曾钊新，李建华等著：《道德心理学》，长沙：中南大学出版社，2002 年版，第 136 页。

从命令的需要：例如，学前儿童感到不服从父母等权威人的命令，必将受到来自父母或自然的惩罚。儿童正义感的主要表现形式是内疚，它产生的根源是儿童的自然需要。

一般说来，"道德需要是道德情感的心理本质。"①也就是说，当人有了某种道德需要时，他才会产生与此相应的道德情感。但对于自然正义阶段的儿童来说，与其说是他的道德需要致使其产生了正义感，毋宁说是儿童的自然需要迫使他自发产生了正义感。在此阶段，儿童的内疚感的形成至少由两方面因素所致：一是父母对孩子的爱和信任，它是儿童正义感产生的道德前提。二是父母对于儿童的强制命令与约束，儿童之所以绝对服从父母的命令，正是由于父母强制约束的结果，这是儿童正义感产生的自然需要基础。亦即处于自然正义阶段的儿童，由于缺乏道德意识，其正义感的产生并非源自他自觉产生的道德需要，而仅仅是由于自然需要的结果，这种自然需要就表现为受父母的强制约束的对其行为的奖惩。之所以将儿童正义感产生的根源归于自然需要的结果，一个重要的理论支持来自霍夫曼的研究。霍夫曼在研究道德移情与道德发展之间关系时，发现道德移情是内疚产生的根源，人之所以会产生内疚情感，源于他认识到他人受到了伤害。霍夫曼指出，婴儿也会产生内疚情绪，但这种内疚仅是一种未发展的内疚，唯有当儿童渐渐能区分出自我与他人时，他才有可能在道德移情的基础上发展出内疚情绪。但他也指出，"除非他们父母或其他成人迫使他们参与伤害性行为，否则他们可能不会体验到内疚"②，儿童的内疚完全是由于父母强制约束所致。此外，从正义感产生的生理基础来看，内疚感同样是源于父母的强制约束。众所周知，任何情感的发生都是以某种外在刺激为前提的，这种外在刺激即情绪唤醒，它

① 李建华：《道德情感论：当代中国道德建设的一种视角》，北京：北京大学出版社，2011年版，第70页。
② ［美］约翰·马丁·里奇，约瑟夫·L.戴维提斯：《道德发展的理论》，姜飞月译，哈尔滨：黑龙江人民出版社，2003年版，第75页。

是情感产生的外围机制。以儿童正义感的产生为例，以父母的强制约束为主的奖惩即是一种情绪唤醒，儿童一旦服从父母命令，就会受到父母的赞赏与奖励；而一旦违犯命令，儿童的经验就是受到父母或自然的责罚。受父母对待儿童服从与不服从的两种态度的影响，儿童逐渐从父母那里学会正当与不正当的区别，并且，父母的强制约束也成为影响儿童内疚情绪产生的最重要的因素。因此，处于道德无意识阶段的儿童尽管缺乏道德的认知和理解，但迫于自然需要产生的对父母的强制约束的服从是儿童正义感产生的根源。但需要指出的，此阶段的正义感并非真正意义上的正义感，由于它是根源于自然需要的满足产生的，因此它体现了人首先是作为生物存在的，随着个体年龄的增长，儿童的理性能力得到发展，社会交往的扩大，当青少年及成人对正义有了清晰认识，并内化成为个体道德品质的一部分，此时的正义感才足以说是一种高级的社会性情感，"体现了人对动物性的克服以及对人自身生物体的某种超越"①，才足以体现人之为人的本质。

（三）儿童正义感的体验形式：情境—直觉体验

儿童正义感的获得与其道德认知发展阶段密切相关，处于感性认知正义阶段的儿童，其正义感的体验形式以情境—直觉的道德体验为主；而处于理性认知正义阶段的青少年，其正义感的体验以角色—想象的道德体验为特色；处于辩证认知正义阶段的成人，其正义感的体验达到了道德情感体验的最高级形式——信念—自由的道德体验。

对于儿童来说，受感性认知的影响，儿童正义感的产生是在某种情境下，当直接感知的东西与当下规定发生冲突时，儿童不由自主地自发地产生的。由于缺乏道德理解，其正义感就表现为对权威人道德准则的刻板遵守，绝对服从，对于儿童本人而言，他甚至都不能理解这些命令的真实含义，自

---

① 李建华：《道德情感论：当代中国道德建设的一种视角》，北京：北京大学出版社，2011年版，第72页。

然也无法意识到该命令所内含的道德准则。尽管儿童的正义感不是自觉产生的，但这种直觉的道德情感却"对人的行为具有迅速定向的作用。"① 比如说，一旦儿童意识到违反了父母等权威人的命令，他立马会产生一种负罪感，他会希图通过自我坦白或者严格的自我惩罚或自我批评获得父母的谅解。可见，感性认知正义阶段，儿童的正义感"都是道德直观的情境性、突然性、果断所致。"②"事实上，它正是过去道德认识、道德经验的直接反映，和过去在道德环境中所受到的周围舆论的影响及行为的成败的经验有关。"③ 但值得注意的是，尽管儿童的正义感处于一种情境—直觉体验阶段，但它并非直觉主义所谓的产生善恶的唯一根源，它仅是由感性认知获得的对于道德现象的粗浅认识。

因此，此阶段儿童的正义感并非真正意义上的正义感，未经社会阅历与考验，得到的仅是一些对原则的刻板固守，并没有内化为个体稳固的道德情感。在此阶段，如果儿童撒谎不受责罚反被奖励，那么儿童会刻板地认为撒谎即是道德的。因此，正义感的真正养成必须在个体社会化活动中产生，出于对正义的正确认知而自觉产生的坚守正义的稳固倾向，此时，正义感才是真正内化于己，并对个人行为起指导作用的道德情感。但不可否认的是，尽管儿童阶段的正义感是一种情境—直觉的道德体验形式，儿童并没有真正的正义概念，但它却是正义感养成中必经的初始阶段，不仅青少年的道德认知都是由此开始的，而且，父母、社会道德环境对儿童正义感养成的影响也是从此刻便已开始了。

---

① 曾钊新，李建华等著：《道德心理学》，长沙：中南大学出版社，2002年版，第144页。

② 曾钊新，李建华等著：《道德心理学》，长沙：中南大学出版社，2002年版，第145页。

③ 陈安福：《德育心理学》，重庆：重庆出版社，1987年版，第57页。

三、儿童的正义意志

"道德是'知、情、意、行'相结合的一个带有序列特点的整体。"① 道德认知是道德情感产生的前提，道德情感是沟通道德认知与道德意志的桥梁，道德意志是实现道德情感向道德行为转变的关键，也是决定个体道德品质养成与否的关键因素。简言之，个体道德品质养成的关键就在于受个体强烈道德意志支配的道德行为的一贯性。处于自然正义阶段的儿童，将绝对服从规则与命令视作正义的，在此基础上产生的正义感是儿童自发地产生正义意志的前提。亦即儿童的道德意志是个体在外部强制约束下自发地产生的，因此，并不具有严格意义上道德意志的一般特征——自觉性、强制性、长效性，它仅是处于感性认知阶段，儿童独有的带有自发性、短暂性以及任性特点的正义意志。

（一）道德意志的重要性：道德品质养成的关键

道德意志是个体内在的道德认知与道德情感转化为外在的道德行为的关键环节，也是决定个体道德品质养成与否的关键因素。"所谓道德意志就是指道德主体在履行道德义务的过程中，按照道德原则的要求进行道德抉择时所表现出来的果断决心和坚强毅力。"② 根据道德意志的定义，很难想象一个缺乏坚强道德意志的人会一以贯之地实践道德原则，更难想象一个具有强烈爱国情操的将军会在战争中倒戈。可见，人们的道德评价都是建立在对个体既有道德情感与道德意志强烈与否认可的基础上，人们通常会认为，那些具有强烈道德情感与道德意志的人即使身处逆境，仍会坚守道德原则、践行道德行为。

---

① 李建华：《道德情感论：当代中国道德建设的一种视角》，北京：北京大学出版社，2011年版，第84页。

② 靳凤林：《制度伦理与官员道德：当代中国政治伦理结构性转型研究》，北京：人民出版社，2011年版，第181页。

众所周知，个体道德意志主要受两方面因素的影响：一是社会的道德环境，二是个体的道德情感。社会的道德环境对于道德意志的制约就表现在，道德意志作为一种个体道德心理的重要组成部分，"它受制于社会的道德价值结构和社会的整体道德需求"。① 而道德情感是作为一种道德力量影响道德意志发生的。一般说来，道德情感与在此基础上形成的道德信念，二者的相互融通促使个体产生道德意志。如果说道德情感是道德意志发生的动力或阻力因素，那么道德信念则是道德意志发生的"加油站"，亦即人们必须借助于道德意志，才能将道德情感的体验转化为恒久的道德信念。换句话说，道德情感的产生奠基于个体道德认知基础上产生的道德需要，道德意志则是个体道德需要的实现形式；而道德信念是影响道德意志强弱的直接因素。具体说来，积极的道德情感有助于强化个体道德意志；而负面、消极的道德情感则会削弱道德意志。反过来说，道德情感之所以具有道德性，关键在于道德意志对于情感的道德引导和控制。"没有内向制动，人的情感就可能成为脱缰的'野马'，观念世界的物化就会沦为'误化'。"② 并且，"在道德生活中，没有对情感的意志控制，情感是难以实现道德升华的，道德情感也就不可能发生。"③ 可见，道德意志与道德情感相互影响，密切相关。

"如果人们想使道德信念外化为具体的道德行为，则须由道德情感作为动力，而道德意志就是动力的'摇杆'。"④ 可见，道德意志影响个体道德行为的发生，道德行为发生的关键在于受道德情感影响的个体道德意志的强烈

---

① 《伦理学》编写组编：《伦理学》，北京：高等教育出版社：人民出版社，2012年版，第236页。

② 李建华：《道德情感论：当代中国道德建设的一种视角》，北京：北京大学出版社，2011年版，第86—87页。

③ 李建华：《道德情感论：当代中国道德建设的一种视角》，北京：北京大学出版社，2011年版，第87页。

④ 李建华：《道德情感论：当代中国道德建设的一种视角》，北京：北京大学出版社，2011年版，第86页。

程度。众所周知，影响个体道德行为的关键因素是建立在个体道德认知与道德情感基础上形成的道德意志的强弱的程度，"没有道德意志，就没有道德行为，也就没有道德生活。"① 并且，道德实践表明，仅凭借外部强制命令，而缺乏情感与坚强意志做后盾的道德行为都是难以长久的。尽管个体道德行为的发生必然受个体所处的社会复杂的道德情境的影响，但决定个体道德行为发生的重要因素却是个体的道德意志。因此，道德意志是沟通道德情感与道德行为的桥梁，也是个体道德品质养成的关键。

（二）儿童的正义意志是自发产生的

如果将自由视作意志的本质规定，从意志发展的一般过程来考察公民正义品质的养成过程，那么处于儿童阶段的正义意志仅是一种抽象的自由形式——自发的意志阶段，而青少年时期的正义意志已超越抽象自由变成了一种对于自我而言的特殊自由形式——自觉的意志阶段，而成人阶段的正义意志则达到了意志发展的最高阶段—自由的意志阶段，即意志的自在自为的存在状态。

黑格尔指出，"自由是意志的根本规定，正如重量是物体的根本规定一样"。② 自由的基本含义指的是摆脱束缚和限制。但自由并不是绝对的，人们的任何自由选择都是在一定限度范围内进行的，人们自由程度的高低由该限度内可供选择范围的大小决定。因此，自由不是绝对的，而是相对的。在此意义上讲，"意志自由就是在一定范围内意志选择行为的自由。"③ 意志自由不是绝对的，它要受社会历史条件和社会道德规范的制约。"道德意志自

---

① 《伦理学》编写组编：《伦理学》，北京：高等教育出版社、人民出版社，2012年版，第236页。

② ［德］黑格尔：《法哲学原理》，范扬，张企泰译，北京：商务印书馆，2010年版，第11页。

③ 《伦理学》编写组编：《伦理学》，北京：高等教育出版社、人民出版社，2012年版，第239页。

由是指主体在自觉自愿基础上，自主地按社会道德要求和自我道德追求行动的自由。"① 道德意志自由不同于一般意义上的意志自由，它是一种具体的现实的自由，而非抽象的自由。在自然正义阶段，儿童的道德意志主要表现为儿童在外部强制命令与正义感的迫使下自然地服从规则与命令，儿童的正义意志不是出于责任，"而只是行为的一种自发的规律性。"因此，该阶段，儿童的正义意志并非真正意义上的道德意志，它仅是以抽象的自由形式自发产生的，缺乏自觉性与自主性。在该阶段，儿童的意志受到来自本性、需要和冲动等的自然限制，儿童不是自觉、自由地服从道德命令，而是迫于外界强制下自然需要的满足，不得已而为之的。并且，儿童正义意志的自发性也决定了该阶段道德意志是一种自然的意志，亦即正义的意志是存在于儿童各自概念中的意志。皮亚杰在研究儿童的规则意识时发现，该阶段儿童都认可成人的游戏规则，但由于缺乏对规则的真正理解，每个儿童都是依据自己理解的规则进行游戏活动。从中可以看出，自然的意志是以一种直接而缺乏合理性的形式存在着。在该阶段，即使存在着出于崇拜权威而自觉服从命令的情况，但其实质仍是一种不自觉的意志，因为儿童意识不到自己是独立的，是可以自由进行道德选择的。因此，儿童始终消极怠惰地活动于异己的规定中，并努力使自己适应这种习惯的规定性。受感性认知影响的儿童，其正义情感很少受理智与意志力的控制，多为外界压力或诱因所致。但随着年龄的增长以及理性发展的成熟，青少年的道德情感"逐渐受理智与意志的控制。情感的控制水平是情感，尤其是道德情感成熟的重要标志。"②

（三）儿童正义意志的特征

自觉性、强制性与长效性是道德意志的一般特点。处于从道德无意识向道德他律过渡的儿童，其自发产生的正义意志由于缺乏自觉性与自主性，因

---

① 《伦理学》编写组:《伦理学》，北京:高等教育出版社、人民出版社，2012 年版，第 239 页。

② 陈安福:《德育心理学》，重庆:重庆出版社，1987 年版，第 64 页。

此，还不是严格意义上的道德意志。但相对于道德意志的一般特点而言，作为道德意志发展的最初样态的儿童正义意志，具有自发性、强制性、与短暂性等特点。自发性是就儿童正义意志的产生而言的，强制性是就儿童践行正义的角度来说的，短暂性是从意志活动的时间上分析儿童的正义意志的。

与青少年自觉产生的正义意志相比，儿童的正义意志是自发产生的，是一种自然的意志。儿童的正义意志缺乏自觉性与自主性。儿童正义意志的强制性特征表现在两个方面：一方面，从儿童正义意志的发生来看，外界强制是儿童正义意志产生的根据。在道德无意识阶段，尽管儿童以一种近乎神圣的方式尊崇与服从命令与规则，但儿童的绝对服从并非源自主体内心恪守的道德信念，也不是道德内化过程中个体自觉产生的，而仅仅是因为外界强加所致。另一方面，就儿童自身来说，儿童的道德行为带有强制性。该阶段，儿童出于对父母等权威的绝对信任与服从，他们会严格执行成人的规则与命令，一旦违背父母的命令，他们会自觉坦白或以严格的抵罪式惩罚的方式来践行正义的要求。并且，一旦有人要修改规则时，儿童会表现出无比的愤怒。可见，在这个过程中，儿童尽管缺乏强烈的正义信念，但他却以强制的方式要求自己和他人都遵守正义规则。因此，强制性是儿童正义意志的一个显著特征。

短暂性是相对于成人道德意志活动的长效性而言的。儿童由于缺乏坚定的正义信念作为精神支撑，其道德意志容易受外界影响而发生动摇，因此，儿童的道德意志在活动时间上并不能持久发挥作用。"意志总是服从于一定的目的，具有合目的性。"[①] 通常，个体一以贯之的道德行为建立在个体具有明确的道德目的，并能自主调节自己行为的基础上。处于道德无意识阶段的儿童，他的正义认知完全建立在既往道德经历的感性认知基础上，儿童既没有明确的道德目的，又缺乏自我调节的能力，因此，儿童的道德意志在活动

---

① 《伦理学》编写组编:《伦理学》，北京：高等教育出版社、人民出版社，2012年版，第238页。

时间上会表现出多变性与短暂性。比如说，正在哭闹的孩子，会因为得到成人给予的物质奖励而立马转哭为笑。可见，缺乏自主性与目的性支配的儿童道德意志是不稳定的。

四、儿童的正义行为

科尔伯格指出，道德行为包含两种内在的心理成分："一是道德认知或道德判断成分，二是道德情绪成分。"① 换句话说，道德行为是由道德认知、道德情感以及道德意志等内在心理成分共同起作用产生的，道德行为作为一种抗拒诱惑的行为，反映了个体需要与道德标准之间的冲突。社会心理学家通过研究道德推理与道德行为之间关系发现，"大学生与成人尽管具有道德判断行为能力，但是在适当的制度刺激和情境压力下，会做出不道德的行为。"② 也就是说，"个体面对真实的道德情境时，他不是根据抽象的道德价值作出推理，而是根据具体的权利和责任来解释这一情境。"③ 可见，"道德行为从根本上是由情境因素（包括环境的适宜性）来界定的"。④ 因此，道德"是一种与其他受情境性社会强化控制的情境行为一样的习俗行为"。⑤

（一）个体正义行为的评判与实践标准

在对儿童正义行为的发生机制及正义实践的特点进行分析之前，有必要

---

① ［美］L.科尔伯格:《道德发展心理学——道德阶段的本质与确证》，郭本禹，何谨，等译，上海: 华东师范大学出版社，2004 年版，第 482 页。

② ［美］L.科尔伯格:《道德发展心理学——道德阶段的本质与确证》，郭本禹，何谨，等译，上海: 华东师范大学出版社，2004 年版，第 486 页。

③ ［美］L.科尔伯格:《道德发展心理学——道德阶段的本质与确证》，郭本禹，何谨，等译，上海: 华东师范大学出版社，2004 年版，第 556 页。

④ ［美］L.科尔伯格:《道德发展心理学——道德阶段的本质与确证》，郭本禹，何谨，等译，上海: 华东师范大学出版社，2004 年版，第 484 页。

⑤ ［美］L.科尔伯格:《道德发展心理学——道德阶段的本质与确证》，郭本禹，何谨，等译，上海: 华东师范大学出版社，2004 年版，第 488 页。

对与之密切相关的两个问题做一个简单的澄清与说明：第一，如何判断个体的行为是正义的，换句话说，判断个体行为正义的标准是什么？究竟是坚持行为者自己认定的正义标准，还是采取社会的正义准则，抑或是正义原则的普遍性标准？对此问题的回答内含于不同阶段个体的正义认知与实践中，这是与个体正义行为发生密切关联的正义标准问题的探讨。第二，当存在不正义行为时，采取何种惩罚才是正义的？该问题旨在分析个体正义实践的标准，对此问题的回答，也因个体所处道德认知与发展阶段不同而产生不同的看法。

大体上看，公民正义品质的养成先后经历了三个主要发展阶段：儿童、青少年与成年。在不同的道德发展阶段，正义行为的评判标准会因个体的道德认知与情感的不同而产生分歧。具体说来，处于感性认知正义阶段的儿童，由于不能理解正义概念，因此他从父母那里模仿或习得的正义标准并没有内化为自己的道德的一部分，因此，儿童将服从权威人的命令与规则视作个体行为的正义标准。可见，儿童期的正义行为评判标准不过是社会正义标准在儿童身上的具体体现罢了，父母在其中起着传输中介的作用。亦即，儿童是依据社会正义的标准进行道德判断的。随着理性发展的成熟以及社会交往的日益频繁，青少年逐渐在社会交往与合作中学会用平等主义的观点理解正义，在他们看来，正义行为就是符合社会公认的正义标准的行为。因此，青少年判断正义行为的标准也是社会正义的标准。直至成年以后，个体已能辩证认知正义，他们会在评判行为正义与否时考虑情境因素，在该阶段，公道成为正义评判的标准，超越于社会正义标准之上，是一种以正义原则的普遍性为标准的道德发展阶段。

正义行为的实践标准也因个体道德发展阶段的不同表现出差异。一般来说，处于自然正义阶段的儿童，他们通常是根据行为的结果进行道德判断的。由于儿童将权威的规则与强制命令看作正义的，因此儿童必会按照他能理解的方式来实践正义，因此，儿童的正义实践的标准是根据自己意图进行的，带有主观性特点，是自己主观认定的道德标准。也就是说，"儿童只把规则当作一个单纯的惯例而使用，他可以自由歪曲和更改它。"①"这就是为什么儿童虽然把规则视为神圣的东西，但他却并没有真正实行它们的道理。"② 一旦发生不正义的行为，儿童会以抵罪式惩罚的方式来实践正义行为。可见，儿童是从结果正义出发实践正义行为的，结果的正义是正义实践的一般标准。青少年的正义实践标准与儿童有着明显不同，他们在社会化过程中逐渐将社会正义标准内化为自己道德的一部分，并且，他们已较儿童更具有包容心，因此，他们会遵循社会正义标准进行道德实践。一旦发生不正义行为，他们是侧重于从行为的意图进行道德评价，并通过回报式惩罚的方式进行正义实践活动的。可见，青少年是从正义行为的意图出发来实践正义的。直至成年以后，个体不仅会考虑行为的结果，也会考虑行为的动机与意图，在结果与动机的综合考虑下，个体践行正义行为。换言之，成人是根据普遍道德取向来界定道德行为的方法，"这种方法不仅根据个体自己的道德判断而且根据客观、普遍的标准来界定一种行为是道德的。"③ 此即不同道德发展阶段，个体正义实践标准的差异。

（二）儿童正义行为的发生机制

处于感性认知正义阶段的儿童，其对正义的判断根源于自然需要的满足，基于此，儿童的正义感和正义意志都不是自觉产生的，而是由于外部因素致使其自发地产生的，亦即，儿童的正义意志的发生是由外因所致。基于此，受正义意志制约的儿童的正义行为的发生也必然受外部因素的影响与制

---

① ［瑞士］让·皮亚杰：《儿童的道德判断》，傅统先，陆有铨译，济南：山东教育出版社，1984年版，第27页。

② ［瑞士］让·皮亚杰：《儿童的道德判断》，傅统先，陆有铨译，济南：山东教育出版社，1984年版，第64页。

③ ［美］L.科尔伯格：《道德发展心理学——道德阶段的本质与确证》，郭本禹，何谨，等译，上海：华东师范大学出版社，2004年版，第500页。

约。一方面，正义的准则由外来的命令和压力构成；另一方面，儿童正义行为的动机"在于避罚求赏，希求别人的亲切待遇。"① 与此同时，影响与制约儿童正义行为发生的这两种外部因素也促使儿童在与成人互动过程中，自发地学会了模仿，模仿既是在外部因素影响下自发地产生的，又是主体道德意志自觉选择的结果，模仿作为建立在正义意志基础上的儿童正义行为发生的内在机制与外部两种要素共同影响并制约儿童的正义行为。简言之，儿童的正义行为建立在道德模仿机制上，以外部强制命令为道德准则，直接奖惩是其道德行为的动机。

儿童正义行为的最初产生与父母的强制性命令有关，儿童首先是出于避免惩罚与直接奖惩的考虑选择绝对服从规则与命令的。在该阶段，"善恶的定义以是否服从规则和权威为准。"② 在儿童看来，规则是权威人制定出来的，神圣不可触犯，永恒存在。任何人试图改变规则，都是犯罪行为。唯有绝对地服从父母等权威人的强制性命令以及由其制定的规则才是正义的，儿童对于规则有着一种近乎神圣的尊重，他们甚至宣称："对于规则的任何更改（即使这些更改取得了大家的同意）都是错误的。"③ 这是建立在强制性命令与直接奖惩约束下儿童对规则的一般态度。除了受制于外在压力与动机外，模仿也是导致儿童正义行为发生的一个重要机制。儿童的模仿行为最初是在与成人交流活动中产生的。诚然，"父母和儿童之间的关系当然不仅仅是约束的关系，父母和儿童之间存在着一种自发的互相爱护"④。儿童对父母的爱和

---

① ［日］掘内敏:《儿童心理学》，谢艾群译，长沙：湖南人民出版社，1980 年版，第 173 页。

② ［日］掘内敏:《儿童心理学》，谢艾群译，长沙：湖南人民出版社，1980 年版，第 173 页。

③ ［瑞士］让·皮亚杰:《儿童的道德判断》，傅统先，陆有铨译，济南：山东教育出版社，1984 年版，第 54 页。

④ ［瑞士］让·皮亚杰:《儿童的道德判断》，傅统先，陆有铨译，济南：山东教育出版社，1984 年版，第 233 页。

信任最初源于父母对儿童的爱，尽管孩子有爱的潜在性，但只有当他意识到父母对他的爱，并从这种爱中受益时，他才开始将爱的潜在性展现出来，亦即开始爱他的父母。值得注意的是，孩子对父母的爱不是工具意义的爱，而是一种回报式的爱。该阶段，儿童由于缺乏与成人、同伴的合作关系，因此他会模仿成人接受规则，并根据个人意愿应用规则。可见，儿童正义品质的实质是遵守规则，并且，"儿童对规则的意识是随年龄的增长而发展变化的。"[①] 年幼的儿童将规则视作外在、不可违背的东西，随着社会经验的积累，儿童逐渐意识到他有义务遵守这些规则，并且将这些规则视作其行动的准则。也就是说，儿童渐渐地会产生一种遵从规则的义务感，义务感是儿童道德开端的一个显著标志。

（三）儿童正义实践的特点

总的来说，指导个体正义实践的观念有三种：分配的正义、交换的正义与矫正的正义。分配的正义与交换的正义主要依据比例的平等进行分配，而矫正的正义是对分配正义与交换正义特殊情境下的有益补充。具体说来，分配的正义，"要根据诸如平等、功过或奖赏（即根据比例规定的互惠）的操作来进行分配，而且最终要根据需要或情有可原的公道来分配。"[②] 交换的正义"强调根据自愿的协议、契约和平等交易来进行分配。"[③] 第三种是矫正的正义问题，"在不平等或不公平、要求赔偿或补偿的非公开交易中，矫正性公正提供了矫正的原则。"[④] 除此之外，还存在着第四种正义实践形式，即程

---

① 佘双好主编：《毕生发展心理学（第二版）》，武汉：武汉大学出版社，2005年版，第296页。

② ［美］L.科尔伯格：《道德发展心理学——道德阶段的本质与确证》，郭本禹，何谨，等译，上海：华东师范大学出版社，2004年版，第599页。

③ ［美］L.科尔伯格：《道德发展心理学——道德阶段的本质与确证》，郭本禹，何谨，等译，上海：华东师范大学出版社，2004年版，第599页。

④ ［美］L.科尔伯格：《道德发展心理学——道德阶段的本质与确证》，郭本禹，何谨，等译，上海：华东师范大学出版社，2004年版，第600页。

序的正义，包含于以上三种正义实践之中。由于个体理性及社会发展程度的差异，不同道德发展阶段的个体在实践正义时呈现出不同的特点，主要通过四种正义实践形式表现出来。

　　处于自然正义阶段的儿童，他们会出于基本需要的满足来遵循一些具体的规则，当自己的利益与他人利益发生冲突时，儿童会尽量寻求自我利益的最大满足。该阶段，儿童是在父母强制命令下理解正义的，其对事物"好"与"坏"的评价并不是一种道德判断，而是一种建立在对"灌输者的观点作机械记忆和类比的结果"之后的价值判断。换言之，"在这个阶段，好的与坏的行为或者行为者的类别没有内在价值"①，除非它能体现个体需要的预期。可见，儿童期对于正义的感性认知受自然需要的驱使，儿童会去模仿成人并服从成人命令的行为，但决定其如此行为的根本原因在于他对道德缺乏理性的判断与认知，因此，该阶段儿童的行为无所谓道德、不道德；正义、不正义。此外，在该阶段，儿童已能考虑到他人的需要，正义的实践就体现在儿童会根据行为者的结果而不是意图进行道德判断。儿童认为，权威的规则与命令神圣不可侵犯，一旦违反规则，就应该接受严格的惩罚。这其实体现了儿童对于普遍遵守的规范的一种担忧，"这种担忧是，如果允许一个人偏离规范，那么将会有许多人背离规范。"②也就是说，"规则或规范是概括的，而且不容许有例外，但对创造和执行规则或规范的权威则可能会有例外。"③ 对于儿童而言，他会以严格均等化的方式进行平等分配。分配的正义受到严格的平等观念的指导，由于儿童重视行为的结果而不考虑行为动机，因此，儿童在实践分配正义时，不会考虑个体的需要和既有的功劳。当然，"在涉及

---

　　① ［美］L.科尔伯格：《道德发展心理学——道德阶段的本质与确证》，郭本禹，何谨，等译，上海：华东师范大学出版社，2004 年版，第 604 页。

　　② ［美］L.科尔伯格：《道德发展心理学——道德阶段的本质与确证》，郭本禹，何谨，等译，上海：华东师范大学出版社，2004 年版，第 605 页。

　　③ ［美］L.科尔伯格：《道德发展心理学——道德阶段的本质与确证》，郭本禹，何谨，等译，上海：华东师范大学出版社，2004 年版，第 603 页。

到权威的情况下，分配性公正要受到他律服从或尊重权威的引导。"① 与严格的平等观念相伴随的是，儿童的交换活动"以工具性交换为基础，工具性交换以简单的方式起到了协调个体需要和利益的作用。"② 儿童会以互惠的方式互相交换财物和行为，而不考虑每个人的心理需要，"这种互换是根据'礼尚往来'的思想来平衡的。"③ 矫正性的正义也是以严格的互惠为基础，旨在实现自然正义的要求。可见，无论儿童在进行正义分配，还是交换，抑或是矫正活动时，都已能考虑到他人的观点来修正自己的行为，这意味着在儿童道德发展过程中，一种新的认知已经开始萌芽，这就是理性认识与平等观念的产生，它们随个体社会实践活动的增多而日益深刻且明显。

第二节　青少年正义品质的形成机制

"道德认识在一定的社会环境中进行的，因而不仅会受已有知识和道德观念等主观因素的影响，而且会受文化传统、社会风气、社会舆论等外在因素的影响。"④ 公民正义品质的养成与社会的历史发展密切相关，不是任何社会都能为公民正义品质的内在养成提供外部保障机制的，"而是那种建立在互惠和互相尊重，因而也是建立在协作基础上的社会。"⑤ 正义作为内化于个

---

① ［美］L. 科尔伯格：《道德发展心理学——道德阶段的本质与确证》，郭本禹，何谨，等译，上海：华东师范大学出版社，2004 年版，第 603 页。

② ［美］L. 科尔伯格：《道德发展心理学——道德阶段的本质与确证》，郭本禹，何谨，等译，上海：华东师范大学出版社，2004 年版，第 606 页。

③ ［美］L. 科尔伯格：《道德发展心理学——道德阶段的本质与确证》，郭本禹，何谨，等译，上海：华东师范大学出版社，2004 年版，第 603 页。

④ 《伦理学》编写组编：《伦理学》，北京：高等教育出版社、人民出版社，2012 年版，第 226 页。

⑤ ［瑞士］让·皮亚杰：《儿童的道德判断》，傅统先，陆有铨译，济南：山东教育出版社，1984 年版，第 194 页。

体的一种道德品质，必须依托于一个协作社会的实践活动才能产生。此外，个体道德的发展与个体理性的发展以及社会实践活动的增多密切相关。儿童是学徒，他既要自我发展，但另一方面，其发展又要受社会和文化的影响。儿童正义认知与判断的发展是儿童正义行为产生的前提和基础，相应地，儿童在正义实践活动中也会逐渐产生新的正义认知与正义情感。亦即，"新的道德判断可以指导新的行为，同时新的道德行为的践行也可能使人建构新的道德判断。"[①] 道德判断与道德行为的发展是随着个体理性的发展以及社会实践的深入相辅相成、互相促进的。与儿童的正义实践不同，青少年正义品质的养成建立在青少年理性认知正义的基础上，青少年基于社会需要的满足进行正义实践活动，在此过程中逐渐获得基于社会正义标准的正义感以及正义意志，以此指导自己的行为，此即青少年正义品质养成的一般机制。

一、青少年的正义认知

个体对正义的认知是伴随人的理性能力的发展日益提高的。科尔伯格认为，个体的智力发展是其道德发展的必要条件，道德发展的动力"来自于个体与社会的相互作用"。[②] 在与社会的交流互动中，儿童和青少年日益承担不同的社会角色，并经历不同的道德体验，随之而来的是个体道德认知结构逐渐发生质的飞越，即实现由感性认知正义向理性认知正义的过渡与转变。到了青少年时期，个体对正义的认知完全建立在理性基础上，他会根据社会需要而不是年幼时的自然需要进行正义判断，并将社会的正义标准作为自己道德判断与道德行为的指导原则。一旦发生不正义行为时，他们会根据行为的动机而非结果进行道德评价，以回报式的惩罚作为正义惩罚的主要措施。

---

① ［美］L.科尔伯格:《道德发展心理学——道德阶段的本质与确证》，郭本禹，何谨，等译，上海：华东师范大学出版社，2004年版，第488页。

② 佘双好主编:《毕生发展心理学（第二版）》，武汉：武汉大学出版社，2005年版，第299—300页。

（一）青少年正义判断的根据：社会需要

与处于感性认知正义阶段的儿童不同，具有理性的青少年是根据社会需要进行正义判断的。皮亚杰认为，决定个体正义认知由自然正义向社会正义转变需要两个条件："一是角色承担技能（认知的成熟）的发展，二是重要的社会经验，如与同伴的平等交往。"[①] 亦即理性与社会需要，如同青少年正义品质养成的左膀右臂共同发挥作用，如果说理性是青少年进行正义认知与正义实践活动的基础与关键，那么社会需要则是青少年正义认知与正义行为的源泉和依据，二者相辅相成，共同推动青少年的正义认知与实践活动的发展。一方面，儿童由于理性缺乏，因此不能理解正义、辨别是非；而青少年则不同，他们在教育过程中获得关于正义的知识，并通过社会交往活动，逐渐学会站在他人立场上考虑与分析问题，从而形成了依据社会公共道德规范进行正义的辨别与判断的能力，理性是制约青少年正义品质养成的关键。另一方面，青少年正义品质的获得过程是青少年社会化活动的一个方面，与儿童在自然需要迫使下形成的自然正义观念不同，青少年是在社会化活动中，迫于社会需要的满足形成了以遵守社会规范为标准的社会正义观，青少年不仅学会遵守社会规则，而且还逐渐将社会正义标准内化为自己道德品质的一部分。因此，青少年的理性认知正义活动与其社会正义标准的内化过程是同步的。

社会需要作为青少年进行正义判断的根据，主要是由社会化活动中个体由服从单个人权威转向服从集体权威决定的。在自然正义阶段，家庭作为最小的交往共同体，其典型特征是存在着一种等级，儿童是出于自然需要的满足遵从父母的权威命令与规则。伴随着个体理性的发展以及社会交往活动的扩大，青少年逐渐走出建立在爱的庇护下的强制正义，走向以平等与互惠为

---

① ［美］戴维·谢弗:《社会性与人格发展》，陈会昌，等译，北京：人民邮电出版社，2012 年版，第 361 页。

主导的社会团体交往活动中。对于社会交往活动而言，服从与合作都是必不可少、至关重要的。一方面，青少年首先是以独立自主的个体参与社会公共活动的，相较于强大的社会集体而言，个体是异常渺小的，出于社会活动中自我保护与发展的考虑，青少年会以服从社会公共规范的态度开始社会实践活动，因为服从既是个体获得社会活动资格的前提，也是制约个体发展的重要外在因素。从这个角度看，社会需要致使青少年产生了第一种正义理解：服从社会公共道德标准即是正义的，此即守法正义的由来。另一方面，在相互合作中，青少逐渐学会置自己于他人地位上用他人观点看待事物，不会为了自己的一己之私而侵犯他人的正当权利，此即青少年正义认知的关键因素，即在社会活动，每个人都做好自己分内之事，而不干涉他人的正当利益，这对于每个人而言都是最合理不过的了。亦即正义含义的另一个方面：不干涉。此外，社会群体或机构的正义结构对青少年的正义认知也有重要影响。"这些社会实体包括家庭、邻居群体或同伴群体、学校、教堂、社区、国家以及那些提供角色采择的替代机会的媒体——电视机、收音机、书籍、杂志，等。"[1] 社会化的正义教育与宣传活动为青少年提供了丰富多彩的正义认知渠道，无论是青少年的正义认知还是其行为都是基于社会需要产生的。"这个阶段的个体为了获得别人的认可或维持社会秩序而努力遵守规则和社会规范。"[2] 与儿童的具体报偿和惩罚的动机不同，青少年正义行为的动机在于获得社会赞赏和避免谴责，换言之，青少年遵循社会规则旨在保持社会秩序，适应别人的期待。可见，理性认知正义阶段的青少年是根据社会需要进行正义判断的，他们已能全面认知正义的两方面内容：守法的正义与不干涉的正义。

---

[1] ［美］R.默里·托马斯：《儿童发展理论：比较的视角（第六版）》，郭本禹，王云强，等译，上海：上海教育出版社，2009年版，第328页。

[2] ［美］戴维·谢弗：《社会性与人格发展》，陈会昌，等译，北京：人民邮电出版社，2012年版，第366页。

（二）青少年理解的正义：社会正义

随着个体理性的发展以及社会实践活动的增多，青少年逐渐由对自然正义的坚信转向对社会正义的崇敬，致使青少年不再相信自然正义的一个重要因素是青少年的道德经验，比如说儿童对成人不完善正义的发现。此外，"他们从经验中知道，只要不被察觉到违反了社会规则，就不会受到惩罚。"① 总的来说，处于从道德他律向道德自律转变的青少年的正义认知与正义理解具有以下几个特点：其一，青少年认识到社会活动的规则是人们相互协作的产物，作为一种群体采纳的规则，"在大家都同意的情况下，规则可以改变。"② 并且，青少年意识到，普遍的社会规范是基于所有成员的一致同意得出的，"规范促进了合作或社会贡献，并充当了避免争论和混乱的规则。"③ 因此，普遍的社会规则作为正义的标准对所有人具有强制约束性。由此，青少年认为，社会公共的道德标准即是正义的原则，对于行为者而言，社会正义规范是他律的。在此阶段，个体能够考虑社会大多人的观点，从而遵从社会公共意志，正义就是遵守社会的法律规范。之所以遵从法律不是因为害怕惩罚，而是因为他们相信法律是有利于整个社会秩序的，它超越了个人的特殊利益。其二，在社会交往活动中，青少年的角色承担技能得到发展，他会立足于互惠与平等的角度解决各方利益冲突，旨在促进双方互利。该阶段，青少年已能站在对方的立场上考虑问题，理解对方的处境，"他们会想象自己就是他人，并从他人的视角来看待生活。"④ 对他人痛苦的理解已不再是一种短

---

① ［美］戴维·谢弗：《社会性与人格发展》，陈会昌，等译，北京：人民邮电出版社，2012年版，第361页。

② ［美］戴维·谢弗：《社会性与人格发展》，陈会昌，等译，北京：人民邮电出版社，2012年版，第360页。

③ ［美］L.科尔伯格：《道德发展心理学——道德阶段的本质与确证》，郭本禹，何谨，等译，上海：华东师范大学出版社，2004年版，第609—610页。

④ ［美］R.默里·托马斯：《儿童发展理论：比较的视角（第六版）》，郭本禹，王云强，等译，上海：上海教育出版社，2009年版，第327—328页。

暂的现状，而是一种持续痛苦的情绪生活。青少年正是通过对他人的换位思考而成为一个有效的社会个体的。其三，随着理性能力的发展，青少年已理解正义原则，然遵循正义原则的动机源于社团关系，主要是友谊，以期得到其他成员的认可和关切。如果说自然正义阶段，儿童遵循权威命令是源于对父母的爱和信任，那么社会正义阶段青少年对正义原则的遵循是源于对社团的信任和依恋。其四，青少年更重视从行为的动机而非结果进行正义判断。在他们看来，乐于助人或得到他人的认可即是道德的行为。根据行为者的意图评价其行为。其五，在惩罚的正义方面，青少年比儿童更加包容且温和，他们主张采用建立在互惠与平等基础上的回报式的惩罚对犯错者进行警戒与教育。他们一方面要限制违规，因为违规不利于善良行为和动机的实现；另一方面，他们对违规者的态度又常带有包容性。他们普遍认为，法律应该得到普遍的遵守，"因为如果没有法律，不道德的人会引起混乱。"[1]但他们对违法者又是相当包容的，他们"允许对违规的人例外"[2]。

（三）惩罚的正义：回报式惩罚

处于社会正义阶段的青少年通常会"以负责任的社会好公民的身份来处理道德问题。"[3]因此，面对违规的行为，青少年会选择回报式惩罚。而回报的正义却与协作和平等的规则密不可分，"如果违犯了这条规则，为了再把事情弄好，就不需要那种以外部的力量迫使人尊重规则的痛苦的强制"[4]，即不需要抵罪式惩罚，而只需要实行回报的原则让违规者意识到行为的恶性后

---

① ［美］L. 科尔伯格：《道德发展心理学——道德阶段的本质与确证》，郭本禹，何谨，等译，上海：华东师范大学出版社，2004 年版，第 608 页。

② ［美］L. 科尔伯格：《道德发展心理学——道德阶段的本质与确证》，郭本禹，何谨，等译，上海：华东师范大学出版社，2004 年版，第 607 页。

③ ［美］罗伯特 S. 费尔德曼著：《发展心理学：探索人生发展的轨迹》，苏彦捷译，北京：机械工业出版社，2011 年版，第 226 页。

④ ［瑞士］让·皮亚杰：《儿童的道德判断》，傅统先，陆有铨译，济南：山东教育出版社，1984 年版，第 245 页。

果即可。在理性成熟的青少年看来，"回报的方法具有充分的力量使违犯规则者认识到他的不当行为的意义"①。与儿童的抵罪式惩罚相比，回报式惩罚是青少年社会交往与合作的产物，旨在预防错误发生，而非防止错误重犯，因此，回报式惩罚"不带专断的性质，在性质上属于相互尊重的伦理道德观"②。在个体道德发展中，回报的正义逐渐取代抵罪的正义而起支配作用。之所以如此，可以通过考察儿童与青少年对惩罚的选择得出。第一，从惩罚的必要性方面来看，儿童宁可选择最严厉的惩罚，而青少年则倾向于赞同回报的手段，"而这种回报的手段只是为了使违犯规则者感到团结的契约已经遭到破坏，而且必须再来把事情弄好。"③ 第二，从受试者是否会重犯错误的角度看，儿童认为受过严惩的儿童将不能重犯过失；而青少年却认为，通过向他们解释过失行为的严重后果，即使不施以惩罚，"他可能比他在仅仅受到惩罚的情况下更少重犯错误。"④ 第三，关于惩罚的效用和可靠性，儿童重视抵罪的因素，而青少年"却喜欢根据惩罚的预防的价值来证明施加惩罚是正当的。"⑤ 细究起来，青少年之所以会认同回报式惩罚，源于社会正义阶段，青少年平等与互惠意识的增强。但与抵罪式的惩罚正义不同，回报式的惩罚作为一种平等主义的正义观建立在互相尊重与互惠的情感与习惯基础上，"而

---

① ［瑞士］让·皮亚杰:《儿童的道德判断》，傅统先，陆有铨译，济南:山东教育出版社，1984 年版，第 245—246 页。

② 佘双好主编:《毕生发展心理学（第二版）》，武汉:武汉大学出版社，2005 年版，第 297 页。

③ ［瑞士］让·皮亚杰:《儿童的道德判断》，傅统先，陆有铨译，济南:山东教育出版社，1984 年版，第 274—275 页。

④ ［瑞士］让·皮亚杰:《儿童的道德判断》，傅统先，陆有铨译，济南:山东教育出版社，1984 年版，第 275 页。

⑤ ［瑞士］让·皮亚杰:《儿童的道德判断》，傅统先，陆有铨译，济南:山东教育出版社，1984 年版，第 275 页。

不是来自于以单方面尊重为基础的责任"①。在社会交往过程中，青少年意识到建立在互惠与平等基础上的合作的重要性，他们会力图在合作中达至个体行为与社会标准之间的平衡。以海因兹偷药为例：当妻子命悬于一副极其昂贵的药时，贫穷的丈夫究竟应不应该为了妻子的生命去偷药？对于青少年来说，这个丈夫应该去偷药，但他也应该明白由于违背社会规范，他将不得不承担一些后果。可见，与抵罪的惩罚相比，回报式惩罚本身倾向于一种宽恕与谅解的道德，这是由社会化过程中个体的平等与互惠观念增强所致。

二、青少年的正义情感

在社会正义阶段，青少年正义感的获得是个体在社会化过程中，伴随理性的成熟与完善，基于社会需要的满足，逐渐将社会道德标准内化为个体道德信念的过程。与儿童自发产生的正义感——内疚感相比，青少年的正义感是个体在理性认知正义的前提下，自觉产生的，其主要通过内在指向性情感——内疚，与他人谴责的情感——义愤表现出来。就道德情感的体验形式而言，青少年的正义感是一种角色—形象的联结体验形式。

（一）青少年正义感的获得

社会正义是公民正义品质发展的第二个阶段，在该阶段，青少年已理解正义原则，但遵循正义原则的动机却源于社会需要，主要是社交的需要，以期获得社交活动中其他成员的认可和关切。总的来说，青少年的正义感和正义行为都是由社会需要决定的个体道德心理发展的产物。一方面，建立在互惠与平等基础上的社交环境为青少年正义感的获得提供外部保障机制，社会鼓励并支持青少年以遵循社会规则的方式进行正义实践活动，在此过程中，青少年的正义行为与正义情感都得到了正强化；另一方面，伴随个体理性的

① ［瑞士］让·皮亚杰：《儿童的道德判断》，傅统先，陆有铨译，济南：山东教育出版社，1984年版，第361页。

发展与社交经验的丰富，抽象模仿与道德移情作为个体道德心理的两个重要内在机制共同推动着青少年正义感的产生与发展。

青少年基于社交的需要，在理性指导下自觉地产生了以平等与互惠为社会交往与合作的基本原则，该原则引导着人们的正义感与正义行为。与感性认知正义阶段的儿童道德相比，青少年的正义认知是受理性指导的，他们被要求必须遵循社会性的道德规范，并且，基于不同的社会角色，人们在社会交往中遵循的道德原则不相一致。以最小的社交团体——家庭为例，家庭的典型特征是存在着一种等级，家庭成员依据各自的社会角色要遵循不同的道德标准，一旦出现违背社交角色的行为，就会立即引起社会舆论的谴责，严重的甚至会受到法律的裁决。除了家庭外，邻里交往、同伴合作都是青少年践行社会正义的载体。青少年出于集体与社会公共生活的需要参与社交活动，在适应与遵守社会规范的过程中养成了团结互助的精神。通过参与社交团体中的道德实践活动，青少年逐渐学会换位思考，并产生相互的信任和友谊，以及明确的权责统一意识，相应地，这种道德认识反过来又影响人们的正义情感。此外，从道德情感发生的心理机制看，青少年正义感的获得还离不开与个体理性发展相伴而生的个体抽象模仿与道德移情能力的发展。人自婴儿时起，便自发地产生了模仿行为，但与儿童的刻板、具体的模仿不同，青少年的模仿是一种抽象的模仿，它是在个体理性认知社会正义规范的基础上产生的，旨在依据社会道德标准进行道德实践活动。抽象模仿行为的发生是由人的移情能力决定的。"移情是对另一个人产生同感的情感反应。"[1] 在霍夫曼看来，道德移情通过强化个体具有的正义价值取向进而推动了个体正义感的产生，即使"在面临道德冲突时，唤起的移情可激活道德原则"[2]，进

---

[1] ［美］马丁·L.霍夫曼：《移情与道德发展：关爱和公正的内涵》，杨韶刚译，哈尔滨：黑龙江人民出版社，2003年版，第34页。

[2] 佘双好主编：《毕生发展心理学（第二版）》，武汉：武汉大学出版社，2005年版，第310页。

而影响人们的道德判断与行为。亦即，道德移情通过使个体产生与他人情境相一致的情感反应，促进了个体对他人的理解和关心，从而推动了社交中平等与互惠观念的强化，而这正是社会正义阶段青少年正义感产生的关键。因此，霍夫曼高呼："移情是人类关心他人的火花，使社会生活成为可能的黏合剂。"① 总之，青少年是在理性指导下通过道德移情与抽象模仿逐渐养成对社会道德标准的认同与支持，亦即产生了一种自觉服从并支持社会规则的道德情感，即正义感。

综上所述，青少年正义感的产生既是服从社会需要的结果，也是个体道德发展，主要是抽象模仿与道德移情能力发展的必然产物。

（二）青少年正义感的主要表现形式

在社会正义阶段，青少年已理解社会道德规范对于每个人的强制约束性，个体只有在理性指导下根据特定社会活动中的角色进行社会实践活动才是正义的。一旦社交活动中存在不正义行为，青少年的正义感便自觉产生了。此阶段，青少年的正义感主要以两种形式表现出来：内疚和义愤。首先，内疚和义愤作为青少年正义感的主要表现形式，它根植于个体内心坚守的社交活动中的平等与互惠原则。平等与互惠是社会合作得以产生的关键，人们在相互的交往与合作中，逐渐培养起友谊与道德互信。一旦社交中发生不正义行为，唯有坚信平等与互惠的人才会产生正义感，而缺乏理性或不认可正义的人根本不会产生正义感。其次，就个体道德情感发展的一般过程而言，内疚的发生要先于义愤。内疚作为一种自儿童开始已经产生的正义感伴随人一生，内疚的具体内容因不同阶段对正义理解的不同而不同，它作为一种指向自我约束的道德情感，有利于个体道德情感的升华。而义愤是具有理性的青少年与成人才具有的正义感，它得以产生的前提是个体对于是非、行为正

---

① ［美］马丁·L.霍夫曼：《移情与道德发展：关爱和公正的内涵》，杨韶刚译，哈尔滨：黑龙江人民出版社，2003 年版，第 3 页。

当与否的辨别能力。儿童由于缺乏正义概念的认知和理解，因此，不能产生义愤的道德情感。而青少年和成人在理性认知正义的前提下，根据社会或内心认可的正义原则进行正义判断，并产生正义感与正义行为。再次，不正义行为是导致青少年产生内疚与义愤的根据，但二者的差异是由社交中角色不同造成的。不正义行为是导致青少年产生内疚与义愤的原因，但二者的发生并非同步。青少年的内疚与义愤都是因不正义行为的发生而自觉产生的，之所以有两种截然不同的正义感表现形式是由活动中个体的角色差异造成的。例如，集体活动中，某些青少年个人未做到尽职尽责时，他们自己便会自觉地产生内疚情感，而其他尽职守则的人则会对这些人表现出义愤和不满。可见，与自我指向性情感内疚相比，义愤是一种他人谴责的情感。最后，内疚与义愤的发生不一定同步。亦即，青少年自觉产生的内疚与他人的义愤情感可能不同步。众所周知，社会公共活动中的搭便车行为是一种侵占与挤压他人正当利益的不正义现象，通常，受侵害的当事人及旁观者都会对这些不正义的人产生义愤情感，而正相反，搭便车的则不一定会感到内疚。

（三）青少年正义感的体验形式

青少年的正义感建立在理性认知正义的基础上，这种正义感是一种以角色想象为主的道德情感体验形式，具体表现为角色—形象联结与角色—想象联结两种类型。总的来说，青少年的正义感体验是在社交活动中形成的，青少年在理性认知正义的基础上，通过直接感知具体的道德形象所引起，"或者由想象某些具有道德意义的人或事物而激起的道德情感。"[1] 前者被称为角色—形象联结的正义感，"它促使人在具体情景之中通过对自己的角色定位产生道德责任感"[2]；后者被称为想象—角色联结的正义感，"它促使人通过对

---

① 陈安福：《德育心理学》，重庆：重庆出版社，1987年版，第57页。

② 《伦理学》编写组编：《伦理学》，北京：高等教育出版社：人民出版社，2012年版，第231页。

道德榜样的认同产生道德行为动机。"①

角色—形象的正义感是青少年在理性认知社会道德规范合理性时产生的，它与具体的社会正义现象密切相关，通过角色想象产生。亦即，青少年在理性指导下，通过角色想象对具体的社会正义现象产生不同的正义感体验。由于现实的社会正义现象更加直观，也更具有感召力，因此，"常常引起情感共鸣，产生强烈的道德情感体验，使人铭刻在心，久久难忘。"② 道德教育中的榜样示范就是依据角色—形象的道德情感体验原理发挥作用的，旨在达到"形易感人"，"以形育人"的道德案例示范目的，对儿童和青少年的道德教育发挥着重要作用。因为，缺乏道德信仰的儿童和青少年的正义认知和判断最易受道德形象的感染。可见，角色—形象的正义感体验形式"是人对现实中的善恶典型进行思考时而伴随产生的心理体验。"③ 但对于个体道德发展而言，仅依靠直观形象获得的正义感体验是不完全的，"还须借助于想象力，对与之相距一定时空的道德形象进行感知，以激起道德情感，完成道德行为。"④ 移情作为一种角色—想象的道德情感的发生机制是青少年正义感产生的关键。移情通过将自己置于他人角色的方式，来理解他人的情感、行为的动机。当发生不正义的社会现象时，作为理性旁观者的青少年都会自觉产生义愤和不满情绪，原因就在于该阶段移情使得青少年能自觉地对道德现象的当事人的行为进行正义与否的价值判断，并以此为基础产生正义感。由此可知，与儿童通过直接经验获得的正义感相比，青少年的形象—想象的正义感都"是在别人的生活与行为基础上形成和发展起来的，取决于间接的道

---

① 《伦理学》编写组编:《伦理学》，北京:高等教育出版社、人民出版社，2012 年版，第 231—232 页。

② 陈安福:《德育心理学》，重庆:重庆出版社，1987 年版，第 57 页。

③ 曾钊新，李建华等著:《道德心理学》，长沙:中南大学出版社，2002 年版，第 145 页。

④ 曾钊新，李建华等著:《道德心理学》，长沙:中南大学出版社，2002 年版，第 145 页。

德经验"①。作为一种间接的道德情感体验，形象—想象的正义感与个体理性的发展与社会阅历的丰富密切相关，在社交活动中，个体理性地认知社会的道德规范，以此为标准分析他人的情绪表现与行为，然后这些间接经验才逐渐变成个人主观经验的有机组成部分，这就是青少年理性道德情感体验的一般过程。可见，青少年的以形象—想象为主的正义感体验过程反映了受理性支配的个体对于社会正义的理解由直接感知到间接理解的过程，"是人类道德行为的自觉性、自主性、自成性特征的重要心理前提。"②

三、青少年的正义意志

根据黑格尔的观点，个体道德的发展先后经历了故意与责任、意图与福利，以及良心与善三个阶段，个体道德意志在不同阶段的表现不同。与儿童自发产生的正义意志相比，青少年是在理性认知正义基础上自觉产生正义意志，作为与儿童的特殊意志相区别的自觉意志存在着，具有现实性特征。

（一）道德意志的阶段性差异

从黑格尔关于道德发展三阶段的划分来看，不同道德发展阶段，个体道德意志有着显著差异。儿童的正义意志是自发产生的，青少年的正义意志则带有自觉性，直至公民正义品质发展的最高阶段，成人的正义意志则完全达致自由状态，不仅是现实的而且是普遍的。具体来讲，儿童处于个体道德发展的第一个阶段——故意与责任阶段，在该阶段，"道德意志只承认对出于它的意向或故意的行为负责任。"③ 也就是说，当个体没有意识到其行为不道

---

① 曾钊新，李建华等著：《道德心理学》，长沙：中南大学出版社，2002 年版，第146 页。

② 《伦理学》编写组编：《伦理学》，北京：高等教育出版社、人民出版社，2012 年版，第 232 页。

③ ［德］黑格尔：《法哲学原理》，范扬，张企泰译，北京：商务印书馆，2010 年版，第 12 页。

德时，他是不会产生道德责任的。道德意识是道德责任产生的前提和基础，儿童由于缺乏道德认知和理解，因此他不能自觉地产生道德意识，更不能自觉地形成道德责任观念。因此，儿童的道德意志不是自觉产生的，不具有自主性。与儿童相比，青少年处于道德发展的第二个阶段——意图与福利阶段，亦即强调道德动机的阶段。该阶段，青少年已经否定了儿童阶段仅凭行为的结果进行道德判断的做法，个体理性与社会阅历决定了他们不仅能理解社会普遍的道德规范，而且能从行为动机出发对行为结果做出自己独立的道德判断。与康德的为义务而义务的单一动机理论相比，黑格尔否定单纯根据主观动机和意志来进行道德评价，他"主张动机与结果的统一。"[①] 在黑格尔看来，"人就是他的一串行为所构成的"[②]，对人的评价既要考虑其动机也要考虑行为的结果，动机与结果的统一就是人的本质。辩证认知正义的成人则处于道德发展的第三个阶段——良心与善的阶段。与儿童、青少年道德的显著不同在于，该阶段道德是作为手段存在的，"道德自身即是目的。它所追求的不是福利，而是善。从主观方面说，道德意志已不表现为故意和良好动机，而是作为具有普遍性和无限性的道德的自我意识或良心。"[③] 该阶段，成人既摒弃了儿童阶段的刻板的权威道德认知，又放弃了青少年时期的简单平等式的正义，而达到了对正义的全面认知，他们意识到，唯有人权与良心才是正义原则的出发点与归宿，那些有悖于人权与良心的社会道德规范即使具有现实合法性，但对于坚持公道式正义的成人而言，它由于缺乏良心与善的道德意志，因此成人是不会认可的，更难以遵循。总之，成人的正义意志是个体道德自由的产物，他体现着个体的理想性人格——自由全面发展的人是

---

① ［德］黑格尔:《法哲学原理》，范扬，张企泰译，北京:商务印书馆，2010 年版，第 13 页。

② ［德］黑格尔:《法哲学原理》，范扬，张企泰译，北京:商务印书馆，2010 年版，第 14 页。

③ ［德］黑格尔:《法哲学原理》，范扬，张企泰译，北京:商务印书馆，2010 年版，第 14 页。

可能实现的。因此，成人的道德意志直接关系个体自由行为的发生与否，唯有处于道德意志自由的成人才有可能真正实现动机与结果的统一。

（二）青少年正义意志是自觉产生的

在社会正义阶段，青少年的道德意志主要表现在青少年为了适应社会需要与自觉产生的正义感，而自觉地服从并遵循社会道德规范。与儿童自发产生的抽象的道德意志不同，青少年的正义意志尽管也受外在因素影响，但就其发生的本质来说，已具有了自主性与自觉性，因此，青少年的正义意志已经具有个体特殊性与实践的现实性特征。青少年在理性指导下自觉认知社会道德规范，并在社会实践活动中自觉地产生了正义感，这种带有自主性特征的正义感决定了青少年正义意志必然带有强烈的自我意愿性与选择的主体性。如果说儿童的正义意志很大程度上受外界权威影响，那么青少年自觉产生的正义意志则已内化于个体道德德性之中，并通过个体的正义行为及在行为中的态度和情绪倾向表现出来。在该阶段，青少年的意志一方面要受社交活动中角色道德的限制，另一方面，它更受制于个体自觉产生的正义感的制约。即，青少年的正义行为既迫于社会需要的满足，又受制于内在的正义感而发生。因此，与儿童的自发行为相比，青少年的正义意志对于正义行为的发生起关键作用，正义意志受正义感的影响已具有明显的自主性和自觉性。该阶段，理性的青少年不仅能普遍地理解社会道德规范，而且能根据特殊情境自觉地进行道德意志选择，进而决定何种行为是正当的，值得遵循的。可见，青少年的正义意志以一种自主且带有社会合理性的形式存在着。在该阶段，青少年自觉地意识到个体是独立的，可以在社会规范的要求内自由、平等地进行社交活动，其道德意志能否转化为道德行为关键在于个体正义感的强弱程度。亦即，该阶段的青少年还没有达到道德自由状态，他们之所以践行道德行为，主要受由社会需要及正义感决定的正义意志的制约。与全面辩证认知正义阶段的成人相比，青少年尽管具有了行为的自觉性，但行为并非是自由选择的，而是为了特殊情境下适应社会需要不得不做出的道德选择，因此青少年的道德意志会具有现实合理性特征。但由于受理性认知影响，青少年的正义意志会以合理、合法的形式通过道德行为实践活动表现出来。

（三）青少年正义意志的基本特征

青少年的正义意志建立在个体对正义的理性认知基础上，受个体自觉产生的正义感的影响与制约，具有自觉性、自制性与现实性特征。自觉性是相对于儿童的自发意志而言的，它强调青少年无论是道德情感还是道德行为都不同于儿童，都是理性指导下个体自主性与目的性选择的结果。自制性是相对于儿童正义意志发生的外在强制性而言的，他强调的是个体道德意志受自觉产生的正义感的影响与制约。现实性是从青少年正义意志对正义品质的养成所发挥作用的角度而言的，亦即青少年的正义意志的实质是坚守社会公共的道德规范与秩序，这样一种道德情感与道德意志具有现实合理性与合法性，因此易于被鼓励并实践。

自觉性与自制性是青少年与儿童正义意志相区别的显著标志，在某种意义上，青少年正义意志的自觉产生是与个体道德意志的特殊化同步的。从儿童道德向青少年道德的转变过程，即是个体道德意志特殊化的过程。该阶段，个体的道德意志由过去"无差别的无规定性过渡到区分、规定、和设定一个规定性作为一种内容和对象。"① 这是公民正义意志发展的第二个环节，它是与第一个环节对立存在着的。在儿童时期，个体希求的是作为一种普遍抽象的道德意志本身，他并没有自己固有的看法与见解，他只知外界权威要求他不得不具有道德意志。而青少年在该阶段，自主性与自觉性是个体道德意志的显著特征。此刻，青少年作为独立自主的个体不再希求一般抽象的道德意志，而是希求特殊的道德意志——正义意志，而这种特殊的道德意志指

---

① ［德］黑格尔:《法哲学原理》，范扬，张企泰译，北京: 商务印书馆，2010 年版，第 16 页。

向社会正义原则与道德规范本身。对于自我而言，道德意志希求的是一种外在于我的特殊的社会规则，这种规则对我的精神和行为都会有所限制，"因为意志要成为意志，就得一般地限制自己。"① 亦即，青少年在追求正义意志时，不可避免地要对自我产生道德上的限制。因此，青少年的正义意志在自觉产生的同时已蕴含着个体道德的自制性特征。

青少年正义实践活动的发生主要取决于个体正义意志的选择与过滤作用。"不作什么决定的意志不是现实的意志。"② 正义意志作为沟通正义感与正义行为的桥梁，对个体正义品质的养成起重要作用。徒有正义感而缺乏正义意志，那么正义行为的发生几乎是不可能的，唯有经过正义意志的抉择而发生的行为才是现实，这是公民正义感向公民正义品质转变的关键。青少年正义意志的现实性是由其自主性与自觉性决定的，如果正义意志本身受制于外界强制，那么正义行为是不可能发生的。因此，正义意志的现实性是由其自觉性与自制性发挥作用的结果，并通过青少年的正义实践活动表现出来。

四、青少年的正义行为

处于不同道德发展阶段的个体，其正义行为发生的内在机制原理有着显著不同。儿童的正义行为是由于外界强制发生的，因此具有他律性特点；青少年在理性指导下自觉认知社会正义原则，因此其正义行为表现出他律与自律兼有的特点。直至道德发展的最高阶段，成人不仅能辩证认知正义，而且能根据良心进行道德判断与实践活动，道德不再是约束个体的东西，而是作为一种成就个体的东西自由存在着。建立在平等与互惠基础上的协作是导致青少年由单方面尊重向相互尊重转变的关键，也是青少年正义行为发生的关

---

① ［德］黑格尔:《法哲学原理》，范扬，张企泰译，北京：商务印书馆，2010年版，第17页。

② ［德］黑格尔:《法哲学原理》，范扬，张企泰译，北京：商务印书馆，2010年版，第24页。

键。此外，青少年的正义实践活动与儿童有着显著差异，具体表现在以平等与互惠为指导原则的分配正义、矫正性正义，以及交换正义的活动中。

（一）道德行为的阶段性差异

儿童处于道德无意识向道德他律过渡阶段，青少年处于道德他律向道德自律过渡阶段，成人则处于道德自律向道德自由转变的阶段。之所以说儿童的道德行为是他律的，原因在于儿童正义实践的标准受自身外的价值标准左右，儿童根据权威的奖惩进行道德判断。儿童正义行为的他律性表现在以下两方面：第一，儿童正义实践的标准是权威人的命令与规则，儿童是刻板地遵守这些道德标准的。对于儿童自身而言，道德标准是外在的，需要绝对服从与遵守。第二，儿童"赞成外部的惩罚，并认为受惩罚的行为本身是坏的，容易混淆道德发展与自然规律。"[1] 亦即，儿童认为不仅道德标准是外在的，而且奖惩的实施也都是外在的。一旦违背规则与命令，儿童自然地认为外部的惩罚是合理的。在儿童看来，规则是神圣不可侵犯的，因为规则是历史传统遗留下来的；而青少年之所以服从规则，是因为他们意识到规则是人们之间彼此协商同意的结果。也就是说，与儿童相比，青少年的道德判断逐渐带有主体性特征，他们已经能理解规则的内涵，因此，他们服从规则的前提是个体对该道德标准的认可。从儿童道德向青少年道德的转变反映着个体由他律向自律的转变过程，而导致这一转变的一个关键因素是社会合作需要的产生。"对于获得道德自律来说，必须要有协作。"[2] 与儿童的道德不同，青少年处于从道德他律向道德自律的过渡阶段，那么青少年是如何达到自律的呢？这是由于个体理性与社交经验的发展造成的，青少年在社交活动中，逐渐用建立在相互尊重基础上的协作替代了儿童期单方面尊重基础上的约束。

---

[1] 《伦理学》编写组编：《伦理学》，北京：高等教育出版社、人民出版社，2012年版，第228页。

[2] ［瑞士］让·皮亚杰：《儿童的道德判断》，傅统先，陆有铨译，济南：山东教育出版社，1984年版，第124页。

简单地说,当青少年开始摆脱儿童期的单方面尊重,而逐渐意识到社交中人与人之间都应相互尊重时,青少年的自律意识便开始产生。"在这方面,互惠似乎是自律的决定性因素。因为当心灵认为必须要有不受外部压力左右的观念的时候,道德的自律便出现了。"①并且,"自律只与互惠有关,当互相尊重的情感强到足以使个人从内部感到要像自己希望受到别人对待的那样去对待别人时,才出现自律。"②但从道德发展的一般过程来看,道德发展的最高阶段是道德自由,这就是能够辩证认知正义的成人的道德发展阶段,即由道德自律向道德自由的转变。在该阶段,成人不仅能理解社会道德规范,更为重要的是,既有道德知识与经验的积累和提升,使得他们由理性认知道德上升到辩证认知道德,他们是根据自身内化的道德知识,凭借着良心对行为进行评价的。如果说儿童和青少年遵循道德是受制于外在条件的,那么成人的道德则受制于自己的良心。此刻,道德知识转化为个体道德信念,甚至信仰的一部分,道德自我已经形成,与其说外在的道德规范对于个体是一种强制约束,毋宁说它更是一种实现个体精神自由的途径与方式。

(二)青少年正义行为的发生机制

青少年是在理性指导下认知社会正义原则的,他们不仅对社会规则制定本身感兴趣,而且能自觉地遵循正义原则,他们认为,在认知并理解正义原则的基础上实践正义原则是非常自然的事情。该阶段,青少年是自觉地理解规则并遵循规则的,但规则的改变却需要经由大家在协作基础上取得一致同意。协作的方法是双方同意,并且公共意见可以更改协作的内容。协作的结

---

① [瑞士]让·皮亚杰:《儿童的道德判断》,傅统先,陆有铨译,济南:山东教育出版社,1984年版,第233页。

② [瑞士]让·皮亚杰:《儿童的道德判断》,傅统先,陆有铨译,济南:山东教育出版社,1984年版,第234页。

果是，"人人都有平等获得某项结果的机会。"① 随着社交活动的日益频繁，道德移情与理性的发展推动着青少年进行平等与互惠式协作与交往活动，并且，协作的发展也敦促青少年不仅能理解社会正义原则的内涵，更有利于青少年去实践社会正义原则。由于青少年正处于刚刚步入社会的年龄，其正义标准既带有儿童期强制约束的特点，但与儿童不同，他们是自觉地理解社会正义规则及其意义的，他们意识到社会正义规则是由理性人自愿达成协议的结果，因此，协作对于社交而言意义重大。随着社交需要的日益强烈，青少年越来越依赖他人，简单地说，青少年社会实践活动越来越依赖社交中以协作为基础的友谊和信任。协作是人社会化过程中一个根深蒂固的现象，"当个人一旦避免了年龄的支配时，他立刻就倾向于协作，把它当作是社会平衡的正常形式。"② 但协作的特殊性就在于它要求青少年在正义行为实践中要坚持互惠原则，"协作并没有强加什么东西，它只产生了理智上或道德上的交流。"③ 对于青少年道德发展来说，协作有一个先决条件："心灵要认识它自己，并在彼此的关系中能够维护他的立场。"④ 也就是说，青少年在社会实践活动中，要首先承认他人与自己都是在各自理性指导下行为的，坚持平等与互惠原则。因此，受理性指导的青少年的正义行为是建立在平等与互惠原则基础上的。一般来说，互惠意味着"根据努力、美德、才能或越轨来交换荣誉或'应得的奖赏'、奖励或惩罚。"⑤ 一般说来，处于不同道德发展阶段

① ［瑞士］让·皮亚杰：《儿童的道德判断》，傅统先，陆有铨译，济南：山东教育出版社，1984年版，第111页。

② ［瑞士］让·皮亚杰：《儿童的道德判断》，傅统先，陆有铨译，济南：山东教育出版社，1984年版，第118页。

③ ［瑞士］让·皮亚杰：《儿童的道德判断》，傅统先，陆有铨译，济南：山东教育出版社，1984年版，第79页。

④ ［瑞士］让·皮亚杰：《儿童的道德判断》，傅统先，陆有铨译，济南：山东教育出版社，1984年版，第105页。

⑤ ［美］L.科尔伯格：《道德发展心理学——道德阶段的本质与确证》，郭本禹，何谨，等译，上海：华东师范大学出版社，2004年版，第601页。

的个体,他们对以互惠为核心的正义的理解是不一样的。处于道德发展低级阶段的儿童,他们还不能区分互惠与平等,而青少年尽管已能区分互惠与平等,但他们通常为,互惠就是某种程度的平等。青少年会从行为的动机出发进行道德判断,并且,对于不正义行为的惩罚也带有平等与互惠性质。该阶段,青少年会倾向于采用互惠式惩罚——回报式的惩罚,因为他们已意识到,抵罪式的惩罚可能起不到彰显正义的真正目的,而回报的惩罚作为一种比较温和的惩罚措施,却能够起到警戒与预防的作用,以彰显社会的正义。直至成人,他们才开始用公道的标准来进行互惠操作。

(三)青少年正义实践的特点

处于理性认知正义阶段的青少年,他们在践行社会正义标准时呈现出以下几方面与儿童不同的特征。在该阶段,青少年会在协调平等与互惠关系基础上进行正义分配。与儿童仅重视行为的结果形成鲜明对比,儿童的道德评价与践行是出于自然需要的满足,青少年则是为了社会需要的满足,参照大众公认的社会规范从对行为动机的关注出发来进行道德评价,践行正义行为的。互惠取代了儿童阶段的严格平等与精确的互惠观念。青少年的矫正性正义活动也更重视行为动机,"而无论违规者是否实践了好人的共同构想。"[1] 就威胁到社会法律与社会规范稳定运行的惩罚而言,青少年的矫正性正义更强调公平的思想,"即将威胁转向社会,或为触犯者提供'偿付他或她对社会的罪过'的方法。"[2] 这种对公平性或一致性的关注反映了青少年对程序性正义的关注,程序性正义在青少年正义实践中占有举足轻重的地位,是青少年极为关注与认可的正义形式。与矫正性正义一样,青少年也是参照共同的社会规范和社会赏罚来修改互惠以实现交换的正义的。交换的正义有两个重要

---

[1] [美]L.科尔伯格:《道德发展心理学——道德阶段的本质与确证》,郭本禹,何谨,等译,上海:华东师范大学出版社,2004 年版,第 608 页。

[2] [美]L.科尔伯格:《道德发展心理学——道德阶段的本质与确证》,郭本禹,何谨,等译,上海:华东师范大学出版社,2004 年版,第 611 页。

的前提:"认识到契约性协议在维持平稳运行的社会中的重要性,以及支持个体的道德品质、诚实或荣誉的价值。"① 总之,处于理性认知正义阶段的青少年,其正义实践活动的核心与宗旨是平等和互惠原则。该阶段,青少年出于社会需要的满足来理解并进行正义实践活动,由于缺乏对普遍的人权的关注以及内心世界的洞察,青少年的正义理解仍是不完善、不全面的。唯有达至成人阶段,个体不仅能辩证全面认知正义,更能自由地产生稳定的正义感与正义意志,并一以贯之正义原则,至此,公民正义品质才真正养成。

第三节 成人正义品质的养成机制

科尔伯格认为,不同年龄段的个体由于对正义的理解不同会产生不同的道德判断,道德发展的最高阶段——成人的道德"是以所有人都具有普遍平等权利的原则以及人的生命最重要的价值观为基础的。"② 在个体道德发展的最高阶段,个体既关注他人的福祉,更关注自我的福祉。成人的道德"建立在个体对他人好、也对自己好的原则之上。"③ 该阶段,公民正义感和正义品质已经养成,正义规则已完全内化于个体道德之中,公民服从并遵循正义规则,"并不是为了逃避惩罚,也不是因为群体支持这些规则,而是真正为了人自己才评价和选择规则的。"④ 并且,与儿童和青少年的正义认知相比,该阶段的正义更突出关怀的价值,公道成为该阶段正义的一个显著特征。根据

① 〔美〕L.科尔伯格:《道德发展心理学——道德阶段的本质与确证》,郭本禹,何谨,等译,上海:华东师范大学出版社,2004 年版,第 611 页。

② 〔美〕R.默里·托马斯:《儿童发展理论:比较的视角(第六版)》,郭本禹,王云强,等译,上海:上海教育出版社,2009 年版,第 319 页。

③ 〔美〕R.默里·托马斯:《儿童发展理论:比较的视角(第六版)》,郭本禹,王云强,等译,上海:上海教育出版社,2009 年版,第 338 页。

④ 佘双好主编:《毕生发展心理学(第二版)》,武汉:武汉大学出版社,2005 年版,第 276 页。

科尔伯格的学生——吉利根的研究，受生理和文化因素的影响，男女两性分别从"公正"与"关怀"视角进行道德选择和道德判断。尽管在一般意义上，男女的道德倾向不同，但到了道德发展的最高阶段时，个体作为一种成熟的道德者，他们一旦认识到社会合作与协助是社会建构与维持的基础，他们会从尊重每个人的普遍权利的角度进行道德评价，他们"会赋予公正与关怀同等的价值，并将二者合理地内化到自身的道德发展中去。"①

一、成人的正义认知

成人处于道德自律向道德自由的过渡阶段，促使成人发生这一转变的关键在于个体辩证思维能力的发展，即人对正义的认知与理解，是个体感性与理性思维辩证的共同起作用的结果。建立在辩证认知正义基础上的成人，不仅依赖形式逻辑思维，他们也"倾向于更多考虑各种现实生活的可能性。"②成人的这种辩证思维方式直接影响其行为，主要表现为，在面对道德困境时，成人有时必须以相对的标准，甚至妥协的方式解决。并且，与儿童和青少年对规则的认知截然不同，"个体会超越他们所处的特定社会中的规则，而考虑更为广泛的普遍的道德原则。"③ 这个普遍的道德原则即人权，它是成人进行辩证认知正义的主要依据和原则。而处于这一阶段的成人理解的正义，既不是儿童期的刻板地服从，也不是青少年的蕴含着平等与互惠的协作原则，而是一种蕴含着平等与关怀伦理的公道观念。

---

① 佘双好主编:《毕生发展心理学（第二版）》，武汉：武汉大学出版社，2005 年版，第 305 页。

② [美]罗伯特 S. 费尔德曼著:《发展心理学：探索人生发展的轨迹》，苏彦捷译，北京：机械工业出版社，2011 年版，第 310 页。

③ [美]罗伯特 S. 费尔德曼著:《发展心理学：探索人生发展的轨迹》，苏彦捷译，北京：机械工业出版社，2011 年版，第 226 页。

（一）成人正义判断的根据：人权与良心

从公民正义品质发展的阶段来看，成人处于由道德自律向道德自由的转变阶段，成人判断正义的标准正经历由社会契约定向阶段向良心道德的转变。该阶段，成人在理性指导下，全面认知并理解正义，在他们看来，正义判断的真正根据应是人的基本权利与良心，唯有建立在对普遍人权尊重基础上，并能受到良心许可的正义原则才是值得认可并被普遍遵循的。因此，成人会根据普适的正义原则进行道德判断，"这些原则可能与当前的法律或权威人物的命令相冲突。道德上的正确与法律上的合法并不一定等同。"[①] 当良心的道德与现实法律发生冲突时，辩证认知正义的成人通常会为了达致良心道德的优先性，而可能做一些协调与让步。具体说来，在社会契约定向阶段，正义判断的根据就是建立在对每个人自由平等权利保护基础上的契约，主要是法制或制度化的规则的合理性的承认与认可。因为在成人看来，法律代表着最大多数人的意志和意愿，它作为一种旨在促进并实现人性发展的工具存在着，"最大限度表现了社会利益和福祉的机构赖以活动的必要基础等。"[②] 亦即，法律的出发点与落脚点都是为了促进与保障人权的实现，而唯有那些既能够实现这些目标并得到正义执行的法律才被看作是值得执行的社会契约。显然，每个人都有遵守社会契约的义务，"但是，以牺牲人类权利或尊严为代价的、强加于人的法律，则被认为是非正义的、应该反对的法律。"[③] 此即成人社会契约定向阶段的正义判断，建立在对人权尊重与保障基础上的社会契约是值得遵循的。而成人正义的判断由社会契约向良心道德转

---

① ［美］戴维·谢弗:《社会性与人格发展》，陈会昌，等译，北京：人民邮电出版社，2012 年版，第 367 页。

② ［日］掘内敏:《儿童心理学》，谢艾群译，长沙：湖南人民出版社，1980 年版，第 174 页。

③ ［美］戴维·谢弗:《社会性与人格发展》，陈会昌，等译，北京：人民邮电出版社，2012 年版，第 367 页。

变也是自然的结果。就良心道德而言，它指的是个体根据自己认可的道德原则进行道德判断与道德行为。由于个体认可的道德标准与社会普适标准可能存在不一致，因此，该阶段成人会努力寻求二者之间的妥协。可见，良心道德阶段，正义的标准是内在的，它是道德行为发生的根据，"行为的决定也是以关于邪正的思考和判断这种内在过程为根据的。"① 简单地说，成人的正义行为是以内在化的理想为基础的。这种内在化的理想指的是，"不管别人反应如何，都会对自己认为正确的行为起支配作用。"② 而一旦未做到按自己内在化的理想行动时，个体就会自然地产生内疚和惩罚意识。也就是说，在公民正义品质发展的最高阶段，个体将良心视作判断道德原则正确与否的标准。在他们看来，正义作为一种建立在尊重普遍人权基础上的普遍的道德原则超越于任何社会的法律与契约之上。

（二）成人理解的正义：公道

在公民正义品质发展的最高阶段，成人是运用辩证思维认知正义的，公道逐渐取代青少年时期的平等主义成为正义概念的核心，亦即，此刻的公道作为一种对平等的补偿性操作，内括平等与关怀伦理。"公道就在于考虑到年龄，考虑到对于先前的帮助的补偿，总之，公道就在于确立平等的细微差别。"③ 例如，为了补偿特殊情境造成的不平等，公道要求个体采取一种不平均分配的观点。现代社会中的反歧视政策就是公道正义的一种典型。

伴随个体辩证认知正义的发展，成人逐渐对正义原则有了全面与成熟的认知和理解，他们意识到仅从服从或平等角度来理解正义都是不全面的，正

---

① ［日］掘内敏:《儿童心理学》，谢艾群译，长沙：湖南人民出版社，1980 年版，第 174 页。

② ［日］掘内敏:《儿童心理学》，谢艾群译，长沙：湖南人民出版社，1980 年版，第 175 页。

③ ［瑞士］让·皮亚杰:《儿童的道德判断》，傅统先，陆有铨译，济南：山东教育出版社，1984 年版，第 349 页。

义本身蕴含着平等与公平原则，但正义不简单地等同于平等，尤其是在现实社会中，人们由于性别、自然禀赋、社会条件与背景的差异，无论在分配还是交换领域，企图实现绝对的平等既不可能，也有悖于正义。与儿童刻板地遵守正义规则相比，青少年是倾向于以平等主义理解正义的，而成人则选择了一种建立在人权与良心基础上的以补偿性平等为核心的公道原则，作为道德自由阶段的正义原则的实质。该阶段，成人的正义认知和理解与儿童、青少年时的理解有着明显的区别。第一，建立在辩证认知正义基础上的成人对于正义有了全面的认知和判断，他们意识到存在着一些普遍性的权利，对于人而言，这些权利即使与现实社会的法律与规则发生冲突，但它们仍要被社会认可，并被视为神圣不可侵犯的权利，此即人权。亦即，唯有建立在人权基础上的社会规范才值得遵循与尊敬。第二，被视为普遍正义的社会规则是一种自由的契约，旨在保护与改善所有人的权利与福利，任何人可以自由加入，并通过相互之间的协作而产生适用于所有人的正义原则。"这是一种'社会创造的'而不是'社会维持的'观点。"① 亦即，正义原则对于成人而言不再是一种道德约束，而是体现着人的自主与自由的道德规范，值得所有人遵循。第三，与儿童、青少年的道德相比，该阶段的道德具有理想性质，换言之，辩证认知正义的成人彼此之间都被视作是具有道德人格的个体，亦即，"所有的人都应该倾向把彼此视作是自由、平等自主的人。"② 道德人的基本要求是每个人都应该平等地考虑他人的观点和主张。第四，建立在关怀与平等基础上的公道原则作为一种普遍的原则，它是一种积极的规定，并"适用于所有的个体与情境。"③ 因为普遍的正义要考虑特殊个体与情境，因此，对于

---

① ［美］L.科尔伯格：《道德发展心理学——道德阶段的本质与确证》，郭本禹，何谨，等译，上海：华东师范大学出版社，2004 年版，第 611 页。

② ［美］L.科尔伯格：《道德发展心理学——道德阶段的本质与确证》，郭本禹，何谨，等译，上海：华东师范大学出版社，2004 年版，第 614 页。

③ ［美］L.科尔伯格：《道德发展心理学——道德阶段的本质与确证》，郭本禹，何谨，等译，上海：华东师范大学出版社，2004 年版，第 615 页。

成人而言，该阶段的正义原则包含着诸多层次性的原则。例如：成人理解的正义原则包括功利、仁慈、平等、互惠等。诚如柯尔伯格声明的那样，"尊重人的尊严有时候可能会意味着违反规则或违背社会上所认可的权利。"① 但成人还是会出于人权与良心的考虑选择公道式的正义。最后，当违背正义原则时，具有理性的道德人唯一的希望就是知错能改，惩罚唯有在能起到让犯错者知错能改时才应当被允许。可见，该阶段的成人对于犯错者的态度是极其宽容的，他们不仅反对由于惩罚可能招致的复仇行为，而且认为如果惩罚并不能起到它应有的作用，那么惩罚也毫无意义。正义是作为一种内括关怀与平等的伦理存在着，它旨在促进人性的完善，实现人的道德自由本质。

二、成人的正义情感

成人正义感的获得建立在对正义全面、辩证认知的基础上，体现着成人对建立在人权与良心基础上的正义原则本身的坚守与信仰，作为一种稳定性的道德情感是成人自由选择的道德情感。成人的正义感主要有正、反两种表现形式，旨在表达成人对于社会正义制度的欲求与维护。就正义感的体验形式而言，成人的正义感是道德情感发展的最高阶段，以一种信念—自由的道德情感体验。

（一）成人正义感的获得

处于从道德自律向道德自由过渡的成人，其对正义有了更为全面的认知和理解，正义既不是建立在对权威命令服从的基础上，也不是奠基于社会规范之上，正义原则的根基只能是人权和良心，它是根植于人性，旨在保障与维护所有人的基本的自由、平等与生命权。该阶段，成人已意识到，正义先于法律而产生，法律旨在捍卫正义，矫正不正义。任何借正义之名而有悖于

---

① ［美］L.科尔伯格：《道德发展心理学——道德阶段的本质与确证》，郭本禹，何谨，等译，上海：华东师范大学出版社，2004 年版，第 615 页。

人性的行为与法律都是不正义的，都应当受到谴责与制止。自由、平等与生命权都与所有权密切相关，而所有权关乎人的生存与发展，甚至尊严。根据里德的看法，"所有权不是天赋的，而是后天获得的。它并不是基于人的构造，而是基于他的行为。"① 所有权分为两种：一种是为了维持生存所需的，关涉人的生命权；第二种是为了人的发展所需的用于贮存的资产与财富。显然，生命权是人存在的根本，"生命权蕴含着对生命所必需的资产的权利。正义禁止剥夺一个无辜之人的生命，它同样也禁止剥夺他的生命所必需的资产。"② 此外，如果没有自由和平等，那么生命权就难以保证，所有权也成为虚假的了。正义旨在确保每个人在满足各自基本需要时不侵犯他人正当的、同等的需要。"每个人作为一个理性的造物，都有权利在不伤害别人的情况下满足自己自然的、无害的欲求。满足自己的需要，是最自然、最合理的欲求。"③ 并且，"财富或永久性财产的用处是满足将来的暂时需要，它们应该服从于当前的确定需要。"④

　　成人正义感的获得是公民品质养成的关键。对于成人而言，正义品质作为一种内化于己的道德信仰存在着，它不是对人情感与行为的约束，而是人的情感与行为的真正自由状态。成人的正义感是建立在对正义全面认知基础上，经受社会文化传统检审并经良心过滤而产生的一种对普遍的正义原则本身的坚守与信仰的情感。与儿童和青少年的正义感相比，成人的正义感是一种建立在个体道德自律基础上的产物，它体现着个体的自主性与自由，是作

---

① ［英］托马斯·里德:《论人的行为能力》，丁东三译，杭州:浙江大学出版社，2011 年版，第 426 页。

② ［英］托马斯·里德:《论人的行为能力》，丁东三译，杭州:浙江大学出版社，2011 年版，第 427—428 页。

③ ［英］托马斯·里德:《论人的行为能力》，丁东三译，杭州:浙江大学出版社，2011 年版，第 429 页。

④ ［英］托马斯·里德:《论人的行为能力》，丁东三译，杭州:浙江大学出版社，2011 年版，第 430 页。

为一种稳定的道德情感存在着的。成人与儿童和青少年不同，他欲求做一个具有正义品质的人。而促使其正义品质养成的关键在于其所坚守的正义感能否经得起特殊情境下自由意志的筛选与过滤，唯有经得起自由意志的选择与过滤的正义感才会促成个体正义行为的发生，并使得个人的正义行为呈现出一贯性和稳定性特征。

（二）成人正义感的表现形式

与儿童、青少年的道德不同，成人是出于对正义原则本身的坚信而进行道德判断与实践活动的。成人意识到，个体坚守的以公道为核心的正义原则是与社会的公共善相一致的，因此，成人会逐渐产生运用并实践正义原则的欲望，这就促使公民正义感和自由意志的产生。可见，成人正义感的产生旨在促进与完善社会正义制度。具体说来，正义感对于社会正义制度的积极影响有两方面表现：其一正义感引导我们接受我们已从中受益的正义制度，并维护正义的制度；其二正义感使我们产生一种改革现存制度以建立正义制度而工作的愿望。用罗尔斯的话说，"我们想按照自然义务去行动，以发展正义的安排。"①可见，成人的正义感是建立在个体全面认知正义原则的基础上，并且基于现实社会产生的一种改善不正义现实的欲望。与儿童、青少年的正义感相比，成人的正义感更具有稳定性，它主要表现为正反两种道德情感形式。一方面，作为一种正面、积极的道德情感，成人的正义感主要表现为个体意欲推进社会制度正义、消除不正义社会现象的道德情感。这种积极的正义感通常表现为敬畏正义原则、对不正义现象的义愤与不满。青少年面对社会不正义现象时，也会自觉地产生义愤与不满情绪，但他们的出发点是维护社会公共道德规范，促进社会秩序的稳定与和谐；而成人义愤的出发点却是对正义原则本身的敬畏与维护。这时，成人坚信的是基于人权保护基础上的

---

① ［美］约翰·罗尔斯：《正义论》，何怀宏，等译，北京：中国社会科学出版社，2009 年版，第 375 页。

内心的正义原则本身，这种对内在原则的坚信与其说是一种敬畏，毋宁说它更是一种信仰，它促使成人的正义感具有稳定性与持久性特征。另一方面，负罪感是从反面彰显个体的正义感的。当违背内心坚守的正义原则时，成人会自觉地产生一种负罪感——内疚，尽管儿童和青少年都会有内疚情感，但不同道德发展阶段，内疚所反映的内容的情感程度是显著不同的。儿童和青少年内疚发生的原因在于自己的行为背离了自然正义或社会正义的规则，而成人却是由于自己的行为违背了自己的道德信仰或良心。亦即，儿童和青少年内疚的发生主要由于外因所致，而成人的内疚却是建立在个体自主意识提升基础上的个体道德内省的结果，体现了个体道德的自主性、自由性。

（三）成人正义感的体验形式

处于公民正义品质发展最高阶段的成人，他所具有的正义感是建立在个体全面、辩证认知正义原则基础上的，是以对正义原则自身的坚守与信仰为主的信念—自由的道德情感体验形式。与儿童、青少年的正义感体验不同，成人的正义感既超越直观的正义体验，又超越形象—想象正义的感官与思维的局限，而是达到了用精神的自由来认知道德现象，感知并理解正义，因此，产生的是一种"从心所欲不逾矩"的自由情感体验形式。因此，成人的正义感体验是个体道德自由状态中产生的道德情感体验形式，它是成人所特有的道德自律状态。因为，"只有在任何情况下都能自律，人才能摆脱外在束缚，获得道德自由。"[1]成人的信念—自由的正义感体验与儿童的情境—直觉的正义感体验，以及青少年的角色—想象的正义感体验的显著不同在于，成人的正义感体验是一种更自由的情感体验，综合正义的感性体验与理性认知而成。它具有如下特点：第一，成人的正义感具有明确的自主性与自由性。成人是在清晰地意识到社会道德要求的背景下，根据内心坚守的正义原

---

[1] 《伦理学》编写组编：《伦理学》，北京：高等教育出版社、人民出版社，2012年版，第232页。

则而将这种道德要求自主、自由地转化为符合自己良心需要的高级的道德情感。并且，与儿童、青少年的正义感不同，正义感对于辩证认知正义的成人而言，与其说是一种道德约束，毋宁说它更是一种道德自由。第二，成人的正义感更具有稳定性与深刻性。与儿童、青少年的正义感相比，成人正义感是个体自由产生的道德情感，这种情感基于对人权与良心平等的关怀的考虑产生的，意欲促进并实现社会正义制度，不仅具有持续有效的内在动力，而且是一种比较深沉的道德情感。第三，成人的正义感具有强烈的实践价值。与儿童、青少年的正义感相比，成人的正义感是个体自主选择、自由地产生的一种意欲维护普遍的道德价值与内心道德法则的强烈情感，这种情感已经过个体的自由选择内化为个体道德信念与信仰的一部分，一旦获得良心的许可，这种强烈的道德情感在自由意志的抉择下会迅速地转化为个体的正义行为，而不受外界特殊情境与限制的约束。亦即，成人自由获得的正义感具有强烈的现实实践价值。

三、成人的正义意志

与成人正义感获得相伴而生的是成人意志自由的获得，意志自由意味着个体道德行为的发生完全是自我选择、自主决定的，而不受任何外界因素的影响和干扰。意志自由是成人正义意志的显著特征，它既是公民一以贯之正义原则的重要前提，又是公民正义品质养成的关键因素。

（一）成人正义意志的获得

成人是自由地获得正义意志的。良心带有明显的自律性质，它是个体自由地获得正义意志的关键。处于辩证认知正义阶段的成人，正处于从道德自律向道德自由的转变阶段，促使这一转变发生的重要心理机制是个体对道德良心的关注与推崇。在此之前，无论儿童、还是青少年都是根据外界标准——自然或社会需要进行正义判断并实践正义原则的，而此刻，作为道德自由的成人，他们在全面辩证认知正义的基础上，发自内心地自由地产生了公道式的正义观念，成人的正义感和正义意志的获得都是个体自由、自主选择的结果，而不受任何外界规范的影响与制约。对于成人而言，听从内在道德良心的召唤相对于社会法律与规范都具有优先性。在过去的道德发展中，儿童和青少年践行正义原则的动机在于履行自然的或社会的义务，而此刻，在良心的敦促下，原本的义务被转换成了一种个体发自内心的对道德完善的追求，良心既是义务又是道德需要。在成人看来，"真实的良心是希求自在自为得善的东西的心境，所以它具有固定的原则，而这些原则对它说来是自为的客观规定和义务。跟它的这种内容及真理有别，良心只不过是意志活动的形式方面，意志作为这种意志，并无任何特殊内容。"① 亦即，良心对成人的双重约束致使个体道德发展达到真正成熟的程度——道德自由阶段。"它既不是道德主体主观的任意规定，也不是对社会价值观念单纯的认同，"② 而是个体在道德实践活动中达成的社会普遍价值与个体生活理想的统一，亦即他我与自我的统一状态。此刻，外在的社会道德规范经过良心的过滤与筛选已内化为道德主体自由情感与信念的一部分，个体是自由、自主地认知与奉行正义原则，形成稳定的正义情感和坚定的正义意志。此外，与儿童和青少年阶段的正义意志不同，成人已"走出了在意志自由和道德规范必然性矛盾中犹豫、彷徨、无所适从、无措手足的两难窘境"③，成人的正义意志一方面在形式上是从自身出发，另一方面在内容上却又与外部的社会道德规范相吻合，从而达到了"从心所欲而不逾矩"的境界。并且，成人正是在良心的约束下自由地获得正义意志的，受良心约束的正义意志对个体的道德行为起重要的调节作用。良心的形成意味着成人对于正义的价值、意义都有了深刻的

---

① ［德］黑格尔:《法哲学原理》，范扬，张企泰译，北京:商务印书馆，2010 年版，第 139 页。

② 彭柏林:《道德需要论》，上海:上海三联书店，2007 年版，第 144—145 页。

③ 彭柏林:《道德需要论》，上海:上海三联书店，2007 年版，第 145 页。

把握和理解，并在内心形成了一种听从内心道德要求并自主选择的道德责任感。此刻，与对外在社会道德规范的功利价值的关注相比，成人更关心的是道德规范的内在价值和道德自我的真正实现。"这时，人们履行道德要求不再是义务和良心的要求，而是心灵的一种内在呼唤。"① 诚如黑格尔指出的，"人作为良心，已不再受特殊性的目的的束缚。"② 个体发自内心地对良心约束的呼唤完全脱离外界功利的驱动，而纯粹是一种自我约束，成人认为，唯有良心约束的行为才是真正自由的。

（二）成人正义意志的基本特征

成人的正义意志是在对正义辩证全面认知基础上产生的，受个体自由产生的正义感的影响以及良心的制约，具有普遍性、真实性与自由性特征。普遍性是就成人正义意志的内容而言的，该阶段，意志被假定为主体规定着自己。换言之，成人的正义意志是一种建立在自我反省基础上又回归到普遍性上的特殊意志——自我规定自己。其次，成人的正义意志是一种真实的意志。一般来说，儿童青少年的正义意志是自发或自觉地产生的，主要受情欲、冲动等因素的干扰与影响，是作为独立于自我之外的感性意志存在。而成人的正义意志作为一种反思的意志不仅包含感性的东西更包含思维的普遍性。相形之下，思维是一种理论的态度，而意志却是包含理论态度在内的实践的态度。亦即，正义意志作为能思维并能实践的意志，它是真实的、自由的意志，并在自身中实现了感性与理性的辩证统一。道德不自由的个体不会具有自由意志，因为他们不会思考自己，因此他们也不会知道自己的本质与自由。理性认知正义的青少年尽管能思维，但他们的意志所希求的东西是依附于外界需要的，个体不具有思维的自由，因此青少年意志所希求的东西并

---

① 彭柏林：《道德需要论》，上海：上海三联书店，2007年版，第145页。

② ［德］黑格尔：《法哲学原理》，范扬，张企泰译，北京：商务印书馆，2010年版，第139页。

不是自由本身，意志的内容并非一致，因此不具有真实性。唯有成人，其正义意志希求的是自由本身，"就是说，当自由希求自由时，只有这时意志才是真实的意志。"① 最后，成人的正义意志属于意志自由的范畴，自由性是成人正义意志的显著特征。成人是否具有自由意志？该问题旨在解答个体究竟该在何种条件下对于自己的行为承担道德责任。在现代社会，自由对于个人与社会的意义是不言而喻的。人类之所以如此渴望自由，"因为我们希望有能力和机会来满足我们更多的欲望。"② 日常生活中，我们已经享有的那些自由都只是表面上的自由。真正的意志自由是在个体摆脱外界普遍存在的意识形态影响下形成的，亦即我们欲求的满足不受制于外界条件，这才是真正的意志自由。意志自由意味着个体的行为完全是其自由选择、自主决定的，而不受外界影响与干扰。可见，意志自由的根本问题是，我们自由行动的根源是我们自己，而不是外界因素。对于辩证认知正义的成人而言，他们的正义意志已完全摆脱外界的限制与束缚，而仅服从于良心的需要，带有明显的自主性与自由性特征。无论是正义行为的实践活动还是正义品质的养成，自由地产生的正义意志都起着至关重要的作用，脱离意志自由的正义行为或正义实践活动是不真实的，也不利于公民正义品质的养成。

四、成人的正义行为

感性认知正义阶段的儿童通过服从权威以及抵罪式惩罚的方式践行正义原则，而处于理性认知正义阶段的青少年则通过服从社会道德规范及回报式惩罚的方式进行正义实践活动，成人的正义行为是建立在辩证全面认知正义原则的基础上的，无论是其正义实践活动还是坚守的正义原则，甚至是正义实践的特点都明显不同于儿童和青少年。该阶段，奠基于人权与良心基础上

---

① ［德］黑格尔:《法哲学原理》，范扬，张企泰译，北京:商务印书馆，2010 年版，第 31 页。

② 徐向东编:《自由意志与道德责任》，南京:江苏人民出版社，2006 年版，第 3 页。

的公道式正义取代了过去的平等式正义，成人信奉的正义原则已摆脱外界的限制与束缚，而自由地内化于自己的道德信念与行为实践活动中。因此，成人的正义实践活动主要表现为义无反顾地践行正义原则，以及面对不正义现象时，成人表现出的良心拒绝与不服从态度与行为。该阶段，成人的正义实践的主要原则是自然的义务、中庸与公道原则。最后，与儿童、青少年的正义操作不同，成人将分配的正义、矫正的正义以及交换性正义协调成一个有机统一的整体，这个整体的核心是维护人的基本权利，建构起一种公道式的正义。

（一）成人的正义实践活动

自由地获得正义感与正义意志的成人由于对正义原则有着深刻的信仰与稳定的信守，因此，就个体而言，这种对正义原则的道德坚守正是个体道德自由的最佳表现。在该阶段，公民的正义实践活动通常会用严格的服从正义的方式来进行正义实践活动，这是毋庸置疑的。但决定人的物理存在的重要因素——制度文明程度通常影响着人道德行为的自由程度。在现实生活中，二者的冲突主要表现于个体道德发展的最高阶段——成人，即制度正义的程度与公民正义行为实践的冲突，由此，使得成人的正义行为实践活动明显地具有社会历史性特征，社会制度正义的程度影响着公民的正义行为实践。

首先，当社会制度整体是正义时，守法是公民的一项自然义务，更是公民正义实践的重要方式。但对于道德理性成熟的公民而言，通过严格的服从来践行正义原则仅是常态下公民的正义行为方式，而且是一种理想的理论。特殊的情况是，建立在对公民自由、平等权利尊重与保护的基础上的现代民主法治型国家，通常社会制度整体是正义的，但生活于其中的公民仍会遭遇个别的不正义，此时，辩证认知正义的成人该如何实践正义原则？亦即，政治制度整体正义，个人面对一种不正义的现象时，个人应该如何行为？在此问题上，罗尔斯关于公民不服从和良心拒绝的解释是适合于成人的正义实践活动的，它们作为制度正义背景下公民践行正义的特例存在，共同彰显着公民对内心固守的正义原则尊重与维护，并且，公民的不服从与良心拒绝都是有条件的，其终极目的是为了推动社会制度日益完善与正义。可见，在制度正义大环境下，守法、公民不服从与良心拒绝是成人正义实践的主要内容。

由于制度文明程度制约个体道德自由的实现程度，因此，当社会制度严重不正义时，理性的成人就会采用比良心拒绝更激进也更暴力的方式来践行内心的正义原则，即暴力革命。暴力革命是极端情况下，公民为实现道德自由的特殊选择。

有没有存在第三种情况的可能，即社会制度既不属于严重的不正义，也谈不上正义，那么，此刻公民又该如何践行正义呢？这种情况其实要比以上两种情况都复杂得多，通常出现于时代交替与转型期，旧有的不正义的制度正在被新的完善的制度所取代。在此背景下，成人的正义实践受社会历史条件的制约既有可能表现为暴力革命，也有可能表现为逆来顺受，甚或是公民不服从与良心拒绝。可见，由于成人的正义实践受制度文明程度的制约，尽管个体具有了精神性的道德自由，但现实的物理性存在影响着成人正义实践的多样性与复杂性。

（二）成人正义实践的基本原则

成人无论是以严格服从还是不服从方式进行正义实践活动，他都必然要依从于一些他坚信的正义实践原则，这些原则主要包括自然的义务原则和公道原则。首先，自然的义务原则是相对于职责而言的，它是成人具有的一种绝对的无条件服从正义原则的义务。它的典型特征包括两方面内容，第一，自然义务不是由社会制度规定的，也与个体的自愿无关；第二，自然的义务在任何制度下都适用，人们承认自然义务的立场是自己是平等的道德人。根据罗尔斯的观点，最重要的自然的义务有两种：一是当正义制度已存在时，公民服从并支持正义制度的义务；二是当正义制度不存在时，公民有帮助建立并发展正义制度的义务。简言之，成人秉持的自然的义务原则就是那些有助于促进并发展制度正义的义务。此外，成人还有一些别的自然义务：相互尊重的义务和相互帮助的义务。相互尊重的义务相应于人的道德人格。一方面，尊重对方意味着视对方为道德人，相信他会接受正义观的约束，具有一种正义感。另一方面，相互尊重能增强彼此的安全感，现实的社会需要相互合作来促进共同利益。相互帮助的义务意味着，一方面，被帮助者的获益远大于帮助者的损失；另一方面，现代社会中，我们在遇到困难时必然需要他人的帮助。它最重要的价值在于我们对他人的善意也许会得到回报，即当我们需要帮助时，别人也会善意地帮助我们。其次，当自然义务发生冲突时，应怎样平衡这些义务，罗尔斯用罗斯的自明义务论的主旨做了回应。自然义务有两种：一种是自明的义务，另一种是考虑所有条件的义务。当自然义务发生冲突时，我们应考虑所有条件进行判断。此外，公道原则也是成人进行正义实践活动的基本指导原则。就个体的正义实践而言，成人秉持的正义原则至少包含两方面内容：一是在道德评价与利益分配时能做到不偏不倚；二是行动要适当。不偏不倚与行为适当的实质都是适度原则，这其实就是成人公道品质的重要表现。公道反对走极端的行为，它类似于中庸，是道德人根深蒂固的正义原则。

（三）成人正义实践的特点

辩证认知正义的成人，他们是自由地获得正义感和正义意志的，这种具有稳定性特征的正义感和正义意志致使个体以一种公道式的正义操作取代了平等主义的正义实践，成人的这种正义实践活动与儿童和青少年的正义实践活动有着显著不同。该阶段，成人基于人权与良心的关怀认知正义原则，并通过自由平等的互惠式操作进行正义实践活动。换言之，成人的正义实践活动表现为各种正义操作活动形成了一个协调的整体，"这个整体构成了道德决策的自我意识结构。"① 成人自由、自主地通过协调平等与互惠达致公道。这种公道式的正义奠基于对每个人基本权利保护的基础上，承认个体的不同需要，尤其是要"考虑处于社会上最不利地位的个体的观点。"② 该阶段，成人既重视契约的产生，又重视契约的执行，即程序性正义被视为个人正义实践的重要方面。与儿童、青少年的平等式互惠操作不同，成人的互惠操作更突出个体的自由、自主权利，成人意识到契约是自由的个体一致同意缔结而成的，等价交换作为互惠操作的一部分被包含于正义实践活动之中。公道式的正义意味着，社会道德规范与法律应普遍地适用于对所有人基本的自由、平等与生命权的保护与尊重，"每个人都应该有为社会作出贡献的公平机会，并获得适当的利益，即使他们有不同的起点或出于不利的地位。"③ 具体说来，分配性的正义通过建构合理的社会合作机制，旨在尊重与维护人的基本权利。矫正性正义摒弃了报复性惩罚正义的思想，亦即，无论是儿童阶段的抵罪式惩罚还是青少年的回报式惩罚都被抛弃。辩证认知正义的成人意识到，尽管报复性惩罚对于惩治犯罪以及维护受害人的权利是必要的，"但是它不是以使他们遭受痛苦或死亡作为对过失或不道德行为的'报复'为基础的。"④ 因为犯罪者和其他人一样都具有人的尊严，并且只要这种尊严与正义原则一致，那么犯罪者也应受到尊重。以海因兹偷药⑤ 的情况为例，出于对人的生命权的尊重，海因兹应该偷药，尽管这有悖于现实的法律。因此，海

① ［美］L.科尔伯格:《道德发展心理学——道德阶段的本质与确证》，郭本禹，何谨，等译，上海：华东师范大学出版社，2004 年版，第 615 页。

② ［美］L.科尔伯格:《道德发展心理学——道德阶段的本质与确证》，郭本禹，何谨，等译，上海：华东师范大学出版社，2004 年版，第 616 页。

③ ［美］L.科尔伯格:《道德发展心理学——道德阶段的本质与确证》，郭本禹，何谨，等译，上海：华东师范大学出版社，2004 年版，第 613 页。

④ ［美］L.科尔伯格:《道德发展心理学——道德阶段的本质与确证》，郭本禹，何谨，等译，上海：华东师范大学出版社，2004 年版，第 616 页。

⑤ 海因兹偷药的故事是心理学家科尔伯格在给学生上课时经常举出的一个经典心理学案例，旨在通过道德两难对话法了解不同阶段个体的道德判断情况。

因兹偷药的行为不应当受到惩罚，但他的行为的确有悖于程序正义。可见，该阶段，"矫正性公正也强调人权和社会福利，惩罚的报应思想被放弃。"[1]最后，该阶段的交换性正义建立在对契约的尊重与遵守上。契约"作为社会一致的一种必要形式以及人力关系的基础"[2]，对于交换性正义有着重要意义。对于成人而言，个体自由订立的契约既是社会关系的基础，又是道德义务的来源。契约是自由个体经过一致同意订立的，对契约的尊重即是尊重订约的每个人的权利、内在尊严和机制，而"违背协议被认为是对他人固有尊严或价值的侵犯。"[3]显见不争的是，与分配性正义和矫正性正义一样，交换性正义的目的也是为了尊重达致协议的各方的权利。

---

① ［美］L.科尔伯格：《道德发展心理学——道德阶段的本质与确证》，郭本禹，何谨，等译，上海：华东师范大学出版社，2004年版，第613页。

② ［美］L.科尔伯格：《道德发展心理学——道德阶段的本质与确证》，郭本禹，何谨，等译，上海：华东师范大学出版社，2004年版，第613页。

③ ［美］L.科尔伯格：《道德发展心理学——道德阶段的本质与确证》，郭本禹，何谨，等译，上海：华东师范大学出版社，2004年版，第613—614页。

第四章　公民正义品质培养的外在机制

当代正义论大师罗尔斯在《正义论》开篇就指出："正义是社会制度的首要德性，正像真理是思想体系的首要德性一样。"[①] 在他看来，个人获得正义感并按正义的要求履行职责的前提是社会制度必须是正义的。只有在正义的制度下，做一个好人才是善的，制度的正义优先于正义的人。可见，制度正义对于公民正义品质的养成至关重要。无独有偶，当代法哲学家博登海默也强调，"仅仅培养一种公正待人和关心他人的精神态度，其本身并不足以使正义处于支配地位。推行正义的善意，还必须通过旨在实现正义社会的目标的实际措施和制度性手段来加以实施。"[②] 可见，公民正义品质的养成需要以社会正义的实现为前提和保障，而社会正义的实现又依赖于社会正义的理论及与其相应的制度体系。制度正义不仅能引导公民形成正确的正义认知和价值观，更重要的是，制度的激励与制约功能推动着理性公民在社会实践活动中由自发的道德转变为自觉的道德，进而达至自由道德阶段。

首先，制度正义有助于影响公民的正义认知，进而引导着公民形成正确的正义观念。亦即制度正义对于公民的正义认知具有导向作用，通过对正义的维护以及对不正义的制裁强化着公民的正义感。因为只有通过制度的提倡

---

① ［美］约翰·罗尔斯：《正义论》，何怀宏，等译，北京：中国社会科学出版社，2009 年版，第 3 页。

② ［美］E. 博登海默：《法理学：法律哲学与法律方法》，邓正来译，北京：中国政法大学出版社，2004 年版，第 278 页。

与宣扬，正义才能获得社会的普遍认同，从而提高公民坚守与践行正义的自觉性。其次，制度正义通过正面激励功能激发公民的正义感，强化公民的正义信念与意志。最后，正义的制度是公民正义品质养成的重要的社会保障机制，公民正义品质的养成需要制度正义保驾护航。众所周知，制度正义通过强制性的措施达致纠正偏私、惩恶扬善，以解决社会不公正问题，从而使外在的他律转化为公民内心的道德信念，"强化人们对自己所承担的各种责任和义务的认识，提高其履行责任和义务的能力。"①

细究起来，这种影响与塑造公民正义品质的制度主要包括三方面内容：公民正义美德教育制度，政治领域的司法正义制度，以及经济领域的分配正义制度。公民正义美德教育制度是公民获得正义认知的主渠道，也是道德教育必须坚持、常抓不懈的重要手段。此外，正义作为一种实践德性，它的养成有赖于公民日常生活中的行为习惯，社会政治、经济制度作为公民正义行为实践的社会大环境，其正义与否直接影响公民正义行为习惯的稳定性与持久性，进而影响着公民正义品质的养成。因此，本章研究的总思路是探讨公民正义品质培养的微观环境——公民教育制度，宏观环境——政治与经济制度的正义在公民正义品质培养与塑造中的特殊作用。其中，公民教育对于公民正义品质的培养具有基础性和决定性意义，政治领域的司法正义制度和经济领域的分配正义制度则为公民正义品质的获得营造合宜的社会政治经济环境。

第一节　公民教育制度：公民正义品质培养的主渠道

正义是作为公民的一种道德品质，属于精神上层建筑的范畴，具有历史

---

① 李建华，曹刚等著：《法律伦理学》，长沙：中南大学出版社，2002年版，第104—105页。

性和阶级性，正义的内容受制于社会生产力的发展水平。处于道德无意识阶段的儿童，他对正义的认知和理解都是父母等权威人灌输的结果，但显然，由于缺乏理性与道德自觉性，因此，学前儿童的正义观念并没有真正形成。直至个体由家庭走向学校与社团，青少年的正义认知主要是通过学校的思想教育和舆论宣传获得的，在正义理念灌输下，正义逐渐为公民理解和接受，在此基础上，正义理念才有可能内化为个体的道德意识，并成为个体为之奋斗的理想和信念。

对于正义品德的培养而言，没有什么比公民教育活动对个体的影响更深的了。因为公民教育活动对个体道德的培养而言，其影响既深且广，当个体还处于对权威道德绝对服从的时候，公民教育活动就已经通过学校德育的形式影响与塑造着公民的善恶、正义观念了。由于此刻的个体处于道德无意识向道德他律阶段的过渡，因此，幼年时的道德教育对个体道德发展的影响是最深远的，甚至伴其一生。可见，以学校德育为依托的现代公民教育在公民正义品质培养过程中具有基础性和决定性作用，是公民获得正义认知的主渠道，也是公民正义品质养成的前提和基础。

一、公民正义美德教育的必要性与规律

公民教育是培养公民正义品质最直接、最重要的途径。广义的公民教育是一种为培养现代社会公民所应具有的知识、技能以及道德品质所进行的教育、培训活动，一般由执政党主导，学校是公民教育活动的主阵地。换言之，公民教育的目的旨在通过公民知识的传授与公民技能和道德素质的培养，将潜在公民转变成维护社会制度正义的积极参与的高素质公民。"公民教育具有基础教育、全民教育和终身教育的性质。"[1]

---

[1]　蓝维等著：《公民教育：理论、历史与实践探索》，北京：人民出版社，2007年版，第21页。

（一）正义美德教育在公民教育中居基础性地位

公民教育的内容涵盖政治、法律、经济与道德各方面。其中，道德教育是公民教育的主要组成部分，与公民教育侧重于培养政治上合格的公民目标不同，道德教育的目标旨在培养社会成员成为有道德的人。但长期以来，作为公民教育主渠道的思想政治教育课在学校教学中被边缘化，课程设计多是理论灌输，知识比较陈旧，这导致我国公民教育面临巨大困境："教育内容空洞化，教育过程形式化，教育手段单一化，教育成果低效化。"① 致使当前我国公民教育的总体状况表现为公民教育的内容与形式单一、守旧，学生对公民教育活动缺乏兴趣，学习积极性不高。与公民教育收效不佳问题相伴的问题是，当前我国道德失范现象层出不穷，道德失范问题的产生既有社会制度方面的原因，更与当前我国思政教育的不得力有关。

一般来说，思想政治教育是我国公民教育的主渠道，思想政治教育的内容主要包括思想教育、政治教育、法治教育与道德教育四方面内容。就道德教育而言，我国的道德教育重宏观，轻微观；重理论灌输，轻道德实践；重口号宣传，缺稳扎落实；有的道德规范总体上过于高、大、空。以至于有学者将当前我国的道德教育概括为："大而无当，高不可攀，不可捉摸，无法操作"②。思想政治教育的目标是培养公民具有高尚的道德人格，如为人民服务、爱国奉献精神。这种将政党的道德教育目标普及至公民大众，是不适宜的，也是不现实的。尤其是在金钱至上的现代社会，公民的道德自觉性下降，致使这些高尚道德多停留在政治宣传口号上。其次，当前我国的道德教育方法也存在着一些问题，在革命战争年代和计划经济条件下十分有效的道德理论灌输法在市场经济日益发达的今天仍被照搬照抄，道德灌输方法的弊

---

① 张鹏燕：《中国民主政治建设中的公民意识培育》，《三峡大学学报（人文社会科学版）》2008 年第 S1 期，第 8 页。

② 廖小平：《面向道德之思——论制度与德性》，长沙：湖南师范大学出版社，2007年版，第 168 页。

病在于道德主客体之间的地位平等心态，在高扬自由、平等的市场经济背景下这种教育方法显得苍白无力，不能奏效。由于道德教育内容不当以及教育方法的守旧，致使道德教育的效果低下。因此，笔者认为，道德教育应该落到实处，最重要且最首要的任务是培养与塑造学生的正义感与正义美德。

之所以把正义美德看得如此重要，还有一个重要原因是：正义作为一种具有普遍公共要求的底线美德，更易于实践。"正义的基础性表现为它是道德的基准，公民是按照正义与否来判断个人行为的道德与否。"[①] 亚当·斯密曾将正义的这种基础性地位比作支撑社会大厦的支柱，"如果这根柱子松动的话，那么人类社会这根雄伟而巨大的建筑必然会在顷刻之间土崩瓦解。"[②] 可见，正义是社会存在的根基，一旦社会缺失正义，社会将是不稳定的。此外，"正义还是公民与公民之间进行公共对话、制裁并解决分歧的底线，公共舆论的合理边界由正义维系。"[③] 正义作为一种合作德性，有助于公民之间交流活动的有序进行与开展。当然，现实中存在着"搭便车""擦边球""逃票"等违背正义要求的行为，但从长远来看，这些行为既不具有普遍性也不具有持久性，因此在一定条件下不会影响正义作为道德底线的性质。最重要的是，在理性多元的现代社会，公民的道德品质也呈现出多元化，相较于仁爱等崇高道德品质，正义美德是一种底线道德品质，是诸多高尚道德品质的基础，更易于践行。

（二）公民正义美德教育的一般规律

公民正义美德教育的一般规律是通过公民正义认知的学习、正义情感的体验，正义意志和正义行为的实践体现出来的，此四者是正义道德教育的一

---

① 吴俊：《论公民美德》，《哲学研究》2010 年第 3 期，第 92 页。

② ［英］亚当·斯密：《道德情操论》，蒋自强，等译，北京：商务印书馆，2011 年版，第 106 页。

③ 吴俊：《论公民美德》，《哲学研究》2010 年第 3 期，第 92 页。

般过程，当四者都形成后，公民的正义品质也就自然形成了，这是一个完整的正义道德教育过程，而正义美德教育的一般规律正是体现在这个过程中。

1. 正义美德教育的层次性与渐进性

层次性和渐进性不仅是就正义美德教育的内容而言，更是针对教育的目标和对象的范围以及道德教育的手段而言的。与专业技能的教育不同，道德教育是伴人一生的，培养公民具有高尚的道德品质是公民道德教育的总目标。但个体道德的发展是由低到高，逐步前进的过程，因此，公民正义美德的教育也应根据不同道德对象进行教育目标、内容、手段的调整。

由前文关于公民正义品质内在培养机制的考察可知，公民正义品质的养成是伴随个体理性的发展以及个体社会化程度的提高而循序渐进形成的。总的来说，公民道德教育应遵循青少年道德认知与发展的一般规律来安排设计课程。具体说来，处于从道德无意识阶段向道德他律阶段过渡的儿童对于正义的认知完全是崇拜或惧怕权威引起的，其正义认知的主要来源是家庭教育，更确切地说是父母等权威人的命令，因此，在该阶段，家长等权威人可以"依靠奖励机制和实用主义原则从外灌输公民身份应该具备的一些基本道德和职责。"[1] 随着个体理性能力的发展，青少年逐渐由家庭走向学校社团，此刻，个体逐渐在社会化过程中获得以平等与守法为主要内容的正义认知，亦即，该阶段的公民不仅能正确认知正义，并能在社会交往活动中坚持互惠与合作的理念，因此，该阶段学校道德教育应承担起在传授公民系统的政治、经济、法律知识与理念责任的同时，将具有复杂内涵的正义原则通过启发诱导式教学及时传授给公民，增加公民的正义认知和正义情感。直至个体完成道德自律之后，公民积累的社会经验推动着公民不仅要秉持正义原则，更要实践正义行为，至此，正义品质才能称之为个体具有的稳定的德性。

---

[1] 章秀英:《公民意识评价与培育机制》，北京：中国社会科学出版社，2012年版，第275页。

2. 正义美德教育的实践性

正义不仅是一种理智德性，更是一种实践德性，这意味着公民正义美德的教育必须与公民的日常生活实践结合起来。"道德教育应该关注公民的现实生活，帮助其理解生活的目的、价值和意义，引导人们形成完整的精神生活，把接受道德教育、加强个人修养作为自己生存、生活的形式，提高生活质量，丰满个体人生。"① 总的来说，学校公民正义美德教育的总指针是显性教育与隐性教育相结合，理论学习与实践锻炼相结合。

3. 正义美德教育的开放性

公民正义美德教育的开放性不仅指教育途径的多元化，更指教育内容和教育资源的多样性。一方面，教育途径的多元化主要是指公民正义美德的教育必须坚持学校、家庭、社会"三位一体"的道德教育培养模式。亦即，学校在引导公民形成正确的正义认知的同时，家庭与社会应予以积极配合，通过各种方式为公民正义品质的养成提供实践的渠道和路径。无疑，学校是对公民进行系统正义观教育的主阵地，这不仅是因为学校是社会大多数人在成长过程中都必然要接受的教育，更重要的是，个体即使离开了校园，为人父母为了培养好孩子，仍对学校教育予以关注和支持。因此，学校的特殊地位决定了它对公民的正义认知、正义感的形成有不可推卸的责任。其次，家庭作为公民社会的细胞单元，它有责任与义务为国家培养好公民。加之，家庭是公民道德认知的起点，父母的道德认同不仅影响公民早期的道德观，更有甚者，会对公民一生的道德追求产生影响。因此，家庭推崇的道德不仅奠定了公民最初的正义认知，更影响着公民以后的道德理想。最后，社会是公民正义品质养成的重要场所，对于公民个体而言，学校接受的正义美德认知与正义价值认同必须经过社会实践才能成为内化于个体之中，成为个体坚定执着的追求。因此，社会应为公民正义品质的实践活动营造正面的积极氛围。

---

① 焦国成主编：《公民道德论》，北京：人民出版社，2004 年版，第 332 页。

二、公民正义美德教育的内容

如黑格尔所说，"人类只有通过接受教育和训导才能完全实现自己。"①公民正义品质的培养有赖于学校的公民正义美德教育。通常，正式的教育（以公民正义美德教育为内容的制度化教育）是最有利于培养公民正义品质的公民教育形式，以学校为主体的公共教育机构是培养公民正义品质的主阵地。首先，公民正义美德的教育应从公民幼年时期就开始，针对不同道德发展阶段公民的生理与心理特点的差异，学校公民道德教育课程的设置要分层次、分形式地对公民进行道德规范知识的灌输与渗透。其次，公民正义美德教育在内容上，应以经济、法律、政治教育为主，培养现代公民应具有的平等意识与规则意识。最后，公民正义品质的形成与稳定还有赖于校园及日常生活中正义实践活动的有效性与持续性。把正义精神与要求渗透到校园活动中，一方面会促进学校正义之风的盛行。另一方面，会加深公民对正义的理解和感悟，进而激发着学生的正义感，促进个体正义行为的实施。校园活动涵盖了学生生活的方方面面，校风与学风正是通过学生的校园活动形成的。校风与学风作为隐蔽性课程，"对于学生的品德与态度的形成和发展有着深远的影响。"② 总的来说，学校公民正义美德教育分为两方面内容：公民教育理论课与公民实践活动。一方面，学校通过有计划、有针对性地对公民开展公民正义理论知识的讲座，增加学生对正义相关理论的认识和理解；另一方面，学校要建立与公民正义美德教育课相适应的公民正义行为实践活动课程。正义的理论必须经由实践的检验，才能加深公民对正义的理解和情感，并且，只有经过多次行为实践，公民的正义意志才得以强化，行为习惯才可能具有稳定性。总之，正义实践活动不仅能加深公民对正义的认知，更能增进公民

---

① ［德］黑格尔：《黑格尔历史哲学》，潘高峰译，北京：九州出版社，2011年版，第55页。

② 蓝维，高峰等著：《公民教育：理论、历史与实践探索》，北京：人民出版社，2007年版，第423页。

的正义感，强化公民的正义意志，从而促进公民养成正义行为的习惯。这是公民正义美德教育的总的指导思想。

为了培养公民的正义品质，正义美德教育的内容该如何设定呢？因为对正义的概念界定直接影响着公民的是非、善恶观念。正义的基本含义指"给每个人以应得的"，对于个体美德而言，正义的含义无非两种：一是正义要求个人享有的权利应与其所尽的义务对等，即正义要求公民具有平等意识；二是守法即正义，在该语境下，正义要求公民具有规则意识，亦即自觉服从社会道德规范的意识。从正义的双重含义可以看出，公民正义美德教育的内容主要是培养公民具有平等意识和规则意识。

（一）政治、经济教育有助于培养公民的平等意识

从公民正义品质发展的一般过程来看，平等意识是公民在社会化过程中逐渐形成的，有赖于个体理性与移情能力的发展，与个体在社会化过程中接受的权责对等意识密切相关。具体说来，通过对适龄学生进行民主政治与市场经济制度的知识灌输是增强公民平等意识的最便捷途径。一方面，民主政治制度为公民平等意识的形成提供制度支持与保障。民主的基本含义是人民主权，在我国就意味着人民当家作主。马克思主义经典作家将民主政治的特征界定为两方面内容：其一，民主政治既是政体又是制度，阶级性是其首要含义。其二，民主政治是一种维护人民权利的政治制度。换言之，民主政治就是在特定的经济关系基础上，由公民中的多数为了保障公民权利得到平等实现，根据既定的程序行使和规范政治权力的一项政治制度。因此，在现代社会，公民的平等意识突出表现为地位平等、权利平等以及机会的平等。具体说来，在民主制国家里，平等意识还意味着公民平等地参与国家公共事务的管理活动，每个公民的人格都是独立、平等的，尤为强调的是公民的政治平等，即公民"都应当有平等的政治地位和社会地位"①。总之，建立在平等

---

① 《马克思恩格斯文集》第9卷，北京：人民出版社，2009年版，第109页。

的普选权基础上的民主政治在给予每个公民以平等的政治机会和参与权利的同时，促进公民平等意识的产生。另一方面，以平等自由竞争为核心机制的市场经济要求公民进行依据等利害交换关系进行经济交往活动，强化着公民的平等意识。

（二）法律教育有利于增强公民的规则意识

对于公民正义品质的培养而言，以法律教育为主要内容的公民正义美德的教育涵盖了从社会道德规范直至正式法律法规的一般内容。法律教育的目的不单单是向公民普及法律常识，更重要的是，它通过法律相关知识及法律性质与措施的传授，旨在约束个体的不道德行为。在本质上，法律属于社会道德规范的范畴。"道德规范的最基本功能就是向个体指出何为善、何为恶，进而表征出整个社会所倡导的普遍善的标准，即肯定何者应当做、何者不应当做。"① 与社会道德规范相比，法律的要求更具有道德底线性质，凡是法律反对的一定是违背社会道德规范的，因而也是不正义的。可见，"作为普遍的导向的道德规范，仅仅规定了个体行为的最低正当性，这种规定是一种很容易达到的标准，它所指向的是社会的道德底线。"② 无论是社会道德规范的教化，还是法律知识的传播，其目的都在于培养公民遵纪守法的规则意识。道德规范通过对个体德性形成和发展的指导，培养主体对于道德规范与道德价值的认同，从而达致维护社会秩序与促进个体德性稳定双重目的。"个体通过社会生活实践以及生命体验，使社会的普遍规范循序渐进地被个体认同、接受，并内化于个体的意识，从而实现了由天性向德性转换的过程。"③ 从个体道德发展的一般过程来看，公民正义品质获得的过程其实也是社会道德规范和法律知识内化于己的过程，随着个体理性与思维能力的发展，个体

① 俞世伟，白燕:《规范·德性·德行》，北京:商务印书馆，2009年版，第82页。
② 俞世伟，白燕:《规范·德性·德行》，北京:商务印书馆，2009年版，第83页。
③ 俞世伟，白燕:《规范·德性·德行》，北京:商务印书馆，2009年版，第78页。

对于正义的认知由浅入深，直至完善。"道德规范内化的过程实质上是个体不断获得道德自由的过程。"① 道德规范之所以能内化于个体之中，必须满足两个要求，一是道德规范必须是符合客观规律的要求；二是道德规范还具有价值理性，即 "道德规范必须通过个体的价值评价即权衡利弊作出选择，获得价值需求的满足。"② 无疑，法律是依据客观规律制定出来的，但道德规范同样是人理性把握规律的产物。"人的行为不仅受客观规律的制约，而且也受各种行为规范的制约。"③ 道德规范的合规律性是其被个体接受并内化的基础，而其合价值性则是其被内化的关键。"道德规范只有在既尊重客观必然性，又有价值意义获得的条件下才会被人们逐渐内化。"④ 因此，唯有二者同时满足，社会道德规范对于个体而言才具现实意义，也才能被个体自觉追求。就内容而言，法律不过是底线的社会道德规范，是正式的具有普遍强制约束性的规范。"道德规范也是理性把握客观必然性的产物。"⑤ 因此，法律通常都比道德规范更易被人们遵守。但无论如何，道德规范的内化只是守法的高级形态而已，尽管个体能做到遵纪守法，但未必能真正达到道德内化的要求。可见，守法意识的培养是公民进行正义实践活动的基本要求，对于公民正义品质的养成而言，道德内化无疑显得尤为必要。值得强调的一点是，个体道德规范的内化除了对社会道德规范有合规律与合价值两方面的要求外，它还对主体有要求。处于道德无意识阶段的儿童而言，他会被动服从社会道德规范，但根本不可能达至道德内化的目标。因此，公民正义品质的获得，或者说道德与法律的内化要求公民必须具备良好的思维认知结构以及与此相伴随的健康的心理素质。"认知结构是人们学习和生活阅历的结果，对人们

---

① 俞世伟，白燕:《规范·德性·德行》，北京:商务印书馆，2009 年版，第 41 页。
② 俞世伟，白燕:《规范·德性·德行》，北京:商务印书馆，2009 年版，第 41 页。
③ 俞世伟，白燕:《规范·德性·德行》，北京:商务印书馆，2009 年版，第 42 页。
④ 俞世伟，白燕:《规范·德性·德行》，北京:商务印书馆，2009 年版，第 45 页。
⑤ 俞世伟，白燕:《规范·德性·德行》，北京:商务印书馆，2009 年版，第 42 页。

深刻理解外在的道德规范有重要作用，一个人知识和阅历越丰富，他的理解力就越强，体悟道德的能力就越高。"① 因此，以法律教育为主要载体的学校道德教育的实质是通过道德规范的灌输，旨在实现由客体应当（社会道德规范对个体的约束）向主体应当的转变（道德内化的过程），即由道德他律走向道德自律。

三、公民正义美德教育的方法

当前我国公民道德教育存在的假、大、空现象，很大程度上是由于道德教育目标不适当、教育方法不恰当引起的。为扭转道德教育的困境，我们必须在教育目标上由政党道德目标向公民底线道德目标转变，即实现道德教育的核心价值由仁爱向正义的转变。在教育方法上，"不再以灌输学术权威知识为目的，而代之以一种'敞开式的'教育理念"②，通过教师的启发与引导培养学生独立思考和创新能力。

当前我国德育存在的突出问题表现为受教育知而不信、信而不行的问题。对于公民正义品质的培养而言，就是正义道德教育过程中公民的正义认知与正义感、正义意志与正义行为实践的矛盾，即知行脱节的矛盾。显然，"知"的责任在于教育者的主体性与积极性，而"行"的关键在于受教育者的道德实践的主体性与自觉性，换言之，知行脱节的实质是教与学的矛盾。从"教"的角度看，教育者的主要职责在于引导公民形成正确的正义认知，而从"学"的视角来看，正义美德教育过程可分为四个阶段：关于正义观念的道德认知学习、关于正义感的道德情感体验学习、关于正义意志的道德实践学习及舆论引导，以及关于正义行为的道德习惯学习，四个阶段最后统一凝聚于正义德性之中。

---

① 俞世伟，白燕：《规范·德性·德行》，北京：商务印书馆，2009年版，第45页。

② 柯卫：《当代中国法治的主体基础——公民法治意识研究》，北京：法律出版社，2007年版，第274页。

公民正义品质的养成也是德性培育的过程，"关键在于如何提高个体的道德认知水平、健全个体的道德情感和形成良好的道德习惯的过程。"[1] 个体的道德认知水平主要依赖于个体道德理性能力的发展，而个体的道德情感和道德习惯的养成既需要个体具有向善的潜能，更需要个体的道德情感经验作为基础。一般来说，每个身心健康的公民，其道德理性能力发展所经历的阶段都是相同的，之所以个体道德程度不同，主要与个体向善潜能的发挥，以及个体的道德情感经历有关。显然，"向善的潜能是德性培育的前提。"[2] 与其说道德教育的目标是培养公民具有高尚的道德品质，毋宁说，道德教育的宗旨是启发个体潜在的善德，从而培养主体具有自觉的道德认知、情感与行为。"德性培育不是来自外在的强制，而是出于主体内在的各种道德因素形成的道德需要。"[3] 其次，由于每个人的道德经历不同，因此道德情感的体验会有着显著差异，而道德情感的体验直接关系个体道德意志的坚定程度，从而影响个体道德行为的实践。"道德情感是主体对德性产生角色认知后形成的对外部事物的喜爱、厌恶的内心体验"[4] 一般来说，移情是道德情感体验发生的内在主要机制，它决定着个体道德情感体验究竟是正向体验还是负向体验。一般来说，正向的道德情感体验能激发公民对善的追求，强化着个体行善的意志，是个体道德行为的内驱力。相反，负向体验则阻碍着个体道德的认同，从而不利于个体道德品质的养成。

"公民道德教育从一定意义上讲是一种'艺术'，它应注重教育方法和手段的细致、生动，努力寻求'润物细无声'的教育效果。"[5] 从道德品质的四种心理成分来看，思想品德的教育可以从多方面着手进行。一般说，道德教

---

[1] 俞世伟，白燕：《规范·德性·德行》，北京：商务印书馆，2009 年版，第 96—97 页。

[2] 俞世伟，白燕：《规范·德性·德行》，北京：商务印书馆，2009 年版，第 97 页。

[3] 俞世伟，白燕：《规范·德性·德行》，北京：商务印书馆，2009 年版，第 97 页。

[4] 俞世伟，白燕：《规范·德性·德行》，北京：商务印书馆，2009 年版，第 98 页。

[5] 焦国成主编：《公民道德论》，北京：人民出版社，2004 年版，第 329 页。

育应从道德认知开始，低年龄的个体注重训练其道德行为习惯，理性成熟的个体，应注重引导其形成正确的道德认知和道德判断。具体说来，"对会说不会做的学生，需要从加强行为培养开始；对缺乏坚持性的学生，则需从锻炼意志力开始；而对与教师情感距离大的学生，则需从动之以情开始。"①

在学校开设独立的公民正义美德课程，是公民正义品质培养的重要途径与主渠道。道德发展心理学家关于正义道德思维发展阶段的研究表明，道德教育的任务不在于将崇高的道德理想或社会规则灌输给学生，"而是要采取适当的方式促进学生的正义道德思维从低级阶段向高级阶段发展。"②换言之，正义理论知识的灌输对于道德发展尚处低级阶段的个体而言是有效的，因为正义知识的灌输能奠定公民的基本正义认知，但对于高级道德阶段的公民而言，理论灌输的意义远不如建立在道德两难困境基础上激发思维更有效。显然，无论是正义理论灌输还是道德两难对话法对公民正义认知而言都仅具有价值导向作用，公民正义感的养成不仅有赖于正确的价值导向，更有赖于个体的道德情感体验活动，而道德叙事法就是有效激发公民正义感的最佳途径。其次，公民正义感能否升华为坚定的正义意志，关键在于公民个体的正义实践活动。因此，学校一方面应通过合法社团为公民正义实践活动提供机会，另一方面还应规范道德舆论，尤其要重视道德楷模、精英示范的作用。在此基础上，将公民正义美德教育内容渗透到各科教学，尤其是学校的各项活动中。最后，正义美德的教育应体现于公民的日常生活中，只有在日常生活中的一贯行为才能养成公民的正义行为习惯，而这种一以贯之的道德行为习惯即表明公民正义品质的养成。因此，公民正义美德的教育不单单指正义知识的学习，更重要的是通过正义实践与体验激发学生形成正确的正义感，坚强的正义意志以及正义行为习惯。

---

① 陈安福：《德育心理学》，重庆：重庆出版社，1987年版，第4页。

② 张洪高：《从仁爱到正义：中国道德教育核心价值转变研究》，济南：山东人民出版社，2011年版，第199页。

（一）理论灌输与道德两难问答法奠定了公民的正义认知

公民的正义认知是培养公民具有正义品质的首要环节而非最终环节。"思想是行动的先导，教育观念决定教育行动的发展方向和性质。"[①] 传统道德教育一般通过理论灌输的方式将社会的道德规范传授给学生，而缺乏对学生主体性与自主性的考虑，因此，传统道德教育的结果是学生都是知而不信、知而不行。建立在平等观念基础上的现代道德教育在传统灌输教育的基础上，在教学中增加了启发诱导式的教育方法。对于公民的正义认知而言，科尔伯格提出的道德两难问答法无疑是启发儿童自然、自觉地进行道德推理与判断，形成正义认知的重要方法。道德两难问答法是一种建立在师生关于道德两难故事的讨论、交流，甚至辩论基础上，由教师引导学生去思考该如何选择才是正当的这样一种教育方法。当然，道德两难的案例选择尽量避免假设性的，虚假的故事，而应当选取一些源自生活，且切近学生生活实际的道德困境，这不仅有利于激发学生的讨论兴趣，更有利于学生去深入思考问题。道德两难故事选择的标准：内含两种尖锐的对立的价值观；道德冲突在不同文化传统下都普遍适用；问题对于个体道德发展有利。"课程的基本要素是带有争议的道德两难问题，这些两难问题将使学生在选择上产生'认知冲突'，并在他们之间引起争论。"[②] 道德两难问答法立足于对教与学者间的平等地位，旨在通过启发诱导式教育培养学生独立思考、自主学习的能力。与传统道德教育对教的重视不同，现代道德教育更重视学生的学，具体说来，就是学生的正义认知能力的培养，单独的灌输既不利于个体思考能力的培养，因而也很难激发个体对相对价值的思考，以至于个体经常陷入价值相对主义而缺乏明确的价值立场和观点。而道德两难问答法通过启发式诱导学生思考相互

[①]　张洪高：《从仁爱到正义：中国道德教育核心价值转变研究》，济南：山东人民出版社，2011 年版，第 187 页。

[②]　张洪高：《从仁爱到正义：中国道德教育核心价值转变研究》，济南：山东人民出版社，2011 年版，第 200 页。

冲突的道德之间该如何选择，怎样做才是正当与正义的，因此，相比于传统灌输教育，道德两难问答法引导着个体以积极思考的方式认知正义。

（二）道德叙事法有助于激发公民的正义感

"情感是联结认知与行为的中介"[1]，仅有正义的认知，而缺乏正义情感的体验，那么正义的行为不仅不可能，而且正义品质也无法养成。因此，对于公民正义品质的培养而言，道德情感体验是道德动机向道德行为转变的关键。可见，"要做一个真正的具有正义德性的人，正义感是必不可少的重要因素。"[2] 无疑，正义感建立在对正义的正确认知的基础上，但除此之外，正义感的形成还需要以个体的正义体验为前提。公民正义美德教育中，之所以要重视正义体验在于，它能"使道德教育的理性和情感相结合，使道德教育的存在形态与价值形态取得一致，唤醒受教育者的道德情感体验，进而带来行动上的自觉，这才是道德教育良性循环的道路。"[3] 激发公民正义感的道德叙事类型主要有三种：第一种是让受教育者自述个人的不公正伤害，通过个人自述与反省，加深个人对正义的理解，进而增强个体对不公正伤害的愤恨之情。"同时也对别人受到的类似的伤害体验更深，更容易触发义愤感。"[4] 第二种激发正义感的道德叙事类型是让受教育者讲述个体亲历的他人遭受不公正伤害的情形。与前一种叙事类型相比，此种道德叙事旨在通过移情机制加深个体作为一个旁观者的义愤之情。可见，无论是作为当事人还是旁观者，个人都能从不公正伤害中理解正义，并激发个体的正义感。"第三种道德叙

① 张洪高：《从仁爱到正义：中国道德教育核心价值转变研究》，济南：山东人民出版社，2011年版，第174页。

② 张洪高：《从仁爱到正义：中国道德教育核心价值转变研究》，济南：山东人民出版社，2011年版，第174页。

③ 张洪高：《从仁爱到正义：中国道德教育核心价值转变研究》，济南：山东人民出版社，2011年版，第206—207页。

④ 张洪高：《从仁爱到正义：中国道德教育核心价值转变研究》，济南：山东人民出版社，2011年版，第209页。

事类型是叙事者讲述自己对他人所造成的不公正的伤害的故事。"① 与前两种叙事类型相比，第三种叙事类型通过个体的忏悔与自我救赎加深对正义的理解。同时，该种叙事类型还可以告诫聆听者如何避免此类事件的发生。需要注意的是，教育者在道德叙事中的作用是至关重要的，他不仅要正确引导受教育者对正义的理解，更重要的是，他要参与叙事，聆听并讨论以及有意识地调动其他人的参与讨论的积极性，从而引导大家正确认知正义，深化大家对不公正事件的认识，引导个体反省各自的行为，从而加深个体的义愤感。

（三）公正团体实践活动益于强化公民的正义意志

公民自身具有的正义感能否转化为正义行为的关键在于公民正义意志的强弱，而影响公民正义意志强弱的重要因素在于公民的正义实践活动，即公民通过公正团体实践活动有助于强化公民的正义意志，推动公民的正义感转变为正义行为和正义品质。"因为，学校公民教育仅靠知识传授还不够，还须提供给学生参与公共事务，实践民主的机会。"② 公正团体实践活动的实质不是简单地将道德认知发展理论适用于学校道德教育实践活动，"而是根据道德教育实践来确定道德教育的目的和方法，从而在实践中研究和提出道德教育理论。公正团体法从道德两难讨论法单纯地强调促进学生的道德判断阶段的发展，转向强调学校中的公正和民主的道德氛围对学生道德发展的影响。"③ 具体说来，公正团体实践活动是在公正、民主的氛围下开展的，教育者引导受教育者以民主的方式参与学校或班级管理，受教育者通过对学校和班级事务的自主决策活动进行公民正义行为实践活动。可见，公正、民主氛

---

① 张洪高：《从仁爱到正义：中国道德教育核心价值转变研究》，济南：山东人民出版社，2011 年版，第 210 页。

② 章秀英：《公民意识评价与培育机制》，北京：中国社会科学出版社，2012 年版，第 276 页。

③ 张洪高：《从仁爱到正义：中国道德教育核心价值转变研究》，济南：山东人民出版社，2011 年版，第 214 页。

围的营造是公正团体实践活动的关键，它主要通过与社会风气相一致的校风表现出来。因此，为了营造公正、民主的校风，就需要发动全校，甚至全社会共同参与和关注公民的正义美德教育。首先，通过大众媒体引导与规范社会道德舆论是引领社会风气向正发展的首要举措。自古以来，我国的道德教育都非常重视舆论的导向作用。尤其是在信息技术日益发达的当今社会，"大众媒体由于具有覆盖面大、普及性高、形式生动活泼多样等特点，易于为广大公民所接受。媒体要主动承担起自己应有的教化民众、引导健康生活方式和传播文明的思想道德意识使命。"[①] 尤其是最近几年，一些大型公益性机构开展的各种文化活动，如传统文化讲座，大都将道德教育作为其重要主题之一，在纠正民风、引领社会道德风尚向善方面作出了卓著的贡献。其次，应发挥社会精英与道德楷模的道德示范作用，他们"在公民文化培育中具有启蒙性和前瞻性意义"[②]。无论是社会精英还是道德楷模，由于他们在社会中的特殊地位和影响，他们的一言一行都会"对社会公众将产生强烈的示范效应和价值导向性。"[③] 尤其是，"运用道德典范培育个体德性，作用往往比空洞的、抽象的说教的效果高。"[④] 因此，作为社会的良心，道德楷模和社会精英对于公民道德的提升具有不容忽视的力量。最后，还需要建立有效的奖惩机制，树立公民对正义、民主的信心。"道德之所以高尚，是因为它常常伴随着一定的利益牺牲。"[⑤] 仅凭借道德自身的力量无法达致所有人都向善，践行正义。并且，为善不得奖与为恶不得罚等现象的存在还会进一步弱化公民的正义感和正义意志。因此，对于我国当前的道德教育而言，依据法律建立有

---

① 焦国成主编：《公民道德论》，北京：人民出版社，2004 年版，第 351 页。

② 江国华：《宪法与公民教育：公民教育与中国宪政的未来》，武汉：武汉大学出版社，2010 年版，第 175 页。

③ 廖小平：《面向道德之思——论制度与德性》，长沙：湖南师范大学出版社，2007 年版，第 175 页。

④ 俞世伟，白燕：《规范·德性·德行》，北京：商务印书馆，2009 年版，第 101 页。

⑤ 焦国成主编：《公民道德论》，北京：人民出版社，2004 年版，第 351 页。

效的奖惩机制是极为必要与迫切的。一方面，通过对善的嘉奖可以激励公民追寻正义美德的信心，进而推动公民实践正义。另一方面，通过对不正义行为的制裁可以从反面警示与告诫公民要从善去恶。如果说大众媒体和道德示范是引领社会风气向正的积极正面因素，那么有效的奖惩机制则是从正方面加强社会风气向正的力量，也是实现公民由道德他律向道德自律，直至道德自由实现的重要力量。以上三方面有机结合，协调推进学校正义美德教育取得显著效果。

可见，公正团体实践活动不仅能加深公民对于正义的认知和理解，强化公民的正义感和正义意志，更重要的是，它能激发公民参与公共事务活动的积极性，锻炼公民正义实践活动的主体性。公民在教师的引导下对权利与义务关系展开讨论，在培养个体独立思考与理性思维能力的同时，公民的公共责任意识得到增强，公民技能得到锻炼，公民的合作与互惠意识得到增强。

（四）日常生活实践有助于公民正义行为习惯的养成

在正义美德教育过程中，通过理论灌输和道德两难问答培养公民形成正确的正义认知，这不仅为公民正义感的获得提供了理性的基础，"又为正义行为提供对具体道德情景的分析、判断和决策的理性基础"[①]；而正义感和正义意志作为正义行为动机产生的力量源泉，为正义行为习惯的养成提供了主观意图和力量。可见，无论是正义认知的培育还是正义感的激发，抑或正义意志的强化，归根结底，他们都是以正义行为实践为终极旨归的，而公民的正义品质恰通过公民的正义行为习惯表现出来。正义作为一种德性，它必然要扎根于人的日常生活实践，"正是在生活实践中，德性的培育才能从理论的神坛走入现实生活。"[②]换言之，唯有在日常生活中践行正义德性，个体才

---

① 张洪高：《从仁爱到正义：中国道德教育核心价值转变研究》，济南：山东人民出版社，2011年版，第177页。

② 俞世伟，白燕：《规范·德性·德行》，北京：商务印书馆，2009年版，第103页。

能真正主动、积极地认知、接受正义德性本身，而不仅仅是对正义的理论认知。"日常生活是德性培育的最主要环节和手段，它体现着人的本性，它是人本真的生命与情感的展开。"① 亦即，公民的正义行为习惯必须借助个体的日常生活实践得以养成，这是解决道德教育中知行脱节问题的最为有效的途径。具体地，它指正义美德教育的内容应回归学生的日常生活，"对德性的生命体验让道德主体自然地融入生活世界和自然之境，在日常交往中培养自身的道德情感以及移情、体验，在体验中循序渐进地积累并养成自觉体认的品质，"② 从而使道德主体通过自觉的正义行为实践养成一种对正义的内在自觉的需要。换言之，正义唯有被学生在日常生活中实践才是善的，而不仅仅局限于以理论灌输为主的知识性课堂。从受教育者的角度来看，回归日常生活的实质在于公民通过主体性的生命体验使正义成为公民生活的一种内在需要，而这种内在道德需要的产生离不开公民日常生活中的道德体验，公民在日常生活实践中不仅要意识到正义极为崇高的价值，更要意识到践行正义是个体道德提升的精神需要，惟其如此，学生的道德实践的主体性、积极性与自觉性被唤醒，那么正义行为习惯的养成才是可能的。因此，正义作为公民的内在道德需要，它的难能可贵之处在于它体现着人的生命的最高发展，"彰显着人的生命价值并提升着人的人生境界。"③

综上所述，公民正义美德教育的主要方法是正义理论灌输与实践活动相结合，主要内容是培养学生的守法意识和平等观念，因为守法与平等是正义最基本的含义与要求。

尽管公民教育制度奠定了公民的正义认知和理解，"但是，思想道德教育的有效性必须以道德关系所反映的各种利益关系得到合理调整、利益矛盾

---

① 俞世伟，白燕：《规范·德性·德行》，北京：商务印书馆，2009 年版，第 104 页。
② 俞世伟，白燕：《规范·德性·德行》，北京：商务印书馆，2009 年版，第 103 页。
③ 俞世伟，白燕：《规范·德性·德行》，北京：商务印书馆，2009 年版，第 102—103 页。

得到有效解决为前提。"① 如果正义理念的宣传与教育仅仅停留于口号层面，而缺乏具体实施的有效政治、经济制度措施，那么，公民非但不会认同学校灌输的正义理念，反会排斥。因此，必须通过政治制度的正义和经济制度的正义在理想和现实之间为公民的道德教育通过扬善抑恶的制度支持和保障。并且，从发展学的角度看，正义作为一种道德观念，它"并非产生于思想领域，而是来源于现实经济活动和经济关系以及对这些活动和关系进行必要约束和规范的社会发展需要。"② 这意味着公民对于正义的认知与理解总是受制于一定经济社会条件下人们之间的经济利益关系。可见，公民道德教育的有效实施不能脱离现实政治、经济关系和自我利益满足的需要，同时，它更需要合理的政治、经济制度来夯实现实基础。换言之，尽管公民教育制度为公民的正义认知提供了坚实的思想基础，但公民的正义情感、正义意志的强化以及正义行为的一贯坚持更需要正义的政治、经济制度予以保障和维护。

第二节　司法正义制度：公民正义品质养成的政治保障

在民主法治社会中，公民正义品质的培养，既需要公民正义美德教育制度做基础，更需要司法正义制度做保障。司法正义制度是保证公民自由平等权利、解决利益冲突、实现社会正义的最后一道屏障。正义的司法制度建立在对人权尊重与保护的基础上，"司法机关通过依法妥善处理各类矛盾和冲突，引导公民以理性合法的形式表达利益诉求"③，在此过程中，违法行为得

---

① 李仁武：《制度伦理研究——探寻公共道德理性的生成路径》，北京：人民出版社，2009 年版，第 164 页。

② 李仁武：《制度伦理研究——探寻公共道德理性的生成路径》，北京：人民出版社，2009 年版，第 164 页。

③ 田晓康：《以司法公正回应社会公平正义的要求》，《法制与社会》2010 年第 16 期，第 118 页。

以制裁和纠正，司法作为解决利益冲突的最终的权威性手段，激发着公民的正义感，强化着公民的正义意志，为公民践行正义提供坚实的制度保障。

从历史角度看，守法即正义的观念由来已久，作为法律正义的重要组成部分，它奠定了公民正义的观念基础。"法律正义，是指运用法律的手段来实现和维护人与人之间的合理关系。"① 法律正义是公民正义品质养成的政治制度保障。

就法律正义的实现形式而言，它包含两种基本形式：立法正义与司法正义。亦即，"法律正义不仅要求法律本身要符合正义的要求，而且法律的执行也要符合正义的要求。"② 立法正义是司法正义的前提，二者共同构成了法律正义的主要内容。经验表明，立法正义容易受偏见、政治需要乃至腐化的影响，因而具有不确定性与不平等的倾向。司法正义是法律正义最重要的一种方式。司法是一种对国家法律实施专门裁决与监督的特殊执法活动，司法机关既肩负解释与适用法律的责任，还肩负着发展法律的社会职能，即通过依法解决争端而达至维护与实现社会正义的目标，"当人们不知道何者为公正时，人们求助于司法；当人们无法达于公正时，人们求助于司法"③。可见，司法就是正义的代称，司法代表并彰显着社会的正义。一旦司法失去对正义的渴求与追寻，那么法将不法，正义也形同虚设。司法正义比其他实施正义的形式更优越，因为它"将合理的确定性和法则的可预见性与适度的自由裁量相结合"④。因此，与立法正义相比，司法正义对公民正义观念的影响更为深刻。

一般来讲，司法正义作为现代司法制度的基本要求，其标准有三个：一

---

① 沈晓阳:《正义论经纬》，北京：人民出版社，2007 年版，第 327 页。

② 沈晓阳:《正义论经纬》，北京：人民出版社，2007 年版，第 337 页。

③ 周永坤:《诠释司法公正的权威理论》，转引自胡玉鸿:《司法公正的理论根基——经典作家的分析视角》，北京：社会科学文献出版社，2006 年版，第 4 页。

④ 杨一平:《司法正义论》，北京：法律出版社，1999 年版，第 52—53 页。

是程序法得到正常且有效地运行，即司法的程序正义，作为一种形式正义，它指"指结果的实现程序是合法正当的。"① 二是实体法被准确解释并有效适用，即司法主体的正义；三是司法的结果正义，亦即司法的实体正义，其实质是实现矫正正义，它涉及对不公或伤害的公平回应，它要求司法活动的结果必须合乎情理。由程序正义、主体正义，以及实体正义组成的司法正义制度既影响公民的正义认知、情感与意志，又进一步地影响着公民正义行为的稳定性与持久性。首先，司法的实体正义是就法的实质与内容而言的，它既是司法正义的逻辑前提，又是司法正义的目标。以矫正正义为目标的司法实体的正义性，即法的正义性表现为法自身蕴含的正义价值，它们通过法的人民性、人道性与平等性表现出来，而此三者都是正义德性的题中应有之义。可见，司法的实体正义奠定了公民对正义的基本认知。其次，程序正义作为实现实体法正义的规则保障，是达致司法正义的重要途径。"没有程序公正，就不可能会有实体公正。"② 而司法主体作为沟通程序正义与实质正义的载体是保证实体正义实现的关键。换言之，司法正义的目标就是通过程序正义最终实现法的正义——矫正正义。如果说程序正当是司法正义的形式要求，那么合情合理则是司法正义的实质要求。司法程序的正义性主要通过程序的规则性、平等性和公开性表现出来，它们在引导公民形成正确的正义认知与情感的同时，激励着公民的正义行为的自觉性，预防与制约个体不正义行为的发生。"此外，根据现代社会的法治理论，司法正义的实现是以司法独立为先决条件的，司法机关在适用法律时，有不受任何其他社会力量干预的自在自为的独立性。"③ 司法主体的正义性主要通过司法主体的独立性、合法性，

---

① 范进学：《法律与道德：社会秩序的规制》，上海：上海交通大学出版社，2011年版，第249—250页。

② 胡玉鸿：《司法公正的理论根基——经典作家的分析视角》，北京：社会科学文献出版社，2006年版，第6页。

③ 杨一平：《司法正义论》，北京：法律出版社，1999年版，第69页。

以及权威性表现出来，与司法实体的正义相比，它们在激发公民的正义感、强化公民的正义意志方面起着特殊作用。概而言之，司法正义是以法的正义以及司法主体正义为先决条件的，通过程序正义旨在实现实质正义的制度建构。可见，司法正义的践行与实现既有形式正义的成分，又有实质正义的内容，更有主体正义的因素，是形式正义、主体正义与实质正义的统一体。

一、司法的实体正义奠定了公民的正义认知

"法律的实体正义是指，法律必须体现人类的正义追求。"[①]亦即，法律本身必须是正义的。在马恩等经典作家看来，正义体现着人们相互间的正当关系，其核心内容是平等，实体正义作为司法正义的关键性前提，它决定着司法正义制度的真假。为了实现司法正义的目标，司法正义制度建立的首要任务在于将正义的内容与要求融于法律机制之内，使法律真正成为"人民自由的圣经"。宏观意义上的法律实体正义是就法律的社会正义导向功能而言的，指的是法律的目标旨在保障公民基本的平等自由权利的基础上实现社会秩序的稳定与有序。换言之，法律在宏观上具有促进与维护社会正义实现的社会价值和社会功能。但一项法律即使达到了社会正义的宏观目标，还未必是正义的，这还要取决于其微观要求。微观层面的法律实体正义则是指"法律内在价值和自身原则的正义性"[②]，这主要通过法律适用过程中的平等性与人道性表现出来。正是司法实体正义的这两方面特征影响并塑造着公民对于正义的基本认知和理解。

（一）法的平等性奠定了公民的正义认知

平等是正义的题中应有之义。从伦理学的角度讲，平等包括两方面内容：一是每个公民享有的基本权利是完全平等的；二是公民享有的非基本权

---

① 沈晓阳：《正义论经纬》，北京：人民出版社，2007年版，第332页。
② 沈晓阳：《正义论经纬》，北京：人民出版社，2007年版，第335页。

利要保持比例平等。"如果将之转化为司法上的平等，则可以用实体上的资格平等与程序上的权利平等来代替。"① 就实体正义而言，它主要指法律规定的每个公民享有的权利是平等的，任何人没有超越他人之上的法律特权与义务。换言之，司法的平等性意味着，任何人在法律适用面前都是平等的，司法活动不应当对荣誉、身份、特权予以特殊照顾。"中国共产党也历来主张，在适用法律上一律平等，不能因功劳、地位、贡献等外在因素而影响法律的权威与尊严。"② 尤其是权力阶层，他们作为公民大众中的优秀分子更应当秉公执法，"如果他们以身试法，同样必须用法律手段加以制裁。"③ 显然，法律关于公民平等权利的规定是针对个人与他人比较而言的，当对同一个人的罪与罚进行比较时，我们会得出与司法的实体正义相关的平等的第二个层面要求，个人罪刑的等价性，亦即法律规定个人的活动的刑罚必须与其罪刑保持对等与平衡。"有罪不罚与无罪乱罚，重罪轻罚与轻罪重罚，都是违反了罪刑的等价性原则。"④ 简言之，司法的实体正义要求个人对自己的行为负责并承担相应的责任。因为司法正义的目标就是实现双方当事人各自应得的，亦即，通过法律强制的措施保证每个人的权利与其义务的对等。法的存在是为纠偏为正，而法的普遍强制性与教育性的目标就是止恶扬善。根据马克思的观点，执法正义的标准就是违法必究。但马克思也一再强调，法官在严格执法时必须忠于法律，正确下判，因为"惩罚本身并非目的，而是教育人民

① 胡玉鸿:《司法公正的理论根基——经典作家的分析视角》，北京：社会科学文献出版社，2006 年版，第 92 页。

② 胡玉鸿:《司法公正的理论根基——经典作家的分析视角》，北京：社会科学文献出版社，2006 年版，第 225 页。

③ 胡玉鸿:《司法公正的理论根基——经典作家的分析视角》，北京：社会科学文献出版社，2006 年版，第 225 页。

④ 沈晓阳:《正义论经纬》，北京：人民出版社，2007 年版，第 335 页。

养成遵纪守法的良好习惯。"① 换言之，普遍强制性是作为司法实质正义得以实现的手段存在的，它本身并不是目的，其目的教育公民遵纪守法，践履正义。可见，对于公民正义品质的培养而言，权利的平等从正面引导公民形成正确的正义认知，当平等意识深入人心之时，也就意味着正义的核心观念已被公民认知并接受。相形之下，罪刑的等价性则从反面通过对社会不正义的预防以及对个别不正义的制裁，不仅能预防不正义心理与动机的产生，进而对公民的不正义行为具有威慑作用，遏制了社会不正义形象的扩散。更有甚者，它通过制裁严厉的方式达致正义美德教育的目的，从而树立了公民对于正义的信心，在增进公民的正义感认同的同时，强化着公民的正义意志。

（二）法的人道性有助于深化公民对正义的深层理解

如果说平等是正义的基本要求，那么人道则是正义的深层要求与终极归宿，对正义的正确认知奠基与建立在人道观念基础上的平等观念，平等与人道相互补充促进着公民对正义的全面认知与科学把握。

所谓人道性是指人自身被视为最高价值，法的设计与运作都以尊重与保护人的基本权利为最高目标和终极追求。司法的人道性，"则是指在法律程序的设计和运作中，应保证那些利益受到直接影响的人的基本权利不受侵害，从而保持人格的独立。"② 换言之，司法的人道性指的是法律的设计与运作，都应符合情理，都应体现对人的基本权利的关心与尊重。因此，人道性不仅是程序正义的价值基础，更是实体正义的价值基础。通常说来，无论是法还是制度的建构都会遵循科学性原则，科学理性在某些时候会与人道发生冲突，这时究竟该如何选择才是正义的？笔者的基本立场是，无论是立法还是司法都不仅要坚持科学性，更要坚持人道性。人道性不仅是法律的立足

---

① 胡玉鸿：《司法公正的理论根基——经典作家的分析视角》，北京：社会科学文献出版社，2006年版，第233页。

② 李建华，曹刚等著：《法律伦理学》，长沙：中南大学出版社，2002年版，第221页。

点，更是法律的落脚点。之所以坚持人道，或说是尊重每个人的基本人权，是因为每个人都是理性的存在物，都应获得尊严并值得尊重。可见，人道性与其说是对人之基本权利的关怀，毋宁说是对人性中善的追求。如果说人道的本质是求善的过程，那么科学的本质就是求真，在终极意义上，真与善不仅不会冲突，而且是完全一致的。换言之，求善的前提是求真，这犹如正义的"两臂"——"仁"与"智"，"智"是"仁"的前提和基础，没有"智"就不会有"仁"，更不会有正义。在此意义上，可以说，科学性是人道的前提，科学必须体现人道才是正义的。因此，人道性在本质上与科学是完全一致的。

此外，法作为正义的化身，必须体现人道的内容，惟其如此，人道才能彰显出正义的光芒。一般来说，司法正义都是通过违法必究、罪刑的等价性表现出来，而所有这些都必须建立在处罚的人道性基础上。人道性作为正义的个中之义，它是评判司法正义与否的最重要的标准。就司法正义的实现而言，人道性不仅是司法正义的价值标准，它还是法官必须具备的道德品质。"罪犯并非一个因犯罪而失去人的一切权利的个体，而同样也是一个有着自由意志以及人性尊严的生命存在。"[1] 对犯罪行为的惩处必须建立在维护嫌疑人人格与基本人权的基础上，"必须与人类文明的发展相适应，要废除酷刑，控制死刑。"[2] 法官应当用人道主义情怀对罪犯进行改造教育，不仅有利于罪犯个人自由的真正实现，更对公民大众有榜样示范作用。需要强调的是，近代以来，人道都是作为司法正当性的底线标准与依据存在着，缺乏人道性的司法，将是不正义的司法。正因为如此，人道性作为一种独立价值是司法程序设计与严格执行必须遵循的，人道性不仅能保证对人的尊严与自由的维护，更能确保司法结果的正当性。可见，法的人道性体现着司法的实质

---

① 胡玉鸿：《司法公正的理论根基——经典作家的分析视角》，北京：社会科学文献出版社，2006 年版，第 99—100 页。

② 沈晓阳：《正义论经纬》，北京：人民出版社，2007 年版，第 335 页。

正义，因此不仅有利于深化公民对正义的理解，更有助于促进公民正义意志的坚定。

二、司法的主体正义激发着公民的正义感与正义意志

从广义上讲，公、检、法机构都是我国的司法机关，他们在职能上彼此既有分工又有协作，共同推动着我国司法正义的实现。但就司法正义的实现而言，拥有司法权的司法机关——法院，和司法权的执行者——法官起关键性作用。如果说司法权的独立为程序正义向实质正义的转变提供了契机，那么司法人员正确地运用自由裁量权则推动了实质正义的产生。司法人员，主要指法官，其自由裁量权是为弥补法律自身的弊病存在的，法官在依法的精神与原则进行法律解释与适用时，其个人的正义品质直接影响着司法权的权威性。因为，"司法机关解决社会纷争的权威性取决于司法机关裁断是非曲直的公正性。"[①] 并且，由司法权引发的法律的权威性以及司法主体的权威性都通过司法活动直接地影响着公民的正义情感与行为。在此意义上，可以说，独立性是司法主体正义实践的前提条件，合法性是对司法主体实践活动的具体要求，由法官正义引发的权威性彰显着司法人员的道德素质。因此，就司法活动的主体而言，实质正义的实现必须以司法权的独立为前提，此外，法官不仅要具有专业的职业技能，更要在司法活动中树立其权威，法官的业务能力与正义品质直接影响着公民正义品质的养成。换言之，法官在进行法律判决活动中的自由裁量权对于实质正义的实现尤为重要。独立性是法官恰当运用自由裁量权的前提，也是司法活动获得合法性与权威性的必要条件。而所有这一切，都要求法官在司法活动中秉持正义并实践正义，正所谓"上行下效"，司法主体的正义品质不仅影响着公民的正义感认同，更影响着公民对正义的信心，进而推动与鼓舞着公民的正义实践活动。加之，司法程序正义的切实有效实施也需要德才兼备的法官为前提。

---

① 刘华：《法律伦理》，郑州：河南人民出版社，2002 年版，第 37 页。

（一）司法主体的独立性激发着公民的正义感

独立性是司法主体进行司法活动必须坚持的基本原则，它要求司法机关和法官本着法的精神与原则在适用法律过程中，"有不受任何其他社会力量干预的自在自为的独立性"。① 司法独立有两层含义：司法机关独立与法官独立。前者指的是与行政权、立法权相互分离且制衡的司法权必须独立，换言之，司法机关是唯一拥有并行使司法权的机关，司法活动中，司法机关不受行政、立法机关的干扰与影响。司法机关的独立是实体法正义的前提，因为，从权力性质上看，行政、立法、司法分属不同的部门，承担不同的政治与社会职责，正义的要求是各部门做好各自分内之事，而不能越权干涉，"干涉了就是对法律程序的破坏。"② 可见，坚持司法独立不仅是确保法律规则所必需的，更是司法正义的必然要求。其次，独立性还要求司法人员，主要是法官在司法活动中必须保持中立与独立，"本着客观、公正的态度，避免主观随意性和先入为主，要以客观事实和充分可靠的证据为基础"③，不偏不倚地依法进行审判与裁决。法律规则设定的初衷，就是为了预防和防止司法活动的偶然性与任意性因素，尤其是法官的恣意行为，从而使司法的程序保持真正的独立与稳定。"形势"等因素既不能成为司法活动的依据，又不能影响司法活动，"如果强调司法职能考虑形势、考虑政治，那么司法机关就失去了自己的个性，从而沦为政治的附庸。"④ 诚如马克思指出的，"法官除了法律就没有别的上司。"⑤ 并且，只有在法官独立的前提下，法官才能真正做到凭良心解释与适用法律，这也是法官特殊的职业对其提出的特殊要求。可

---

①　李建华，曹刚等著：《法律伦理学》，长沙：中南大学出版社，2002 年版，第 237 页。

②　沈晓阳：《正义论经纬》，北京：人民出版社，2007 年版，第 338 页。

③　杨一平：《司法正义论》，北京：法律出版社，1999 年版，第 153 页。

④　胡玉鸿：《司法公正的理论根基——经典作家的分析视角》，北京：社会科学文献出版社，2006 年版，第 234 页。

⑤　《马克思恩格斯全集》第 1 卷，北京：人民出版社，1956 年版，第 76 页。

见，司法独立的本真意蕴在于法院和法官要依法律规则和程序独立自主地进行司法活动，而不受外界"形势"干扰。"只有这样，才能确保法官司法的独立性和公正性，才能激发法官的责任心和正义感。"①

司法活动的实践主体——司法机关与法官的独立性决定了司法主体自身是否具有正义感，能否正当地适用法律以做出正当裁决。当法官的正义感外化于其独立性的司法活动中时，法官的正义行为通过两方面直接影响着公民的正义认知。一是司法的独立性要求法官对法律唯命是从，因而法官的正义感要求法官只服从法律，"绝不能受利益或政治偏见的影响"②，正是这种对法的信守与坚持促使公民的守法即正义的认知得以加深与巩固。二是司法的独立性要求法官不仅要独立于法院，更要独立于自我，法官的权威才得以树立。换言之，法官既不属于政府，也不属于自我，法官只为正义而生，为维护社会正义之官。法官作为"正义之官"，其正义精神对公民大众有榜样示范作用，对于社会正义之风的倡导与盛行有重要意义。反之，如果司法主体不独立，那么要求司法主体做出公正的裁判显然是不可能的，那么真正的法治也将落入一种虚假的影像。如果一个社会的司法机关和法官都不正义，那么这个社会鼓励与提倡的一定是有悖于正义的价值，而这不仅有悖于人性，更损害着社会对正义的认同与归属。可见，司法的独立性以直接影响法官的正义感的方式对公民大众的正义认知与情感发生作用。

（二）司法主体的合法性增进了公民的正义情感与意志

如果说独立性是法官正义的逻辑前提，那么合法性则是法官正义的关键。在此，司法主体的合法性指法官在司法活动中根据法的精神与原则尊重法律、正确解释法律以及正当的适用法律的特性，准确地说，这体现为法官

---

① 杨一平：《司法正义论》，北京：法律出版社，1999年版，第125—126页。
② 胡玉鸿：《司法公正的理论根基——经典作家的分析视角》，北京：社会科学文献出版社，2006年版，第191页。

在司法活动中具有的自由裁量权，自由裁量权要求法官的审判与裁决要合情合理。法律的本质是一种普遍的原则性规定，而法律的适用过程则是一般法的特殊化过程，即一般法向个别法的转化过程，而法官的自由裁量权决定着个别法的正义能否真正实现。换言之，"法官不是一台法律机器，这一头输入法律条文那一头输出判决文书。法官在审判活动中应当本着追求司法正义的精神，准确理解和合理适用法律条文。"① 显然，法官自由裁量权的存在有两个重要前提：一是法官必须独立，二是法官的权力活动必须接受社会公众的监督。可以说，独立与被监督二者保证了法官必须本着法的精神与原则进行司法活动，"自由裁量权的赋予，也并不是为了给法官玩弄法律提供方便，其目的仍然在于使法官能根据现实的个案做出最符合案件实际的判决。"②

准确地解释法律是法官正确运用自由裁量权的重要表现，这包含两种情形。第一种，当具体的个案有法可循时，法官的职责在于依据法律规定找出正当的解决对策与方法。第二种情形是由于法律自身的局限在司法活动中不可避免的，即当法律在某个问题上存在模糊或疑难规定时，法官"需求助于法律解释和个别衡量才能实现个别正义。"③ 在此情况下，能动的司法就显得尤为必需且重要。换言之，法官的自由裁量权要求他必须"立足于法律本身的不确定性"④，"用法律解释来填补法律空白的地方，来明确模糊不定的要求，从而实现个别法的正义"⑤。亦即，法官要凭良心进行合情合理的裁判。

无论是何种情形，对于法官来说，司法能动性都是极为重要的。法官正义的实现在某种程度上要求法官具有司法能动性，即法官应以一种积极能动

---

① 刘华：《法律伦理》，郑州：河南人民出版社，2002 年版，第 37 页。

② 胡玉鸿：《司法公正的理论根基——经典作家的分析视角》，北京：社会科学文献出版社，2006 年版，第 236 页。

③ 李建华、曹刚等：《法律伦理学》，长沙：中南大学出版社，2002 年版，第 210 页。

④ 胡玉鸿：《司法公正的理论根基——经典作家的分析视角》，北京：社会科学文献出版社，2006 年版，第 169 页。

⑤ 李建华、曹刚等：《法律伦理学》，长沙：中南大学出版社，2002 年版，第 213 页。

的心态来履行基本职能，不仅要践行法律的形式正义，更要"以实现社会实质正义为更高价值目标，旨在弥补法律规则正义的局限，发挥立法作用的辅助职能。"① 对于司法正义的实现而言，没有什么比法官能动性发挥更为重要的了。因为法官是否恰当地行使自由裁量权，直接关系着司法正义的最终实现，法官和法院作为"主持社会正义的最后一道防线，是民众对社会保持信心的最后依靠。"② 因此，从某种意义上说，法官行为的合法性在激发公民的正义感的同时，更增进了公民对于正义品质的信心，而这种在正义感激发下的信心就是公民正义意志坚定的基础。

（三）司法主体的权威性推动着公民的正义行为实践活动

如果说司法主体的独立性奠定了公民的正义认知，激发了公民的正义感，合法性强化着公民的正义意志，那么由司法主体正义引发的司法机构与法官的权威性则推动着公民的正义行为实践活动。司法主体的权威性不仅有赖于法的正义，更有赖于司法主体的正义品质，主要是法官的正义品质。"司法界如果从其自身职业活动的特殊性和高尚的道德情操中凝聚了足够的力量，树立了足够的权威"③，那么，司法主体不仅能抵挡住外界的干涉，进而从反面推动着司法独立的维持与长久，更能推动公民的正义行为事件活动。细究起来，"秉公执法，办事公道"是法官正义品质在司法活动中的具体体现。"'秉公执法，办事公道'的核心，就是要求司法人员的司法活动要合法、合理、公平、公开。"④ 司法主体的权威性之所以能对公民正义行为实践活动发生重大影响，这是由于权威本身的属性——作为硬约束的"权力"与软约束的"威望"共同起作用的结果。一方面，权力意味着公民的自由不是无限制的，公民的行为必须在合乎法律规定的范围内进行，而超出了法律的规

① 杨一平:《司法正义论》，北京:法律出版社，1999年版，第198页。
② 李建华，曹刚等:《法律伦理学》，长沙:中南大学出版社，2002年版，第192页。
③ 杨一平:《司法正义论》，北京:法律出版社，1999年版，第133页。
④ 李建华，曹刚等:《法律伦理学》，长沙:中南大学出版社，2002年版，第240页。

定，公民必须要受到权力的惩戒。由此，权力对于公民的影响力就在于公民
会依法、守法地进行实践活动，而这在某种程度上就是公民正义实践活动的
重要表现。另一方面，威望具有精神示范作用，公民之所以认为法官是至上
权威，正是由于法官的正义品质深入人心的结果，法官威望的产生既有赖于
法官的权力，更有赖于法官的道德人格。"因为没有什么比起司法者的徇私
枉法对一个法治社会更为有害的了。"① 法官不单单是社会纠纷的仲裁人，在
公民大众心目中，他还是社会公平正义的宣示者，其特殊的职责要求其行为
的出发点和落脚点都在于既要维护与实现社会的正义，更要承担广泛的社会
教育义务。"列宁认为，社会主义制度下的法院将不仅是惩罚机关，它还担
负着教育民众自觉守法的重要职责。"② 换言之，对违法行为的惩罚，以及对
受害者的司法补偿是司法正义的直接结果，但除此之外，司法主体还承担着
广泛的社会职能，即法院和法官活动的终极目标是通过对不公行为的纠偏，
最终达致保护公民人权的自由平等地实现。"在列宁的观念里，法院应当是
劳动人民自己的法院，是人民参加国家管理的组织机构，也是人民进行自我
教育的机关。"③ 可见，法官的权威性推动着公民自觉守法，进而影响着公民
的正义实践活动。

三、司法的程序正义影响着公民的正义行为

"正义不仅应当实现，而且应当让人们眼看着实现。"④ 这意味着司法正义
的实现有赖于程序的公开性与真实性，程序正义是保障司法正义得以实现的

---

① 杨一平：《司法正义论》，北京：法律出版社，1999 年版，第 133 页。

② 胡玉鸿：《司法公正的理论根基——经典作家的分析视角》，北京：社会科学文献
出版社，2006 年版，第 26 页。

③ 胡玉鸿：《司法公正的理论根基——经典作家的分析视角》，北京：社会科学文献
出版社，2006 年版，第 219 页。

④ 范进学：《法律与道德：社会秩序的规制》，上海：上海交通大学出版社，2011 年
版，第 250 页。

重要途径。并且，判断司法活动是否正义的一个重要标准就是看司法活动的程序是否正当合法。程序正当合法的司法活动是达至实质正义的必经之途，"即使这种活动最终没有达到实质性结果，其中所体现的形式主义的公平也是合乎正义的。"[①] 亦即，程序的正当合法既是司法正义的前提，更是正义的本质体现。但长期以来，中国社会都是重实体正义而轻程序正义的，典型的表现就是在中国古代封建宗法社会中，人治与礼治盛行，法治是依附于人治而存在的，现代意义上的体现民主与科学精神的法治却是在近代以来全球化民主进程中逐渐发展起来的。在人治盛行的中国封建社会，司法正义的实现先后经历了从血亲复仇到同态复仇的转变，直至中国法治社会的确立，"公力救济"才成为与法治社会相适应的司法正义的最高级表现形式。司法正义之所以能取代道德约束成为法治社会的主流，与司法腐败的猖獗不无关系，越来越多的人开始意识到程序正义对于司法正义的实现有着重要的意义，强化程序理念、遵守法律规则、秉持平等思想、保持司法机关的独立性与过程的公开性是实现实体正义的必经之路。当程序正义作为当前司法正义制度建设的焦点呈现时，它表达的含义不仅仅是中国司法的进步，更重要的是，它向公民大众展示着公开的程序规范是要经得起公民大众与舆论媒体监督的、法律规则对于所有人一视同仁，任何人都应该守法才是正义的，不仅如此，程序正义还意味着法律规则要求所有人的权利都与其义务相对等，每个人都应尽其职责，得其应得。换言之，司法的程序正义蕴含的规则意识与公开精神。毫无疑问，程序正义的核心内容就是规则，法律规则平等地适用于每个公民，守法即正义的观念通过程序正义以规则的形式让全体公民认知正义，在此意义上，可以说，程序正义蕴含的规则意识奠定了公民的正义认知。此外，公开性是就程序正义的表现形式而言的，程序公开就意味着司法程序是能经受公民大众以及公共舆论的监督与考验的，程序的正义是真实的，因

---

① 范进学:《法律与道德:社会秩序的规制》，上海:上海交通大学出版社，2011 年版，第 250 页。

此，它强化着公民的正义意志。总之，程序正义蕴含的规则意识与公开性精神不仅奠定着公民的正义认知，影响着公民的正义感，而且增进与强化着公民的正义意志。

（一）规则性奠定了公民的正义认知

规则性作为程序正义的突出特质，体现为司法主体进行的各项司法活动都要符合一定的规则。具体说来，不仅司法的审理过程得符合规则，而且量罪定刑以及司法的推理过程都要符合规则。而法治就是体现司法的规则正义的典型，司法活动仅服从于法律规则。对于法治而言，重要的不在于国家的法律获得普遍的遵守，而是治理国家的法是体现公意和符合公理的良法或善法，而不是违背公平正义原则的恶法或劣法。亦即，良法是法治的前提和基础。法治意味着法律在社会中具有至高的权威，法律以一种公开的规则的形式强制性地约束理性人的行为。法治作为一种规则正义，它要求公民要普遍地服从法律，守法是正义的，这就是理性公民最早获得的正义认知。换言之，守法即正义的理念是理性公民对于正义认知的始基。

如前章所述，公民正义品质的养成总体分为三个阶段，随着个体理性能力的发展，青少年逐步由家庭走向社团，随之而来的是，公民开始由以服从权威人为核心的道德走向以服从社团规则为核心的正义认知与理解。这种对社团规则的服从奠定了公民的守法意识，公民对于正义的理解最早就是从守法开始的。众所周知，法律制约与规范的都是与人性相悖的一些底线的道德，因此，对于好人来说，即使他不知道正义是什么，也不理解法律，但他总能做到使自己的一切行为都合乎社会的道德习惯，从而达致守法而不是违法；而对于坏人来说，即使他熟知法律并了解正义，但他总能找到违法的理由为自己开脱。因此，法律约束的都是有悖于社会正义的行为，法治的重要表现是公民普遍地信赖并服从法律。"公民的普遍服从法律是法治实现的道德要件。"① 公民之所以要服从法律，不仅因为法律是他们集体制定的，即使法律出现滞后与缺漏时，他们可以及时修订法律，概而言之，公民守法的原因在于"立法过程的民主参与以及司法救济的及时性"②。

此外，守法即正义的观念是有其理论渊源的。早在古希腊时期，柏拉图就指出，正义是建立理想国的普遍原则，法律的正义是判定一个社会制度正义与否的重要标准。当然，法有善恶优劣之别，但柏拉图坚持认为只要遵守法律即是正义，"因为法律是人们自己订立的，人们通过订法律契约，把守法践约叫合法的、正义的，这就是正义的起源与本质。因此，正义的起源和本质就是制定法律并遵守法律。"③ 亚里士多德的正义观奠基于柏拉图的正义理论，不同的是，他将正义区分为普遍的正义与特殊的正义。在他看来，法律即正义，这就是普遍的正义。他的理由是，法律既然是经由民主产生的，代表城邦的公共利益，那么，对于每个公民而言，服从城邦的法律即是正义的。当然，无论柏拉图还是亚里士多德还都是仅就应得的正义理念进行的探讨，罗尔斯却试图通过纯粹程序正义将这种应得的理念转化为制度性安排，从而使观念的正义转变成现实的制度的正义。"正义的'应得'是法律上的'应得'，依照法律的应得就是合乎正义的，从而使正义具有了可操作性。"④ 可见，法律是作为应得正义的标准存在着的，"法律将应得以权利和义务的分配进行规范化，每个人根据法律得到其应得的部分就是正义的。"⑤ 司法的

---

① 范进学：《法律与道德：社会秩序的规制》，上海：上海交通大学出版社，2011年版，第10页。

② 范进学：《法律与道德：社会秩序的规制》，上海：上海交通大学出版社，2011年版，第11页。

③ 范进学：《法律与道德：社会秩序的规制》，上海：上海交通大学出版社，2011年版，第229页。

④ 范进学：《法律与道德：社会秩序的规制》，上海：上海交通大学出版社，2011年版，第234页。

⑤ 范进学：《法律与道德：社会秩序的规制》，上海：上海交通大学出版社，2011年版，第236页。

程序正义的实质就是依据法律进行利益的矫正与平衡分配，从而达至实质正义的目标。并且，在以罗尔斯为代表的制度伦理学家看来，程序正义的司法制度是公民获得正义感并守法的前提条件，因为公民正义品质的养成需要制度正义做保障，此即罗尔斯正义论的基本立场。他在比较完善的程序正义与不完善的程序正义之后提出了纯粹程序正义的问题，在他看来用原初状态下理性且相互冷漠的人选择的两个正义原则指导社会政治制度的建构，主要是法治，不仅能保证司法正义的实现，更重要的是，由此建构的法治规则才能被人们普遍接受和服从。他主张，一个正义的司法程序只要被适当地遵守，那么由此产生的结果必定是正义的，"换言之，罗尔斯是以程序正义保证实质正义，将程序正义看作是具有独立价值的正义，以程序正当实现实体正当。"[1] 可见，司法的程序正义既是法治得以贯彻落实的关键，而法律作为维护与协调人与人之间关系的强制性规范，其核心就是要求公民守法，古今中外，守法即正义的观念是众人皆知的，因此，在此意义上，可以说，程序正义的规则性在培养公民的守法意识的同时，奠定了公民的正义认知。

（二）公开性强化了公民的正义意志

司法的程序正义除了明显地具有规则性与平等性特征外，还必须具有公开性。程序正义的公开性，有两方面要求。一是司法活动所依据的法律必须事先公之于众，即司法活动前的法律公开。二是司法审理过程与结果必须公开。一方面，法律公开不仅有助于引导公民知法守法，而且有利于公民监督法律，因为法律自身存在着滞后性与缺漏性。另一方面，司法审理过程与结果公开意味着司法活动是阳光下的审判，受普遍规则的制约。并且，"公正的诉讼程序有利于防止私人利益向司法公正的渗透，保证程序的权威与延续

---

① 范进学：《法律与道德：社会秩序的规制》，上海：上海交通大学出版社，2011 年版，第 238 页。

性，也保证着实体公正的实现。"① 程序公开不仅彰显司法的独立与平等，更昭示着司法活动是敢于接受民主监督的。而唯有公开的司法活动才能体现司法正义的实质。可见，"审理过程和审理结果的公开，除了有利于普法和发挥威慑作用之外，其主要目的是为了便于公众和舆论监督。"② 普法的过程奠定了公民的正义认知，而对法律与司法活动的监督则激发着公民的正义感。

此外，与程序公开相伴而生则的是来自仪式性的司法程序。程序通常要求司法活动的各方以符合各自的礼节及庄重的仪式来确保法律以及司法权的权威，这种形式化的程序正义由于其传达着正义的理念，且是公开的，因此很容易被公民大众牢记于心。通过庄严的仪式不仅能传达出法即正义，神圣不可侵犯的理念，而且这种公开性的仪式一经发生就激发着公民的正义情感，在获得公民正义感认同的同时，强化着公民的正义意志。总之，如果说规则性是程序正义的内容，平等是程序正义的精神，那么公开性则是程序正义的外在表现，或者说是程序正义的形式。"形"不是"质"，但很多时候，"质"必须经由"形"表达出来。公开性就是表达程序正义的形式，但却有实质的影响力，它强化着公民的正义感认同，并进而加深公民对正义品质的坚守与维护。

综上所述，规则性、平等性与公开性作为司法的程序正义的特征，不仅是保证实体正义实现的重要因素，更是奠定公民的正义认知、增进公民的正义感认同以及强化公民正义意志的重要条件。但程序正义作为一种形式正义，它是否能达致实质正义，还有赖于司法主体的业务能力与道德素养。司法正义的基础是法律正义，"以事实为根据，以法律为准绳"是司法活动的基本原则。"但是法律可能存在漏洞和缺陷，法律可能是不完善的或者不合

---

① 胡玉鸿：《司法公正的理论根基——经典作家的分析视角》，北京：社会科学文献出版社，2006 年版，第 192 页。

② 沈晓阳：《正义论经纬》，北京：人民出版社，2007 年版，第 339 页。

理的"①，这就要求司法活动的主体立足于正义、本着法的精神与原则进行公正审判与裁决，通过司法人员的能动性活动达至弥补法律缺陷，从而达至矫正正义的目标。因为不完善或不正义的法律固然有其弊病，但当其未经适用时，它的危害还只是以一种符号的形式潜藏着的，"而一个以追求社会正义为存在基础的合理司法官僚阶层却可以将立法上的弊害降至可能的最低限度。"② 相反，即使有良法存在着，如果司法主体不尊重法律、正确解释与适用法律，那么法是正义不可能实现。在此意义上，可以说，司法主体的业务能力与道德素养是实体正义得以产生的关键。

第三节　分配正义制度：
引导公民正义行为习惯的养成

对于公民正义品质的养成而言，司法正义制度是通过法的正义引导公民正确认知正义，通过制裁不当行为增强公民的正义情感与意志。如果说司法正义制度是公民获得正义品质的重要政治保障，那么经济领域的分配正义制度则引导着公民正义行为习惯的养成。

正义的基本含义指"给每个人以应得的"，这是公民对于正义的一般理解，但如何界定每个人的应得？该问题的实质是公共善的分配问题，由于关涉每个人的切身利益，因此分配正义问题历来是经济正义的核心议题之一。当孔子说，"不患寡而患不均"时，他已意识到对于一个良序社会的长远发展而言，分配正义较之生产效率更具优先性，通过合理地分配利益，分配正义不仅能获得公民大众的广泛认同，更有利于国家稳定与长治久安。换言之，分配正义通过合理地分配社会公共善不仅能促进经济的持续健康发展，

---

① 刘华：《法律伦理》，郑州：河南人民出版社，2002年版，第36页。
② 杨一平：《司法正义论》，北京：法律出版社，1999年版，第75页。

更重要的是，它为公民正义认知塑造了一种积极的环境氛围，当人们在经济活动中得其应得时，他不但会坚信自己持有的正义信念，更能践行正义。可见，分配正义制度不仅直接影响公民的正义信念与情感，更能影响公民的正义行为习惯。

一、分配正义制度：经济正义的关键

从词源学的角度看，"经济"一词往往指管理家庭或公共事务的智慧，具有"经邦济国"与"经世济民"的意思。无论是西方还是中国古代，经济活动都不是社会生活的重心，经济是服务政治公共事务的。因此，"在古代，经济活动带着浓厚的'价值理性'和'合目的性'的诗意光辉，……经济的使命就是通过合理组织劳动来满足人们的基本需要，经济自身并不具有独立的真理性。"[①] 而政治生活则是人的终极价值追求，相较之下，经济活动仅具有次级价值，是实现政治目标的手段。然而，随着资本主义大工业的迅猛发展，经济日益从政治中独立出来并成为生活的重心，随之而来的是，经济的价值理性日益凸显，经济逐渐"成为决定其他一切社会关系的基础"[②]，以至于人们自觉不自觉地视经济为目的，为经济而经济。

人的异化正是经济资本化和货币化的产物。"经济的本质乃是一种建立在社会生产基础之上的人与人之间的社会关系，它本质地关涉着人的存在方式和人的本质。"[③] 然而以逐利为根本目标的现代资本主义经济，由于忽视并丧失了其"合目的性"，致使越来越多的人精神上走向"虚无"状态。"正义作为人类所持有的对自身存在的意义和价值之哲学反思，深切地关注人类的

---

① 毛勒堂：《经济生活世界的意义追问——经济正义与和谐社会的构建》，北京：人民出版社，2011年版，第45页。

② 毛勒堂：《经济生活世界的意义追问——经济正义与和谐社会的构建》，北京：人民出版社，2011年版，第45页。

③ 毛勒堂：《经济生活世界的意义追问——经济正义与和谐社会的构建》，北京：人民出版社，2011年版，第47页。

生存和发展，指向人的自由全面发展的价值维度。"① 人们追求正义旨在通过人自身的智慧追求真善美的生活，亦即，追求人的尊严、自由，人的价值与人的解放等目标的实现，而人的生存方式恰体现于人对正义的追寻之中。"如果说经济的真理性及其正义属性在于通过合理的经济方式和经济活动来满足人们的基本需要，在于谋求公众的福利，在于促进人的自由本质，那么现代的资本经济并没有满足这些价值要求。"② 正因为如此，探究经济制度的正义问题才显得日益严峻与紧迫。经济在本源意义上是"价值理性"与"合目的性"价值的统一。经济的"价值理性"要求经济以追求效率达致福利最大化为目的，亦即效率体现着经济的价值理性。但仅依靠效率并不足以证明经济的正当合法性，经济的"合目的性"必须经由其自身的道德伦理的正当性予以证明，经济的"合目的性"要求经济不仅要有手段价值，更要有"善"的目标，而正义作为制度的首先德性，也必然是体现经济"合目的性"的重要价值，因此，正义指向经济的"合目的性"。如果说效率是经济生产的价值目标，那么正义则是经济分配的价值原则，二者共同构成了经济制度的价值基础。对于经济活动而言，经济制度的正义是通过对人们在经济活动中经济利益关系的恰当定位来规范与约束人们的行为，最终达致人的尊严与自由本质的实现。

可见，经济制度的正义不仅仅关注价值理性，更重要的是它还关照人自身，经济的终极目的是满足人的生存、发展与自由的需要。经济制度作为一种规范和调整人们经济活动中的经济利益关系的规则，唯有坚持正义，才能真正实现其关于"价值理性"与"合目的性"的统一目标。一般来说，经济正义表现为经济制度自身的正义和经济制度运行的正义两个方面。一方面，

---

① 毛勒堂：《经济生活世界的意义追问——经济正义与和谐社会的构建》，北京：人民出版社，2011年版，第56页。

② 毛勒堂：《经济生活世界的意义追问——经济正义与和谐社会的构建》，北京：人民出版社，2011年版，第55页。

经济制度本身必须是正义的，正义是经济制度的基本价值与追求。唯有正义的经济体制才能得到绝大多数社会成员的支持与认可，从而保持经济秩序的稳定。本质上讲，经济制度的正义"是人类的正义价值渗透并体现在经济制度中的表现。经济制度正义的核心和根本乃在于，通过对人类基本的经济生活领域予以正义的制度安排来规定经济生活世界的秩序，以实现经济效率和社会公正之间的有机统一，现实地提升人的自由和幸福指数，成就人的自由存在本质。"① 其次，经济制度运行的程序，即经济活动必须坚持正义原则。任何人都没有超越于现象制度规范、模式、规则之外的特权，显然，经济过程正义的实现必须以一定的权威机构作保障。

马克思认为，正义作为一种观念上层建筑，是从一定的经济利益关系中引申出来的，亦即人们总是自觉不自觉地从各自进行的经济活动中获得正义观念。经济活动包括生产、交换、分配、消费四个环节。正义的基本含义指的是"给每个人以应得的"，亦即权利与义务的恰当分配。具体到经济领域的正义，它主要指"社会分配领域的公平合理性，更具体地说，就是社会经济利益的公平分配问题。"② 在此意义上，可以说，经济正义的实现很大程度上有赖于分配正义的机制，分配正义与否是决定社会经济正义的关键。"分配正义涉及对分配内容和分配主体是否合理合法，以及分配方式和分配标准是否公平合理等问题的价值评判和哲学反思。"③ 分配不仅是一种行为，更是一种权利界分的标准和程序。"分配活动作为经济活动的有机组成部分，不仅仅是对经济利益之简单划分的经济行为，而且关联到分配的合理性和合目

---

① 毛勒堂：《经济生活世界的意义追问——经济正义与和谐社会的构建》，北京：人民出版社，2011年版，第130页。

② 万俊人：《道德之维——现代经济伦理导论》，广州：广东人民出版社，2000年版，第115页。

③ 毛勒堂：《经济生活世界的意义追问——经济正义与和谐社会的构建》，北京：人民出版社，2011年版，第183页。

的性等诸多社会价值因素。"① 换言之，分配正义作为社会正义的突出表现形式，在整个社会正义体系中居基础性地位，对于经济的良性发展至关重要。"它实质上是对现实经济利益矛盾冲突需要调节的观念表达和规范要求，同时也是对人的生命尊严的哲学关怀，所以实现分配正义是人类的理想和追求。"② 因此，经济正义的核心问题是分配正义制度，即如何在社会成员之间安排与配置社会的物质经济利益及与之相关的负担问题。经济领域分配制度的正义要求经济的发展既要符合经济的"价值理性"原则，尊重市场经济的原始正义，更要依循经济的"合目的性"追求，通过一系列的措施逐步改变与调整市场原始不正义的结果。

由此可见，"所谓分配正义不是说通过某一个简单的步骤实现社会的绝对平等，而是让它达到能够为最大多数人所容忍和接受的相对合理的程度。"③ 对此问题的解答，不仅影响到个人的切身利益与声明，更关涉人们的幸福、社会的和谐与稳定。因为，"只有当一种分配原则内在地具有正义性，方能为全体社会成员至少是绝大多数社会成员所接受，并给予最大的支持，社会的经济秩序也才能得以有效维护。"④ 可见，分配正义的实现对于整个社会经济正义的实现有着重大意义。此外，从个人的角度看，分配正义对于公民品质的养成也有着重要的影响。分配正义的实现会塑造一个积极向上的社会舆论氛围，在激发公民正义感的同时强化着公民的正义信念，而反过来，公民的这种道德追求又有利于和谐人际关系的形成。"和谐的社会人际关系

---

① 毛勒堂:《经济生活世界的意义追问——经济正义与和谐社会的构建》，北京：人民出版社，2011 年版，第 177 页。

② 毛勒堂:《经济生活世界的意义追问——经济正义与和谐社会的构建》，北京：人民出版社，2011 年版，第 183 页。

③ 万俊人:《义利之间：现代经济伦理十一讲》，北京：团结出版社，2003 年版，第 106 页。

④ 毛勒堂:《经济生活世界的意义追问——经济正义与和谐社会的构建》，北京：人民出版社，2011 年版，第 184 页。

需要和谐的社会利益分配关系，构建和谐社会需要分配正义的思想资源和价值担保。"① 总之，分配正义不仅有助于良序社会的可持续发展，更是人际关系和谐、促进人的自由全面发展的根本要求。

关于经济分配是如何进行的，我国著名经济学家厉以宁教授提出了经济领域的三次分配学说。初次分配，即以市场的经济效益为目标的市场分配应坚持在机会平等的基础上按贡献分配的原则，其目的在于为市场经济活动创造一个公平的起点，此刻，"分配正义的责任只保证每个人都具有平等的创造收入的能力和机会，不保证具有平等的结果。"② 二次分配即政府作为分配的主体在初次分配的基础上对生产和交换的结果进行政治调节时应注重差别原则以及满足基本需求的原则相结合，以达至某种令人满意的结果。两次分配相辅相成，"初始资源分配的公平可以减轻对市场竞争结果进行再分配的政治压力，同样，对市场竞争结果的再分配可以缓解资源初始分配的政治压力。"③ 三次分配强调的是在两次分配之后还存在着基于人们的道德信念而进行的收入分配，应坚持以满足人之基本需要为目标的互惠性原则。道德调整的重要性在于，无论是市场还是政府都是一种对于个体而言的外在强制手段，其调节范围是有限的。当市场失灵、政府调控不得力的时候，市场参与主体应自觉地践行道德的标准，比如说自愿纳税与捐款等。但就制度对个体道德养成的影响而言，市场经济分配制度中的初次分配与二次分配无疑对公民正义品质的养成有着重大的影响，是本节探讨的重心。本节探讨的分配正义仅指经济领域的利益分配问题，立足于从分配正义原则对于公民正义品质的影响机制的角度分析分配正义制度的建构问题。一方面，要研究按照何种原则来分配社会经济利益才是正义的。另一方面，还要分析分配正义原则如

---

① 毛勒堂:《经济生活世界的意义追问——经济正义与和谐社会的构建》，北京:人民出版社，2011年版，第191页。

② 汪行福:《分配正义与社会保障》，上海:上海财经大学出版社,2003年版,第9页。

③ 汪行福:《分配正义与社会保障》，上海:上海财经大学出版社,2003年版,第9页。

何影响公民正义品质的养成的。换言之，本节着重于探讨市场经济分配制度中初次市场分配与二次政府分配的正义对于公民正义品质的养成的机制。亦即，本节的主旨是探讨公民正义品质养成的社会经济制度基础，主要是研究经济领域的分配正义该坚持何种原则，以及分配正义的原则是如何对公民正义品质的养成发生作用的？换言之，本节主要研究两个问题：一是经济领域的分配正义制度该如何建构；二是分配正义制度是如何影响公民正义品质养成的，即分配正义制度对于道德起作用的机制与机理。分析与应对以上两个问题的基本思路与逻辑是：经济领域的分配正义的实现既有赖于初次分配中的市场作用，更需要以政府主导的二次分配。因此，本书旨在探讨对于公民正义品质的养成而言，经济领域的分配正义制度该坚持何种原则，亦即一种既符合经济理性原则又符合社会道义的经济分配制度的建构对于公民正义品质的养成的影响机制问题。

二、市场分配正义：奠定公民的正义认知

对于分配正义制度而言，最核心的是分配正义的原则，"即社会基本或主要的福利、利益和物质成果在人们中间怎样进行分配才是合理的正当的问题。"[1] 而分配正义的实质就是合理地分配社会利益，它的重要性就在于它为不同利益群体之间矛盾的解决提供了一个合理的规则。可见，研究经济领域的分配正义，问题不在于分配的内容，而在于基于什么进行分配，而这恰决定了分配正义的立场及原则。从古至今，人们的分配观念主要受两种价值取向的影响，一种分配价值取向是，"财富作为满足人的需要的资源，应该属于真正需要它的人。"[2] 即按需要进行分配的价值观。另一种根据贡献进行分配的价值取向。这种观念认为劳动是财富创造的源泉，财富应当属于创造财富之人。以上两种分配价值观都具有相对合理性，是分配正义的重要来源与

---

① 何建华：《经济正义论》，上海：上海人民出版社，2004 年版，第 348 页。

② 汪行福：《分配正义与社会保障》，上海：上海财经大学出版社，2003 年版，第 5 页。

组成部分。相形之下,初次市场分配更注重在机会平等基础上实施按贡献进行分配的原则,这有利于公民树立平等和遵守市场秩序的观念,亦即有助于公民平等意识和守法意识的形成,因此,初次市场分配的正义首先有助于塑造公民对于正义的基本认知,在此基础上,市场的秩序规则也遏制了不当得利行为的发生,因此,对人们的行为具有引导和规约的功能。

在初次分配中,应发挥市场的重要作用,市场分配应遵循在确保机会平等的基础上根据劳动贡献实施按劳分配。因为,机会的平等作为一种起点正义,它是达致经济分配结果正义的关键性前提,如果市场不能确保每个公民享有基本的进入自由市场的平等权利,那么市场自身即不正义的,更枉谈分配正义。但市场分配正义的实现不仅有赖于机会平等作基础,更重要的是,它还必须确立一种平等的市场参与规则,即市场应在起点平等的基础根据劳动贡献进行分配,惟其如此,市场分配才具有正义性。因此,机会平等与按劳分配相结合是实现初次市场分配正义的基本要求。而机会平等与按劳分配原则都会对参与市场活动的公民产生直接影响,使他们自觉地树立平等意识与守法意识,在此意义可说,初次市场分配的正义奠定与加深着公民对正义的认知和理解。

在现代民主法治社会,等值交易是市场分配的基本原则,基于此,初次市场分配应依据比例的平等进行分配。因此,在某种程度上,平等原则是初次市场分配应遵循的基本原则。平等的含义有两种:人之基本权利的绝对平等与非基本权利的比例平等。对于市场分配正义而言,机会平等是人之基本权利平等的要求;规则平等的具体内容的重心在于强调人在起点平等基础上,权利与义务的对等,因此是一种比例平等。就市场经济活动的一般过程而言,分配正义的内容极为丰富。在经济活动之前,分配正义要求每个公民机会平等地参与市场经济活动;一旦进入经济活动,市场竞争的过程与规则普遍地适用于所有参与者;经济活动之后,市场依循市场分配规则给予每个人应得的报酬,每个人的回报与其贡献成正比。这是一种体现着权利与义务对等的原始的分配正义，个人得其所得是由市场决定的。显然，机会平等是前市场分配活动的价值原则，规则平等是市场活动有序进行的保障。因此，机会平等原则与规则平等原则是初次市场分配活动中的基本原则。

（一）机会平等原则有助于培养公民的平等意识

"市场分配所依据的基本原则，是生产要素的供应与经济效益的获取相对应的法则。"[①] 与政府分配和道德调整不同，市场分配的标准是一种客观标准，因此，这种分配不仅具有客观正义的起点和程序，更重要的是，如果仅就市场经济活动而不考虑其他因素，市场分配的结果也具有客观正义性。换言之，市场分配的基本原则平等地适用于参与市场的每一个人，因此，市场分配的原则"具有一视同仁、不偏不倚的客观中立性。"[②] 因此，与其他分配方式相比，完全根据市场机制和法则进行正义分配的市场分配最终达到的是一种原始正义的分配结果。

市场作为一项分配制度，它有助于"增进自由，实现平等，维护秩序"，从而为分配正义的实现创造良好的制度环境。具体来说，市场分配的正义性主要体现在机会平等与规则平等两方面上。机会平等意味着参与经济活动的主体都平等的具有竞争的机会和权利；规则的平等要求每个参与经济活动的人都必须平等地遵守市场规则，"即市场规则对任何人一视同仁。它不考虑在道义上是否应当，也不考虑该规则运作的实际结果对哪些人有利或不利。"[③] 在此意义上，可说，市场的正义分配促进着正义的两方面价值：平等与秩序。市场分配为经济活动参与者提供了一种广泛的自由空间，人们自由平等地依据市场规则进行经济交易活动，从而推动着经济活动的有序进行。

---

① 万俊人：《道德之维——现代经济伦理导论》，广州：广东人民出版社，2000 年版，第 119 页。

② 万俊人：《道德之维——现代经济伦理导论》，广州：广东人民出版社，2000 年版，第 119 页。

③ 何建华：《分配正义论》，北京：人民出版社，2007 年版，第 151 页。

市场分配中的规则平等原则意味着市场尊重个人的自主选择，尊重并鼓舞个人的贡献付出。"社会成员之间是平等的。"① 市场主体之间依据公民价格和公平对待原则进行市场交换活动。

对于分配正义的实现而言，机会平等是其前提和基础。"所谓机会，是指社会成员扩大自己生存和发展空间，追求自己的利益和幸福的可能性条件。"② 机会平等要求平等市场活动的每个公民在市场活动中平等地遵循市场规则，它是作为一种起点的平等存在于市场经济活动中的，而不考虑结果如何。相对于静态上的权利而言，机会平等更侧重于动态的活动过程，它"是对权利平等的实际操作和运用"③。机会平等的重要性在于，机会平等侧重于起点平等，起点平等的缺乏必然导致结果的不平等，由此会陷入一个不平等的恶性循环之中。

机会平等"预设人们进入市场交换的初始资源分配是合理的，每个人都拥有以自己的资源创造自己经济福利的平等机会，正义的分配产生于市场竞争的无意识和偶然的结果。"④ 并且，"机会平等要求人们对智力、体能以及性格等自然禀赋诸方面的差别予以承认和尊重，只要这种天赋因素不造成机会上的垄断。"⑤ 不得不承认，现实中的偶然运气是存在的，但这并不违背机会平等原则，"因为运气是一种难以预料的事情，它的偶然性对所有人都是一样的。"⑥

分配正义的前提是机会平等，即平等的市场参与权。"市场参与权的不平等会导致人们对按劳分配的公平性提出抗议"⑦，从而否定了按劳分配的客

---

① 何建华：《分配正义论》，北京：人民出版社，2007 年版，第 159 页。

② 贾可卿：《分配正义论纲》，北京：人民出版社，2010 年版，第 89 页。

③ 贾可卿：《分配正义论纲》，北京：人民出版社，2010 年版，第 89 页。

④ 汪行福：《分配正义与社会保障》，上海：上海财经大学出版社，2003 年版，第 8 页。

⑤ 贾可卿：《经济正义论纲》，北京：人民出版社，2010 年版，第 90 页。

⑥ 贾可卿：《经济正义论纲》，北京：人民出版社，2010 年版，第 91 页。

⑦ 强以华：《经济伦理学》，武汉：湖北人民出版社，2001 年版，第 196 页。

观性，更有甚者，它削弱并损害着人们的平等意识。

（二）按劳分配原则有助于培养公民的守法意识

为了实现分配正义，市场不仅要确保机会平等，更要注重规则平等，尤为重要的是，"市场制度按贡献分配的原则体现了正义的应得原则，是分配正义的重要内涵，也是实现分配正义的重要前提和基础。"[1] 与机会平等相比，规则平等更多地体现出的是正义的秩序价值。一方面，在经济活动中，市场根据供需关系自由地决定资源价格，并按个人贡献进行分配。并且，完全竞争的市场在进行分配时依循的是个体的贡献而不会考虑种族、性别、出身等与个人成就无关的因素。另一方面，市场规则的平等意味着，"市场弱化了以特权和等级制度为基础的传统人际关系。选择的自由和自主的感受有利于人们感到满足，而公民们满足程度的提高有利于形成一个有秩序的社会。"[2] "虽然市场竞争不能创造每个人都满意的结果，但却给每个人提供了平等的机会，体现了非歧视和平等对待的正义要求。"[3]

"按生产要素分配是市场分配的基本原则，按劳分配则是其中的一个重要组成部分。"[4] 市场分配在坚持机会平等的基础上，通过市场供求、竞争与价格机制对生产要素进行原始分配。这种分配的实质是，"通过将个人收入多少的责任交给个人，市场以独立于政治权威的方式分配着社会生产获得的收益和负担。"[5] 换言之，个人收入与财富增加的正义性，仅取决于他对社会进步作出的贡献，据此进行的分配才是正义的。可见，在完全自由竞争的市场经济条件下，个人的收入仅取决于其拥有的生产要素，"市场分配制度总

---

① 何建华:《分配正义论》，北京：人民出版社，2007 年版，第 149 页。

② 何建华:《分配正义论》，北京：人民出版社，2007 年版，第 150 页。

③ 汪行福:《分配正义与社会保障》，上海：上海财经大学出版社，2003 年版，第 8—9 页。

④ 何建华:《分配正义论》，北京：人民出版社，2007 年版，第 158 页。

⑤ 何建华:《分配正义论》，北京：人民出版社，2007 年版，第 155 页。

体贯彻按贡献分配或按生产要素分配的原则。"① 这种按贡献分配的原则体现着市场经济的效率优先性。

按劳分配分配原则对公民正义感的获得，正义意志的强化有着重要的意义上。"马克思主义哲学认为，人是在劳动中不断成就自我、丰富自我的存在物，因此按劳分配的正义原则有助于尊重劳动，有利于促进人的自由发展。"② 通过按劳分配，社会尊重劳动，劳动者的主体地位与尊严都通过劳动获得，从而激发公民劳动的积极性，与个人的劳动相对应的是个人收获得到尊重与保护，物质利益为公民追求个人自由价值的实现提供了坚实的物质基础。古人常说："仓廪实而知礼节"，也就是说，当人们还在疲于生计而奔波时，人们对于道德的需要是次级的，一旦物质得到满足之后，人们的道德追求会超于物质需要居优先地位。换言之，按劳分配原则为公民由对生存的关注转向对人生意义的追寻。

"市场分配强调'付出'同'获得'之间的对称，体现了分配正义的应得原则。"③ "市场分配按贡献进行分配的规则，是分配正义规则体系中的一项重要内容。"④ 并且，经济竞争条件下，市场主体根据规则平等进行获得报酬，体现的是市场对个体能力与贡献的尊重。按劳分配原则其实是一种贡献原则，即市场对于那些为社会作出贡献的人给予相应的回报。"社会对权利义务进行分配的源泉与依据是贡献。"⑤ 个人获得社会利益的前提是他为社会做出的贡献。细究起来，按贡献分配原则的实质仍是平等，但除了绝对平等观念以外，它更突出了比例平等的观念。而比例平等的观念恰是正义的基本要求。如果说机会平等昭示着人之基本权利的完全平等，那么以按劳分配为

---

① 何建华：《分配正义论》，北京：人民出版社，2007 年版，第 155 页。

② 毛勒堂：《经济生活世界的意义追问——经济正义与和谐社会的构建》，北京：人民出版社，2011 年版，第 188 页。

③ 何建华：《分配正义论》，北京：人民出版社，2007 年版，第 159 页。

④ 何建华：《分配正义论》，北京：人民出版社，2007 年版，第 158 页。

⑤ 乔法容，朱金瑞主编：《经济伦理学》，北京：人民出版社，2004 年版，第 198 页。

主要内容的规则平等则意味着人的非基本权利应比例平等才是正义的,"社会应该不平等地分配每个人的非基本权利。"①可见,"贡献原则关注的是行为的结果而非动机的道德性。"②贡献原则的基本逻辑是"谁创造谁应得",而衡量"应得"的根据既包括物质财富的创造,更包含建立在精神财富的创造以及道德品质的基础上的贡献。因为,"有些贡献是建立在精神财富创造和道德品质的基础上的"③。之所以将人的道德行为视作一种贡献,原因在于道德给予社会成员的一种极大的精神鼓舞与支持,从而塑造着温暖和谐的人际社会。而这种精神意义的贡献丝毫不逊于物质财富的创造活动,相反,社会越是文明,对道德作为一种贡献的重视程度就更高,因为道德示范作用最容易引起公众的情感共鸣,获得社会的广泛认可。例如,雷锋、焦裕禄等人正是由于其道德的贡献而家喻户晓的。由此可见,精神财富和物质财富都是贡献原则的基本依据。

(三)机会平等与规则平等相结合引导与制约着公民的正义行为

为了实现分配正义,以市场分配为主体的初次分配必须坚持机会平等和按贡献分配相结合的分配原则,二者作为市场分配正义的基本原则通过影响公民的知识结构影响公民的正义认知,"趋利避害"是人的本性,在机会平等的基础上根据个人的劳动贡献实施按劳分配不仅是尊重个人劳动的需要,更体现了正义的基本要求"给每个人以应得的"。其次,坚持市场分配正义的原则能激励人的正义行为。"趋利"是人的本性,奠基于机会平等基础上的按劳分配原则刺激人们主动积极地追求与个人劳动贡献相对应的报酬,这样的行为不仅对社会有利,对个人而言也是有利的。激励行为的实质是正强化。按劳分配原则通过奖励个人的正当得利行为,提高个体劳动的积极性。

---

① 乔法容、朱金瑞主编:《经济伦理学》,北京:人民出版社,2004年版,第199页。

② 贾可卿:《经济正义论纲》,北京:人民出版社,2010年版,第109页。

③ 贾可卿:《经济正义论纲》,北京:人民出版社,2010年版,第110页。

最后，按劳分配作为市场分配正义的基本原则，它通过抑制人的机会主义倾向有效地预防与约束人的"搭便车"行为，从而敦促个人避免不当得利行为。按劳分配原则之所以能有效预防与约束人的不当得利行为，主要是因为按劳分配原则旨在杜绝机会主义倾向的发生，预防与约束不正义行为。如果个人在市场活动中获得的与其付出的不成比例，那么个人就会犯机会主义错误，而按劳分配原则恰能惩戒机会主义行为。

总之，市场作为一种经济分配制度，机会平等与规则平等是其正义性的两个重要方面，它们对于公民正义认知的形成起着重要作用。由机会平等与按劳动贡献分配相结合的原则是实现市场分配正义的必然要求，二者在推动经济正义实现的过程中，直接对参与市场活动的公民正义品质的养成产生影响，在奠定公民的正义认知的同时，激发着公民的正义感，强化着公民的正义意志。但由于市场自身存在着缺陷与不足，仅依靠分配基础、方式与规则的正义不一定能真正达至分配结果正义的目的，因此分配正义的实现还必须有赖于政府的二次调节。首先，"机会均等只能规定起点的公平，它无法解释市场运作过程和结果的公平问题。"[1] 市场分配作为一种功能性分配，必然会导致贫富差距扩大。按生产要素进行市场分配，其本质是一种功能性分配，在此背景下，拥有较多生产要素的人就容易比生产要素少的人获得更多的收入。"并且，收入的差距具有累积效应。"[2] 而市场自身并不能抑制收入差距的不断扩大，"当前，贫困在所有的国家都以不同的方式和不同的程度存在着，这充分表明市场分配功能的局限。"[3] 因此，单纯的市场经济必然会导致贫困和不平等，因而也不利于社会共同富裕的实现。其次，市场调节能力有限，在微观经济领域，"平等主体间分配公正性的实现主要依赖于交易双

① 万俊人：《道德之维——现代经济伦理导论》，广州：广东人民出版社，2000年版，第117页。

② 何建华：《分配正义论》，北京：人民出版社，2007年版，第162页。

③ 何建华：《分配正义论》，北京：人民出版社，2007年版，第162页。

方的讨价还价行为。"① 可能是由于信息不对称，也可能是相对弱势而不敢讨价还价等导致了主体间分配的不公正，但市场对此却无能为力。可见，"这种因实质上的地位差异而导致的分配不公平是讲求形式公平的市场所无力克服的。"② 最后，"任何市场经济社会都无法单靠市场分配来实现分配正义。"③ 一方面，每个市场主体获得的初始资源是否平等已超出了市场分配的范围。另一方面，完全的市场分配并不一定会导致分配结果的正义。正是由于市场存在着诸方面缺陷，为政府再分配让出了空间。并且，政府再分配作为现代市场经济体制的有机组成部分发挥着重要作用，"分配正义的要求在很大程度上要靠社会再分配来实现。现代社会客观上需要市场和国家二元体制，国家不仅要调整产权关系和维护市场交易的秩序，而且需要在市场体制外调节着收入分配和提供福利。"④"中国当前的失业救济金、开发西部战略等，从一个侧面上看，应该说都是这种协调的重要方面。这样做，可以稳定大局，稳定社会。"⑤

三、政府分配正义：强化公民的正义信念

古往今来，人们对分配正义的讨论主要围绕着平等与需要两种观念展开。如果说市场分配秉持的核心价值是平等，那么政府分配的核心是需要。基本需要作为经济分配正义理论中的一个重要概念，指的是个体参与社会经济活动的普遍要求，"与能力平等理论一样，关注的是人的积极自由。"⑥ 个人基本需要的满足是其运用法律赋予的自由和权利的前提，并且，个人基本需

---

① 何建华：《分配正义论》，北京：人民出版社，2007 年版，第 162 页。
② 何建华：《分配正义论》，北京：人民出版社，2007 年版，第 163 页。
③ 何建华：《分配正义论》，北京：人民出版社，2007 年版，第 165 页。
④ 何建华：《分配正义论》，北京：人民出版社，2007 年版，第 170 页。
⑤ 强以华：《经济伦理学》，武汉：湖北人民出版社，2001 年版，第 203 页。
⑥ 汪行福：《分配正义与社会保障》，上海：上海财经大学出版社，2003 年版，第 153 页。

要是否得到满足还"直接影响到他对社会和自我的认同。穷困会导致人感情受挫和屈辱感"①。

（一）政府再分配是实现经济正义的关键

如果说市场的分配正义更多的体现为一种形式的正义，那么政府再分配的实质就是矫正正义。尤其是最近几年，随着社会贫富差距的日渐扩大，单纯的市场分配的弊端逐渐凸显，相对地，政府分配的职能越来越受到人们的普遍关注与重视。"市场分配导致的个人收入不平等只能通过非市场机制加以修正和弥补。政府再分配就是调节市场分配产生的个人收入极不平等的有效机制。"② 一方面，政府是唯一有权对有损社会整体利益的经济行为进行矫正的部门，加之，"市场本身的缺陷要求对具体的不公正经济行为进行矫正。"③ 的确，政府作为一个强制性的权力机构，它主要通过税收、财政转移支付与社会保障等途径进行的经济的再分配，对于分配正义的实现而言，其作用是显著的。

"社会再分配是指一个国家的各级政府以社会管理者的身份主要通过税收和财政支出的形式参与国民收入分配的过程。"④ 与初次市场分配不同，社会经济再分配的主体是政府，政府通过行政机制在全社会范围内对社会所有经济主体最终可支配的总收入进行分配。政府再分配的目标主要是增进社会福利、增强社会团结、维护经济社会秩序与提高经济效率。

政府再分配的目标是通过对市场原始分配结果进行强制性调整，以期达致分配结果正义的目的。在初次市场分配中，机会平等与规则平等意味着

---

① 汪行福:《分配正义与社会保障》，上海：上海财经大学出版社，2003年版，第153页。

② 何建华:《分配正义论》，北京：人民出版社，2007年版，第199页。

③ 廖小明:《理想与现实之间——马克思主义经济公正思想及其当代价值》，北京：人民出版社，2013年版，第74页。

④ 何建华:《分配正义论》，北京：人民出版社，2007年版，第168页。

由起点平等达致权责的比例平等才是正义的，而政府再分配的目的是通过强制性的行政措施调整原始市场的分配结果以期达致分配结果的正义。换言之，市场分配重视的是平等，而政府再分配应注重需要。"在现时代，分配正义的基本内涵是对弱者生存权利的关注和对强者强大意志的约束。"[①] 即使初次市场分配的起点、过程都是正义的，多劳多得，少劳少得，但政府有义务通过限制强势群体的权利对市场分配的结果进行矫正，旨在达到对社会弱势群体基本权利的照顾，惟其如此，经济分配的结果才是正义的。因为正义的基本含义就是要关注弱势群体包括生存权、就业权在内的基本权利。"只有对社会成员的基本权利予以切实的保证，才能够从最起码的意义上体现出对个体人缔造社会的基本贡献和对人的尊严的肯定，才能够从最本质的意义上实现以人为本位的社会发展理念，才能够为社会的正常运转确立起必要的条件。"[②] 此外，"现代意义上的正义还要求对强者的权力意志进行有效的约束。"[③] 因为社会是人们进行交往的共同体，是一个合作体系。任何人的成就和贡献都是社会给予的，个人收获越多，也就意味着它从社会群体的努力中获得越多，根据"应得"的要求，他也有义务对于社会秩序的稳定承担一定的责任。并且，对于强者而言，他对弱者施以的必要帮助既不会威胁到自身固有地位的稳定，相反，他的人格魅力与尊严也得到了提升。并且，从长远角度看，政府对弱势群体基本权利的照顾避免了由于贫富矛盾激化可能引起的社会冲突，从而维护着社会秩序的稳定。

（二）政府分配应遵循互惠性差别原则

如果说初次市场分配注重的是效率，那么二次分配的目标是实现公平。对于政府再分配而言，互惠性的差别原则就显得尤为必要，它包括两方面内容：一是互惠原则，二是差别原则。互惠原则强调的是政府在对原始市场分

---

① 何建华:《分配正义论》，北京：人民出版社，2007 年版，第 39 页。

② 何建华:《分配正义论》，北京：人民出版社，2007 年版，第 39 页。

③ 何建华:《分配正义论》，北京：人民出版社，2007 年版，第 39 页。

配结果进行再分配时需要兼顾在地位上平等的市场主体，弱者与强者的权利都应得到尊重。在罗尔斯看来，正义理论是奠基于互惠概念之上的，互惠这一概念意味着自我和他人作为市场交换主体在地位上都是平等的，"对他人的关心和对自己的关心都不具有优先性"①。互惠原则的基本要求是经济活动主体的权利与义务是对等的。差别原则的实质是人的基本需要应得到满足，但一定要反对平均主义，因为平均不利于激发个体劳动的积极性，更重要的是，平均有悖于正义的基本要求——权利与义务的对等。因此，政府通过对获利多者进行权利限制，并对获利少者施以补偿达致缩小收入差距，实现正义分配的目的——在满足人的基本需要的基础上有差别地分配权利。亦即，政府不仅要做到平等地分配基本权利，更要做对非基本权利的差别分配。

具体来说，就是在初次分配中，要让贡献多的人获得更多的报酬，通过制度激励人们积极进取，为社会多做贡献，增加社会财富总额。在初次分配创造的社会最大财富的基础上，二次分配中政府应坚持罗尔斯所谓的差别原则，让有能者获利的同时带动社会中弱势群体跟着获利，亦即在坚持效率优先的同时要兼顾最少受惠者的最大利益。因此，互惠性差别原则应是二次分配应当坚持的重要原则。需要注意的是，效率与公平不是绝对对立的，二者在经济分配中应协调起作用，当二者之间能相互平衡时，才是最正义的分配制度。并且，二次分配中的差别原则正体现了人类在终极价值上对于正义的追求与渴望。差别原则通过对强者的权力施以限制，旨在达致解决现实中由于起点不平等导致的结果不平等，最终达致对所有人而言尽可能平等的结果。一般来说，二次分配的正义是政府通过强制性的税收及财政支付得以实现的，通过差别原则限制起点的不平等并最大可能地确保了社会的代际正义，依据差别原则建构的经济分配制度必然会对生活于其中的公民个体产生影响，引导着公民形成一种在自利的同时也要利他的道德价值观。而这种自

---

① ［美］约翰·罗尔斯：《正义论》，何怀宏，等译，中国社会科学出版社，2009年版，第383页。

利并利他的价值与正义的要求是吻合的，尽管正义的基本要求是做好自己分内之事，但作为一种合作的德性，正义还要求公民在可能的情况下给予他人适当的帮助。因此，二次分配中的差别原则激发着公民的正义情感，并强化着公民的正义意志。此外，如果说初次市场分配的原则是一种形式正义，那么二次分配的目标则是希望通过差别原则来实现实质正义，而社会实质正义的实现，不仅有利于激发公民的正义感与正义意志，更重要的是，在差别原则制度下的分配制度规范着个体的行为，激励公民积极主动去践行正义。

（三）互惠性差别原则强化着公民的正义信念

从理论上讲，起点平等与规则平等一般能导致结果的平等，由于经济活动关涉每个人的切身利益，因此市场分配的正义塑造着公民的正义认知并影响着公民的正义情感。但现实的情况却复杂得多，市场分配的正义不见得产生完全正义的结果，面对市场分配制度的缺陷，二次分配中，政府应依据互惠性差别原则进行分配，最终导致一种结果的正义，或说是实质的正义。与形式的平等相比，互惠性差别原则会产生一种实质正义的结果，互惠性差别原则不仅能激发公民的正义感、强化公民的正义意志，更重要的是，它表达着人性中最自然的情感——同情。

"市场与政府互动是实现分配正义的基本途径。"[1] 初次市场分配涉及的是经济活动起点与过程的正义性，旨在促进劳动者劳动的积极性，而再分配关涉的是经济结果的正义性，旨在通过实现社会公平达致整个社会的协调发展。对市场竞争结果进行再分配可以缓解资源初始分配的政治压力。"[2] 因此，两次分配应该相互补充，共同发挥作用才是最优的分配方式。

如果说平等作为正义的一个重要方面是市场分配正义的重要原则，那么互惠作为正义的第二方面要求则是通过二次政府分配体现出来的，亦即，平

---

[1] 　何建华:《分配正义论》，北京：人民出版社，2007 年版，第 201 页。

[2] 　何建华:《分配正义论》，北京：人民出版社，2007 年版，第 201 页。

等与互惠作为正义的两方面要求体现于市场和政府的分配过程中，而这种分配正义原则塑造着公民的平等意识与互惠情感，通过经济活动直接激发着公民正义感的获得，并通过实质正义的实现强化着公民的正义意志，激励着公民正义实践的积极性。

"为了实现社会成员的基本经济需求得以满足，同时又不丧失经济发展的动力保障"①，我们必须实施差别原则。差别原则假设存在着一种链式联系，在能者多劳多得的同时，它必然会带动少数天赋差的人同时获利。互惠性差别原则的实质是，社会成员间财富的差距不应无限制扩大，"社会有责任和义务更多地关心那些天赋较低和出身不利社会地位的人们，其中包含着对社会弱势群体的人道关注。"② 换言之，社会物质财富的分配应该建立在对社会弱势群体基本权利保障的基础上，这是正义作为一种美德的基本要求。互惠性差别原则旨在实现政府对社会财富的公平分配，这不仅有助于强化公民"应得"正义的观念，而且有助于提升公民对正义的深刻理解和把握。一方面，互惠性差别原则首先要保障每个人应得的利益，另一方面，互惠性差别原则旨在通过矫正社会利益分配的悬殊达至稳定社会的目的。"给每个人以应得的"是正义的基本要求，但正义作为一种超越性的道德，在于它的公道性，它是建立在人权与良心基础上的道德，而这恰体现在政府再分配中对社会弱势群体基本利益的照顾上。政府通过再分配为其弱势群体的未来发展提供必要的支持与帮助，进而促进社会整体生活水平的提高与改善，因此，公平的实质是缩小初次分配造成的差距悬殊，从根本上保证低收入者基本需要的满足。与初次分配对平等的重视不同，政府再分配更多地关注人的基本需要，这同样体现着正义的要求。但差别原则也不是无限度的，差别原则反对

---

① 毛勒堂：《经济生活世界的意义追问——经济正义与和谐社会的构建》，北京：人民出版社，2011 年版，第 189 页。

② 毛勒堂：《经济生活世界的意义追问——经济正义与和谐社会的构建》，北京：人民出版社，2011 年版，第 189 页。

平均主义。平均主义不仅抹杀了个体间的差异性与多样性，更重要的是，它否认了"人的正常的利益和欲望得到满足的合理性，其结果必然导致某些个人欲望的恶性膨胀以及获取利益的方式和满足欲望的方式的变态。"① 政府作为收入再分配的主体，他主要是通过税收和转移支付等手段做到"抽多补少，抽盈补缺"，以期缩小贫富差距。"社会收入分配的差异不能抹平，否则就调动不起人们的劳动积极性；但是也不应该过大，否则就会造成社会贫富悬殊以致社会动荡。"② 因此，互惠性差别原则作为实现政府分配正义的重要原则，它不仅能实现社会公平的目标，而且对公民个人而言，它将公民从狭隘的"应得"正义中解脱出来，同情作为人的一种自然情感通过政府再分配中对社会弱势群体的照顾体现出来，亦即，它在强化着公民的基本正义认知和情感的同时，提升着公民的道德境界。道德境界的提升无疑对公民行为具有强制约束性，在此意义上，政府分配的正义有助于公民践行正义原则，并通过道德内化敦促公民正义行为，使其具有一贯性和稳定性特征。

综上所述，对于公民正义品质的培养而言，内在培养机制揭示了作为正义品质四要素的正义认知、正义情感、正义意志与正义行为在个体道德发展不同阶段的规律与表现，而外在机制旨在彰显外在的正义美德教育制度、司法正义制度与经济分配正义制度如何影响公民正义品质形成的。就外在培养机制而言，正义美德教育的主要作用是培养公民形成正确的正义认知和情感，司法正义制度更侧重于从制度对行为的强制约束角度影响公民的正义情感和意志，而经济分配正义制度更多地体现着制度的导向与激励功能，有利于公民正义行为的一贯性与稳定，三者相辅相成，共同推动着公民正义品质的养成。

囿于篇幅限制，文中论及的个别主题难以详述与尽述。例如，从个体道德发展的一般过程来看，基于个体道德认知与需要发展程度的差异，公民正

---

① 乔法容，朱金瑞主编：《经济伦理学》，北京：人民出版社，2004年版，第205页。

② 贾可卿：《经济正义论纲》，北京：人民出版社，2010年版，第153页。

义品质的养成被区分为儿童、青少年与成人三个阶段。因为公民正义美德教育具有层次性与渐进性特点，因此，与公民正义品质养成三阶段划分相对应的公民教育制度应依次对公民实施家庭教育、学校教育以及社会教育才是比较合理且适宜的。但碍于篇幅问题以及研究的需要，本书难以面面俱到，因此仅就狭义上的公民教育制度——学校教育做了详细的论证与分析，而对家庭教育与社会教育未作专门深入论述。

此外，本书主要对公民正义品质培养的内、外在机制进行了理论上深入细致的分析与论证，而实践层面上的讨论还有待深入。例如，在现代民主法治社会，阻碍人们信守与履行正义的原因是什么，如何解决现代社会广泛存在的道德危机？亦即，如何应对道德失范问题？这是公民正义品质研究中一个极有价值的课题，需要理论工作者在深刻认识现实社会基础上，理性审慎思考以得出切实可行的方法与途径。其次，公民正义品质内、外在培养机制研究主要揭示了现代民主法治社会背景下，公民正义品质养成的一般规律。但在不同社会历史条件下，就正义品质的养成而言，不同年龄阶段的公民会表现出不同的特点。如前所述，笔者将成人视作公民个体道德发展的最高阶段，成人对正义的辩证全面认知建立在个体道德自由基础上。之所以将缺乏主体与自主意识的成人（如：奴隶）排除在外，是因为本书立足于现代民主法治社会背景下成人公民的道德状况的一种理想规定。众所周知，处于不同社会历史发展阶段，人们的思维方式存在着明显差异，而这种思维方式的差异恰导致了建立在自由平等权利基础上的现代成人与奴隶社会的成人正义认知的不同。这就在理论上降低了成人正义品质的普适性。因此，对公民正义品质内在培养机制的全面把握还有待补充与丰富。最后，尽管正义的动机是有条件的，但正义在实践时却体现着个体的精神需要对自然需要和社会需要的超越。公民不服从不仅彰显着个体的正义品质，更要的是，它体现了精神需要的超越性，彰显着人的价值。因此，公民正义实践的研究，尤其是公民不服从是值得学界继续深入研究的一个话题。

结语：公民正义实践形式探索

决定人行为自由与否的因素有两个，一是制度文明的程度，二是个人自身的道德状况。"道德行为选择的自由基于人的道德存在和道德直觉，而且只有在人的道德存在和道德直觉中，才会有真正的自由，才会赋予人的行为以真正的自由。"① 公民的正义实践深受个体道德自由与社会制度正义程度双重影响。一方面，在道德自由状态下，公民的正义实践表现为个体对正义原则本身的稳定信守与深刻信仰，公民会通过严格服从的方式来进行正义实践活动。另一方面，制度文明程度对人的道德行为自由程度也有重大影响，社会制度正义的程度影响着公民的正义行为实践。理论上讲，在社会制度整体正义背景下，守法作为公民的一项自然义务，是公民践行正义的重要方式。当社会制度整体正义，仍存在个别重大或不正义现象时，公民不服从与良心拒绝便成为公民正义实践的重要表现形式。然而，在一个社会制度正义的境况中，公民的正义实践既可以表现为服从，也可以表现为不服从。当然，二者都是有条件的，超越一定限度，服从也可能是不正义的，而不服从则可能转变为暴动，失去了正义。可见，服从与不服从都是公民践行正义的重要方式。

一、守法是公民践行正义的正面途径

麦金泰尔从词源学的角度考察正义概念得知，正义的含义有两种，一种

---

① 张康之:《制度文明与道德行为自由——论政治文明和人的道德存在与人的行为之间的关系》,《社会科学》2013 年第 10 期, 第 43 页。

是就个人的美德而言的，指的是"给每个人以应得的"，即优秀善的正义；另一种是有效善的正义，指的是遵守社会秩序与规则，换言之，守法即正义。正义的第一层含义揭示了正义的实质，第二层含义为人们提供了践行正义的最直接途径，如果说后者体现了正义实践的现实性，那么前者则体现了正义实践的现实性与理想性的统一，它不仅实现了人对现实的超越，更体现为引领人们为实现应得的正义这一崇高理想而奋斗。

公民为什么要守法？柏拉图这样解释道："城邦给予每个公民平等的一份利益，无论是生命、给养、教育、还是应有的权利。一个人成年以后，便能够认清国家行政和法律条文。如果他们对此不满意，可以携带自己的财物去往中意的地方，或去殖民地，或移居邦外。凡是居留在城邦的人民，事实上就是和法律订立了合同，表明他们情愿服从城邦的法令。那些不服从的人便犯了三重罪，即不服从父母、不服从教养恩人、不遵守契约。"① 在柏拉图看来，法作为反映公民集体意志的公共契约，守法是每个公民的义务与责任，只有人人守法才能真正实现城邦的公平正义。

在现代民主法治社会中，法作为公共意志的表达与体现，守法仍是公民践行正义的最佳途径和最有效方式。换言之，当社会制度整体正义时，守法是公民的一项自然义务，更是公民正义实践的重要方式。原因在于，本质上讲，每个公民有服从正义宪法的自然义务。根据罗尔斯的观点，自然义务是一种绝对的无条件的义务，它与社会制度没有必然联系，也与个人的自愿无关。"换言之，它是作为一个人自然而然就赋有的义务，而不管他处在什么制度之下，不管他愿不愿意履行。"② 公民之所以有服从正义宪法的自然义务，根本上，是因为政治事务中不完善的程序正义的存在。罗尔斯以正义的宪法作为一种不完善的程序正义的例子予以说明。正义宪法的目的是确保一种正

---

① ［古希腊］柏拉图：《游叙弗伦苏格拉底的申辩克力同》，严群译，商务印书馆1983年版，第109页。

② 何怀宏编：《西方公民不服从传统》，长春：吉林人民出版社，2001年版，第3页。

义的结果，但立宪过程不能确保制定的法律是完全正义的。同时，立宪过程通常要实行多数裁决制，而多数人的选择有可能仍是错误的，但只要不正义的法律不超过一定限度，我们仍有服从宪法和多数裁决制的义务。之所以要服从正义宪法，是因为我们信任并赞同多数裁决制规则。但需注意，服从一种不正义法律的前提是，无论如何，不正义政策导致的困苦都不应太重。此外，公民服从一种不正义法律的自然义务也是对制度缺陷的一种恰当认可。因此，在以宪法正义为基础的现代民主法治社会中，社会制度的正义要求每个公民都有维护并促进社会制度正义的自然义务。此外，从社会公共善的角度考虑，公民作为社会实践活动的主体，有义务支持与遵守现行的法律法规。因为，现行的法律、制度通过保障良序社会的正常运行，旨在实现社会公共善的最大化。可见，守法体现着公民个体对法律、制度的尊重，更重要的是，它能保障社会公共善的实现。因此，守法是公民践行正义的最佳有效途径。

二、公民不服从是公民正义实践的反面举措

以上内容我们探讨守法即正义有一个重要的理论前提，即社会制度是正义的，公民的自然义务是与严格服从的假定相联系的，是一种理想的理论。亦即，理想状态下，公民可以通过履行职责和秉持自然的义务原则就能实践正义，但现实的情况要复杂得多，通常，我们生存于其中的社会制度整体上是正义的，我们内心坚守的正义信念偶尔会与现实社会的法律规范存在着不相一致，甚至冲突，在此背景下，公民该如何践行正义？亦即，当政治制度整体正义，个人面对一种不正义的现象时，个人应该如何行为？究竟是服从内心的道德原则还是屈服于政治权威？由此引申出来公民正义实践的另一种特殊途径——公民不服从。

罗尔斯将"公民不服从定义为一种公开的、非暴力的、既是按照良心的又是政治性的对抗法律的行为，其目的通常是为了使政府的法律或政策发

生一种改变。"① 换言之，公民不服从指的是，在现代民主法治社会中，公民承认整个现存法律秩序的合法性，但基于内在的道德良知，他们通过诉诸大多数人的正义感以公开、非暴力的方式对某一具体法律条款表示异议，"借以变革不正义的法律和政治制度，旨在维护公民平等、自由的政治权利。"② 可见，公民不服从以立宪政体确立的法治为前提，公民不服从尽管是违法行为，但其实质却"是通过公开、和平以及甘愿受惩罚表达了对法律的忠诚，它诉诸的是民主制度的基本原则和多数人的正义感。"③ 当然，公民不服从作为公民践行正义的特殊途径，它是有条件的。具体说来，公民不服从的条件包括制度条件、主体性条件、动机与目的，以及行为方式和性质等四方面。

首先，就制度层面讲，公民不服从适用于民主法治社会，针对个别具体但重大的不正义问题而产生，宪法承认公民不服从在合作条件下是一种正当合法抵抗。民主政体确保公民与政府之间具有平等对话的可能性，"公民不服从所反对的法律或政策是单一并有针对性的，是在对整个法律体制和政治体制整体上服从的情况下发生的，否则就成为了革命或暴动。"④ 其次，公民不服从的主体是理性发展成熟，"具有现代社群正义感的公民"⑤，他们不仅有反抗不正义制度的勇气，更有甘受惩罚的责任意识。此外，他们的人数和活动范围都受到宪法和法律的限制，使得合理的反抗在尊重宪法和法律的范围内活动，以避免众多集团的反抗可能造成破坏正义宪法的结果。再次，公民不服从的动机既不是出于个人的一己之私，更不是为了推翻社会制度，而是要通过诉诸公共的正义感实现社会制度的部分变革，使每个人的自由平等

---

① ［美］约翰·罗尔斯：《正义论》，何怀宏，等译，北京：中国社会科学出版社，2009 年版，第 285—286 页。

② 章秀英：《政治哲学视野下的公民不服从》，《浙江学刊》2008 年第 5 期，第 211 页。

③ 何怀宏编：《西方公民不服从传统》，长春：吉林人民出版社，2001 年版，第 11 页。

④ 关鑫：《论公民不服从——兼论群体性事件的解决思路》，《河北法学》2010 年第 4 期，第 32 页。

⑤ 章秀英：《政治哲学视野下的公民不服从》，《浙江学刊》2008 年第 5 期，第 214 页。

权利都得到尊重与维护，其目的是增进与促进共同体公共善。公民们的反抗活动是受理性支配的通过和平方式进行的，换言之，公民不服从的目的是促进并实现共同体的公共善。最后，公民不服从在形式上具有政治性、公开性、和平性特征。政治性意味着，公民不服从行为受一些政治原则、政治宪法及制度正义原则的支配，对政治权力的反抗，诉诸于公共的政治正义观。并且，公民不服从作为政治呼吁的最后的合法手段，"法律纠正手段业已证明无效。"① 公开性指公民不服从通过预先通知的形式向大众公开，并公开进行活动。和平性强调，公民不服从是在遵守法律的前提下对法律的不服从，并且试图避免暴力。从公民不服从的各方面限制条件与要求可以看出，"公民不服从是一种积极参与政治的公民道德行为。"② 它通过诉诸社会群体的正义感以一种公开、和平的方式反对某一不正义的法律法规，旨在促进与完善社会正义制度。因此，公民不服从通过违法的方式旨在实现在更高层面上对法的尊重，纠正社会的不正义。"它并不是出于个人的道德原则和宗教理论，它体现了公民道德的基本精神，最终目的是为了消除恶法恶规，建立和完善正义制度。"③ 可见，公民不服从不但不是一种恶，在最本质的意义上讲，它体现了公民对正义和真理的渴望，当公民以公开、和平的方式表示对不正义法律的抗议时，"它不仅是一种文明的行动过程，是一种本身就合乎正义的过程，而且整个过程都是围绕着正义展开的，甚至不服从的对手，都没法逃避对正义问题的省思和回应。"④

---

① ［美］约翰·罗尔斯：《正义论》，何怀宏，等译，北京：中国社会科学出版社，2009年版，第292页。

② 严从根：《公民不服从与公民道德教育》，《全球教育展望》2010年第11期，第34页。

③ 严从根：《公民不服从与公民道德教育》，《全球教育展望》2010年第11期，第34页。

④ 严从根：《公民不服从与公民道德教育》，《全球教育展望》2010年第11期，第35页。

通常，人们视良心拒绝为公民不服从的狭义形式。"良心拒绝就是或多或少地不服从直接法令或行政命令。"① 如果说公民守法是公民践行正义的一般途径，公民不服从是一种特殊途径，那么良心拒绝则是公民践行正义的另一种较为稀少的手段。根据罗尔斯的观点，公民不服从处于良心拒绝和合法抗议之间。但与公民不服从不同，良心拒绝不诉诸公共的正义感，是一种个人行为，但仍是一种公开行为。良心拒绝意味着公民对法律和政策的改变不抱有任何期望，并且，良心拒绝不一定建立在政治原则上，有可能建立在与政治宪法不相容的道德原则或宗教原则上。无论是公民不服从还是良心拒绝，当他们出现时，都意味着受到社会不公正对待的弱势一方有权利向公共论坛提出申诉的权利，政府不得滥权。如果说守法是公民践行正义的正面途径，那么公民不服从与良心拒绝则是公民践行正义的反面举措，殊途同归，都是为了促进社会制度的完善，实现社会的稳定。

换言之，公民不服从和良心拒绝都是公民正义实践途径，它们作为制度正义背景下公民践行正义的特例存在，共同彰显着公民对内心固守的正义原则的尊重与维护。加之，公民的不服从与良心拒绝都是有条件的，其终极目的都是为了推动社会制度日益完善与正义。可见，在制度正义大环境下，守法、公民不服从与良心拒绝都是公民正义实践的重要表现形式。

如前所述，由于制度文明程度制约个体道德自由的实现程度。因此，当社会制度严重不正义时，公民就会采用比良心拒绝更激进也更暴力的方式来践行内心的正义原则，即暴力革命。暴力革命是极端情况下，公民为实现道德的特殊选择。

倘若社会制度既不属于严重的不正义，也谈不上正义的特殊时期，情况就会复杂得多，如当时代交替与转型时期，旧有的不正义的制度正在被新的完善的制度所取代。在此背景下，也可能表现为逆来顺受，甚至是公民不服

① ［美］约翰·罗尔斯:《正义论》，何怀宏，等译，北京：中国社会科学出版社，2009年版，第289页。

从与良心拒绝。可见，由于成人的正义实践受制度文明程度的制约，尽管个体具有了精神性的道德自由，但现实的物理性存在影响着公民正义实践的多样性与复杂性。

三、中国语境下的公民不服从

以上关于公民不服从的探讨都是从学理上进行的分析，就中国公民而言，守法仍是公民践行正义的主要途径，公民不服从与良心拒绝作为公民践行正义的特殊途径，在当前中国是否有其现实合理性？

就公民不服从发生的制度条件来说，民主与法治是公民不服从产生的制度保障。在现代民主法治社会中，公民不服从通过抵制权力滥用不仅能消除社会的不正义，促进法律制度的完善，增进公民自由平等权利，更重要的是，它是实现宪政平衡的重要力量。公民不服从的典型案例就发生在 20 世纪 60 年代，数以千计的美国人意识到联邦赋税缺乏合理性，因此他们拒绝缴纳不正义的税款。可见，公民不服从明显地具有西方性特征，而我国历来缺乏宪政传统，尽管我国已确立了依法治国建设法治国家的目标，但当前法治建设依然不够完善，宪政基础较为薄弱。严格意义上讲，新中国成立后，尤其是改革开放后，我国才真正步入现代法治建设的轨道。而改革开放后的法治建设又先后经历法治恢复与重建（1978—1992 年）、依法治国基本方略确立（1992—2002 年）、依法治国、依法执政与依法行政相互推进建设社会主义法治国家（2002 年至今）三阶段。[1] 与英美等发达国家相比，我国法治起步晚，法治建设历程短，公民法治意识淡漠的现状决定了公民不服从在我国还不具备适宜的制度、主体条件。

主观上，长达两千多年的封建专制传统对人们精神观念、行为习惯的影响是根深蒂固的。在皇权至上的中国封建专制社会，对于社会大众而言，他

---

① 参看袁曙宏，杨伟东：《我国法治建设三十年回顾与前瞻——关于中国法治历程、作用和发展趋势的思考》，载《中国法学》2009 年第 1 期，第 19 页。

们有的只是臣民意识，而没有公民意识，国人对待法律的态度更多的具有臣民的特征，而缺乏公民意识。臣民与高度集权的政府之间没有平等对话的可能，"不服从或因极高的代价让人望而生畏，或因不能得到有效解决而走不通。"① 诚如梁漱溟所说的那样，国人"除了仰脸的横行和低头的顺受横行，再不会事事持自己的意思而又同时顾及别人的意思。"② 这种"臣民"特征使得不服从诉诸一种较弱的手段，因为臣民不能、也不想承担权利与义务。换言之，西方有公民不服从的传统，而中国没有。对于由权力滥用导致的社会不正义，中国人历来有两种做法，要么逆来顺受，要么揭竿而起，这主要是因为中国历史上缺乏宪政传统，传统道德教育的目标是培养顺民而非公民。众所周知，"我国传统公民道德教育强调个体要绝对服从自上而下的政策和命令，以及各种法律制度规范，不注重培养儿童自治和政治参与的公民道德精神"③。这种教育关注个体道德修养的完善，通过强化臣民的义务意识塑造出来是缺乏权利意识而一味顺从与忍让的顺民，物极必反，一旦臣民承受的压力过大，超过其负荷时，这种顺民也会"在沉默中爆发"，采用阴谋或激进的暴力方式对抗社会的不正义。由此可见，传统道德教育塑造出的臣民在践行正义时很容易走极端，要么一味顺从与忍让，要么进行暴力革命。细数中国历史上的公民不服从事件大抵也不过如此。

综上所述，公民不服从的实践除了需要客观的制度做保障外，它对主体还有一些要求，我国公民整体上还不具备现代社群主义的正义感，而当前我国公民意识淡漠的现状阻碍着公民不服从实践的发展。

当然，改革开放以来，我国公民意识较之前有了很大提高，尤其是最近

① 关鑫：《论公民不服从——兼论群体性事件的解决思路》，《河北法学》2010 年第 4 期，第 32 页。

② 张耀杰：《"西方公民不服从的传统"与五四运动》，《社会科学论坛》2003 年第 7 期，第 62 页。

③ 严从根：《公民不服从与公民道德教育》，《全球教育展望》2010 年第 11 期，第 35 页。

几年，公民社会的兴起，公民维权意识渐强，但是否意味着公民不服从就具有现实的合理性呢？对此问题的回答，首先要清楚我国当前法律体系中是否存在与公民不服从相应的制度设施。就当下而言，公民不服从并没有相应的制度保障。在理论上，公民不服从发生于法制健全的国家当中，表面看似是一种违法行为，但它仍需要法律制度作保障，而当下我国法律缺少这样的制度保障。"因此，一旦提倡公民不服从，就无法对公民不服从活动（或者运动）进行有效的规制。"① 此外，我国正处于社会转型期，各种社会矛盾与冲突频发，公民不服从一旦获得允许与支持，很容易导致社会的不稳定。显见不争的是，公民不服从除了需要制度保障外，它对主体的要求也是很高的。当下，我国公民对权利意识的诉求较之以往有了很大提高，但这种激增的对权利的诉求很容易导致和平的反抗形式转变为暴力反抗，尽管公民不服从本身不是暴力。由于群体性的公民不服从存在着变成骚乱的潜在危险，"而骚乱就将产生恐惧，恐惧倾向于使良知沉默，虽然它可能很快恢复，但还是变得微弱，容易被暴力的调子压倒。"②

尽管公民不服从在当下还不适宜被提倡和鼓励，但它不意味着它永远没有存在的可能。"当下"不是"永远"，我相信，随着我国综合国力的提升，公民素质的提高，在不久的将来，公民不服从理论的研究得到深化与丰富，法律制度不断完善，那么公民不服从作为公民践行正义的特殊方式一定会得到提倡和支持的。之所以如此肯定，是因为公民不服从本质上体现着人类对正义与真理的渴求，而这引导着历史的车轮不断向前发展。

---

① 谢维雁：《公民不服从的宪政意义及其中国语境》，《浙江学刊》2007 年第 4 期，第 18 页。

② 何怀宏编：《西方公民不服从传统》，长春：吉林人民出版社，2001 年版，第 34 页。

参考文献

（一）中国学者专著

［1］周辅成.西方伦理学名著选辑：上卷［M］.北京：商务印书馆，1964.

［2］张岱年.中国哲学大纲［M］.北京：中国社会科学出版社，1982.

［3］［唐］慧能.坛经校释［M］.郭朋，校释.北京：中华书局，1983.

［4］［宋］朱熹.四书章句集注［M］.北京：中华书局，1983.

［5］陈鼓应.庄子今注今译［M］.北京：中华书局，1983.

［6］陈鼓应.老子注译及评介：修订增补本［M］.北京：中华书局，1984.

［7］周辅成.西方伦理学名著选辑：下卷［M］.北京：商务印书馆，1987.

［8］陈安福.德育心理学［M］.重庆：重庆出版社，1987.

［9］章海山.当代道德的转型和建构［M］.广州：中山大学出版社，1993.

［10］冯增俊.当代西方学校道德教育［M］.广州：广东教育出版社，1993.

［11］钱穆.中国文化史导论：修订本［M］.北京：商务印书馆，1994.

［12］陈濯.市场经济下的思想政治教育［M］.北京：企业管理出版社，

1994.

［13］袁贵仁.对人的哲学理解［M］.郑州：河南人民出版社，1994.

［14］冯友兰.中国哲学史［M］.北京：北京大学出版社，1996.

［15］胡海波.正义的追寻——人类发展的理想境界［M］.长春：东北师范大学出版社，1997.

［16］周辅成.论人和人的解放［M］.上海：华东师范大学出版社，1997.

［17］肖雪慧.守望良知［M］.吉林：辽宁人民出版社，1998.

［18］杨一平.司法正义论［M］.北京：法律出版社，1999.

［19］赖永海.中国佛教文化论［M］.北京：中国青年出版社，1999.

［20］王月清.中国佛教伦理研究［M］.南京：南京大学出版社，1999.

［21］万俊人.道德之维——现代经济伦理导论［M］.广州：广东人民出版社，2000.

［22］业露华.中国佛教伦理思想［M］.上海：上海社会科学院出版社，2000.

［23］黄向阳.德育原理［M］.上海：华东师范大学出版社，2000.

［24］唐凯麟.伦理学［M］.北京：高等教育出版社，2001.

［25］慈继伟.正义的两面［M］.北京：生活·读书·新知三联书店，2001.

［26］曾钊新，李建华.道德心理学［M］.长沙：中南大学出版社，2002.

［27］钱穆.庄老通辩［M］.北京：生活·读书·新知三联书店，2002.

［28］张恒山.法理要论［M］.北京：北京大学出版社，2002.

［29］袁久红.正义与历史实践：当代西方自由主义正义理论批判［M］.南京：东南大学出版社，2002.

［30］李建华，曹刚.法律伦理学［M］.长沙：中南大学出版社，2002.

［31］刘华.法律伦理［M］.郑州：河南人民出版社，2002.

［32］牛京辉.英国功用主义伦理思想研究［M］.北京：人民出版社，

2002.

［33］龚群.当代西方道义论与功利主义研究［M］.北京：中国人民大学出版社，2002.

［34］方立天.中国佛教哲学要义［M］.北京：中国人民大学出版社，2002.

［35］万俊人.义利之间：现代经济伦理十一讲［M］.北京：团结出版社，2003.

［36］汪行福.分配正义与社会保障［M］.上海：上海财经大学出版社，2003.

［37］朱贻庭.中国传统伦理思想史（增订本）［M］.上海：华东师范大学出版社，2003.

［38］唐代兴.公正伦理与制度道德［M］.北京：人民出版社，2003.

［39］焦国成.公民道德论［M］.北京：人民出版社，2004.

［40］老子［M］.李存山注译.郑州：中州古籍出版社，2004.

［41］何建华.经济正义论［M］.上海：上海人民出版社，2004.

［42］田秀云.社会道德与个体道德［M］.人民出版社，2004.

［43］余英时.中国思想传统及其现代变迁［M］.桂林：广西师范大学出版社，2004.

［44］宋希仁.西方伦理思想史［M］.北京：中国人民大学出版社，2004.

［45］胡真圣.两种正义观：马克思、罗尔斯正义思想比论［M］.北京：中国社会科学出版社，2004.

［46］佘双好.毕生发展心理学：第二版［M］.武汉：武汉大学出版社，2005.

［47］张松辉.老子研究［M］.北京：人民出版社，2006.

［48］杨伯峻.论语译注：简体字本［M］.北京：中华书局，2006.

［49］杜继文.佛教史［M］.南京：江苏人民出版社，2006.

［50］余英时.民主制度与近代文明［M］.桂林:广西师范大学出版社,2006.

［51］倪勇,等.社会变革中的正义观念［M］.济南:山东大学出版社,2006.

［52］胡玉鸿.司法公正的理论根基——经典作家的分析视角［M］.北京:社会科学文献出版社,2006.

［53］徐向东编.自由意志与道德责任［M］.南京:江苏人民出版社,2006.

［54］彭柏林.道德需要论［M］.上海:上海三联书店,2007.

［55］何建华.分配正义论［M］.北京:人民出版社,2007.

［56］蓝维,等著.公民教育:理论、历史与实践探索［M］.北京:人民出版社,2007.

［57］廖小平.面向道德之思——论制度与德性［M］.长沙:湖南师范大学出版社,2007.

［58］柯卫.当代中国法治的主体基础——公民法治意识研究［M］.北京:法律出版社,2007.

［59］杨韶刚.西方道德心理学的新发展［M］.上海:上海教育出版社,2007.

［60］梁晓杰.德法之辨:现代德法次序的哲学研究［M］.上海:上海人民出版社,2007.

［61］沈晓阳.正义论经纬［M］.北京:人民出版社,2007.

［62］林火旺.正义与公民［M］.长春:吉林出版集团有限责任公司,2008.

［63］秦树理.公民道德导论［M］.郑州:郑州大学出版社,2008.

［64］俞世伟,白燕.规范·德性·德行［M］.北京:商务印书馆,2009.

［65］章海山,罗蔚,魏长领.斯芬克斯现代之谜的破解:马克思主义人

的哲学研究［M］.广州：中山大学出版社，2009.

［66］李仁武.制度伦理研究——探寻公共道德理性的生成路径［M］.北京：人民出版社，2009.

［67］江国华.宪法与公民教育：公民教育与中国宪政的未来［M］.武汉：武汉大学出版社，2010.

［68］贾可卿.分配正义论纲［M］.北京：人民出版社，2010.

［69］杨伯峻.孟子译注［M］.北京：中华书局，2010.

［70］文长春.正义：政治哲学的视界［M］.哈尔滨：黑龙江大学出版社，2010.

［71］靳凤林.制度伦理与官员道德——当代中国政治伦理结构性转型研究［M］.北京：人民出版社，2011.

［72］范进学.法律与道德：社会秩序的规制［M］.上海：上海交通大学出版社，2011.

［73］毛勒堂.经济生活世界的意义追问——经济正义与和谐社会的构建［M］.北京：人民出版社，2011.

［74］陈传胜.马克思恩格斯的公平正义观研究［M］.安徽：合肥工业大学出版社，2011.

［75］涂良川.在正义与解放之间——马克思正义观的四重纬度［M］.长春：吉林大学出版社，2011.

［76］李建华.道德情感论——当代中国道德建设的一种视角［M］.北京：北京大学出版社，2011.

［77］万俊人.现代西方伦理学史［M］.北京：中国人民大学出版社，2011.

［78］刘余莉.儒家伦理学：规则与美德的统一［M］.北京：中国社会科学出版社，2011.

［79］张家成.中国佛教文化［M］.杭州：浙江大学出版社，2011.

［80］陈传胜.马克思恩格斯的公平正义观研究［M］.合肥：合肥工业大学出版社，2011.

［81］万俊人.正义为何如此脆弱——悠斋静思下的哲学回眸［M］.北京：经济科学出版社，2012.

［82］曹孟勤.人向自然的生成［M］.上海：上海三联书店，2012.

［83］《伦理学》编写组.伦理学［M］.北京：高等教育出版社：人民出版社，2012.

［84］章秀英.公民意识评价与培育机制［M］.北京：中国社会科学出版社，2012.

［85］刘白明.老庄正义思想研究［M］.上海：上海三联书店，2012.

［86］吴忠民.社会公正论：第二版［M］.济南：山东人民出版社，2012.

（二）国外学者专著

［1］［美］约翰·杜威.人的问题［M］.傅统先，邱椿，译.上海：上海人民出版社，1965.

［2］［日］掘内敏.儿童心理学［M］.谢艾群，译.长沙：湖南人民出版社，1980.

［3］［瑞士］让·皮亚杰.儿童的道德判断［M］.傅统先，陆有铨，译.济南：山东教育出版社，1984.

［4］［美］阿拉斯戴尔·麦金泰尔.谁之正义？何种合理性？［M］.万俊人，译.北京：当代中国出版社，1996.

［5］［英］边沁.政府片论［M］.沈叔平，译.北京：商务印书馆，1997.

［6］柯尔伯格.道德教育的哲学［M］.魏贤超，译.杭州：浙江教育出版社，2000.

［7］［英］戴维·米勒.社会正义原则［M］.应奇，译.南京：江苏人民出版社，2001.

[8][美]迈克尔·沃尔泽.正义诸领域：为多元主义与平等一辩[M].褚松燕，译.南京：译林出版社，2002.

[9][古希腊]亚里士多德.政治学[M].颜一，秦典华，译.北京：中国人民大学出版社，2003.

[10][美]马丁·L.霍夫曼.移情与道德发展：关爱和公正的内涵[M].杨韶刚，译.哈尔滨：黑龙江人民出版社，2003.

[11][美]约翰·马丁·里奇，约瑟夫·L.戴维提斯.道德发展的理论[M].姜飞月，译.哈尔滨：黑龙江人民出版社，2003.

[12][美]L.科尔伯格.道德发展心理学——道德阶段的本质与确证[M].郭本禹，何谨，译.上海：华东师范大学出版社，2004.

[13][美]E.博登海默.法理学：法律哲学与法律方法[M].邓正来，译.北京：中国政法大学出版社，2004.

[14]休谟.人性论[M].关文运译.北京：商务印书馆，2004.

[15][英]布莱恩·巴里.正义诸理论[M].孙晓春，曹海军，译.长春：吉林人民出版社，2004.

[16][美]斯塔夫里阿诺斯.全球通史：第七版修订版[M].吴象婴，译.北京：北京大学出版社，2005.

[17][英]德里克·希特.何谓公民身份[M].郭忠华，译.长春：吉林出版集团有限责任公司，2007.

[18][美]费正清.中国：传统与变迁[M].张沛，译.长春：吉林出版集团有限责任公司，2008.

[19][英]T.H.马歇尔，安东尼·吉登斯.公民身份与社会阶级[M].郭忠华，刘训练编.南京：江苏人民出版社，2008.

[20][英]约翰·穆勒.功利主义[M].徐大建，译.上海：上海人民出版社，2008.

[21][美]乔治·萨拜因.政治学说史：第四版[M].邓正来，译.上海：

世纪出版集团、上海人民出版社，2008.

［22］［美］R.默里·托马斯.儿童发展理论：比较的视角：第六版［M］.郭本禹，王云强，译.上海：上海教育出版社，2009.

［23］马克思恩格斯文集：第1—9卷［M］.北京：人民出版社，2009.

［24］［意］尼科洛·马基雅维利.君主论［M］.王伟，译.西安：陕西师范大学出版社，2009.

［25］［德］马克斯·韦伯.新教伦理与资本主义精神［M］.李修建，张云江，译.北京：中国社会科学出版社，2009.

［26］［英］格雷厄姆·沃拉斯.政治中的人性［M］.朱曾汶，译.北京：商务印书馆，2009.

［27］［法］卢梭.论人类不平等的起源［M］.高修娟，译.上海：上海三联出版社，2009.

［28］［美］约翰·罗尔斯.正义论［M］.何怀宏，译.北京：中国社会科学出版社，2009.

［29］［美］塞缪尔·弗莱施哈克尔.分配正义简史［M］.吴万伟，译.南京：凤凰出版集团译林出版社，2010.

［30］［德］黑格尔.法哲学原理［M］.范扬，张企泰，译.北京：商务印书馆，2010.

［31］［英］露丝·里斯特.公民身份：女性主义的视角［M］.夏宏译.长春：吉林出版集团有限责任公司，2010.

［32］［英］霍布斯.利维坦［M］.黎斯复，黎廷弼，译.北京：商务印书馆，2010.

［33］阿奎那政治著作选［M］.马清槐，译.北京：商务印书馆，2010.

［34］［古希腊］柏拉图.理想国［M］.郭斌和，张竹明，译.北京：商务印书馆，2010.

［35］［古罗马］奥古斯丁.忏悔录［M］.周士良，译.北京：商务印书馆，

2010.

[36]［法］卢梭.社会契约论［M］.何兆武，译.北京：商务印书馆，2010.

[37]［英］洛克.政府论［M］.叶启芳，瞿菊农，译.北京：商务印书馆，2010.

[38]［法］卢梭.爱弥尔［M］.李平沤，译.北京：商务印书馆，2010.

[39]［美］塞缪尔·亨廷顿.文明的冲突与世界秩序的重建：修订版［M］.周琪，译.北京：新华出版社，2010.

[40]［古希腊］亚里士多德.尼各马可伦理学［M］.廖申白，译.北京：商务印书馆，2011.

[41]［英］亚当·斯密.道德情操论［M］.蒋自强，译.北京：商务印书馆，2011.

[42]［美］罗伯特S.费尔德曼.发展心理学：探索人生发展的轨迹［M］.苏彦捷，译.北京：机械工业出版社，2011.

[43]［英］托马斯·里德.论人的行为能力［M］.丁东三，译.杭州：浙江大学出版社，2011.

[44]［德］黑格尔.黑格尔历史哲学［M］.潘高峰，译.北京：九州出版社，2011.

[45]［美］约翰·罗尔斯.政治自由主义：增订版［M］.万俊人，译.南京：译林出版社，2011.

[46]［英］亚当·斯密.国民财富的性质和原因的研究［M］.郭大力，王亚南，译.北京：商务印书馆，2011.

[47]［美］约翰·罗尔斯.万民法——公共理性观念新论［M］.张晓辉，译.长春：吉林人民出版社，2011.

[48]［匈牙利］阿格妮丝·赫勒.超越正义［M］.文长春，译.哈尔滨：黑龙江大学出版社，2011.

［49］［美］迈克尔·桑德尔.公正——该如何做是好？［M］.朱慧玲，译.北京：中信出版社，2011.

［50］［法］托克维尔.论美国的民主［M］.董果良，译.北京：商务印书馆，2012.

［51］［英］托马斯·莫尔.乌托邦［M］.戴镏龄，译.北京：商务印书馆，2012.

［52］［美］戴维·谢弗.社会性与人格发展［M］.陈会昌，译.北京：人民邮电出版社，2012.

［53］［印］阿玛蒂亚·森.正义的理念［M］.王磊，李航，译.北京：中国人民大学出版社，2012.

（三）期刊类

［1］宋希仁.西方伦理学史上的正义观［J］.道德与文明，1988（5）.

［2］［波］W.兰，初晓.马克思主义的公正观［J］.哲学译丛，1991（5）.

［3］袁贵仁.论马克思主义公正观［J］.求索，1992（4）.

［4］黄明理.从人性看人的道德需要［J］.南京师大学报（社会科学版），1997（1）.

［5］沈晓阳.自然正义·生态正义·社会正义——对生态环境问题的新思考［J］.攀登，1999（1）.

［6］段忠桥.马克思和恩格斯的公平观［J］.哲学研究，2000（8）.

［7］田洪声.中国公民正义观评析［J］.中国矿业大学学报（社会科学版），2001（1）.

［8］廖申白.论西方主流正义概念发展中的擅变与综合（上）［J］.伦理学研究，2002（2）.

［9］沈晓阳.古希腊正义观论要［J］.江南大学学报（人文社会科学版），2003（4）.

［10］唐士其.儒家学说与正义观念——兼论与西方思想的比较［J］.国际政治研究，2003（4）.

［11］姚德利."正义"的诠释与阐述：西方政治思想产生略论［J］.淮南师范学院学报，2004（4）.

［12］吕锡琛.论道家对社会正义的诉求［J］.湖北大学学报（哲学社会科学版），2005（6）.

［13］万俊人.制度美德及其局限［J］.中国人民大学学报，2005（3）.

［14］唐爱民.政治教育与道德教育的异趣与关联：一种德育学辩护［J］.当代教育论坛，2005（4）.

［15］周新城.马克思恩格斯公平思想研究［J］.红旗文稿，2005（14）.

［16］侯惠勤.马克思主义公平观的实践意义［J］.马克思主义研究，2005（4）.

［17］张俊山.对"公平与效率"命题的马克思主义分析［J］.福建论坛（人文社会科学版），2006（8）.

［18］沈晓阳.马克思主义正义观论要［J］.马克思主义研究，2006（6）.

［19］王广.马克思恩格斯对蒲鲁东公平正义思想的批判［J］.理论视野，2006（4）.

［20］苗贵山.马克思恩格斯对正义的审视［J］.太原理工大学学报（社会科学版），2006（1）.

［21］陈江玲.马克思主义公平正义的思想解读［J］.理论月刊,2006(6).

［22］梁晓杰.法律正义和正义美德［J］.道德与文明.2006,（6）.

［23］李友谊.人的属性结构和人性的样态结构——人性结构的二维透视［J］.长沙大学学报，2006（1）.

［24］马捷莎.亚里士多德正义观及其启示［J］.黑龙江社会科学，2006（1）.

［25］沈晓阳.马克思主义正义观论要［J］.马克思主义研究,2006（6）.

［26］陈红英．马克思的社会正义思想探析［J］．求实，2007（3）．

［27］涂良川，胡海波．论马克思哲学视阈中的正义［J］．贵州社会科学，2007（2）．

［28］戴景平．人的需要：马克思人性论的逻辑起点［J］．长白学刊，2007（2）．

［29］郑广永．公有制条件下的社会不公正问题［J］．中国人民大学学报，2008（4）．

［30］潘允康．公平问题的社会反思［J］．江苏社会科学，2008（3）．

［31］吴忠民．失去社会公正意味着什么［J］．理论视野，2008（4）．

［32］张鹏燕．中国民主政治建设中的公民意识培育［J］．三峡大学学报（人文社会科学版），2008（S1）．

［33］万俊人．美德伦理的现代意义——以麦金太尔的美德理论为中心［J］．社会科学战线，2008（5）．

［34］李海青．制度、正义感与社会和谐［J］．岭南学刊，2009（2）．

［35］林进平．正义在马克思思想历程中的遭遇［J］．哲学研究，2009(6)．

［36］张霄．马克思与正义——评当代英美马克思主义伦理学研究中的一场争论［J］．道德与文明，2010（3）．

［37］邹佳呈．苏格拉底正义思想解读［J］．佳木斯大学社会科学学报，2010（2）．

［38］彭富明．论中世纪神学正义理论的历史嬗变［J］．前沿，2010（5）．

［39］黄玉顺．孔子的正义论［J］．中国社会科学院研究生院学报，2010（2）．

［40］黄少成，傅安洲．政治教育与道德教育的差异比较［J］．学校党建与思想教育，2010（30）．

［41］吴俊．论公民美德［J］．哲学研究，2010（3）．

［42］武立敬，刘月岭．培育大学生公平正义美德的方法［J］．徐州建筑

职业技术学院学报，2010（4）.

[43] 田晓康. 以司法公正回应社会公平正义的要求 [J]. 法制与社会，2010（16）.

[44] 陈江进. 正义感及其进化论解释——从罗尔斯的正义感思想谈起 [J]. 伦理学研究，2011（6）.

[45] 祈程. 论马克思主义正义视阈的四重张力 [J]. 思想理论教育，2011（5）.

[46] 张康之. 制度文明与道德行为自由——论政治文明和人的道德存在与人的行为之间的关系 [J]. 社会科学，2013（10）.

（四）学位论文类

[1] 郑湘萍. 论当代社会正义感的缺失及其培育 [D]. 长沙：湖南师范大学，2004.

[2] 廖运生. 大、中学生正义感培育的困境与出路 [D]. 南昌：南昌大学，2010.

（五）外文文献类

[1] Jay drydyk. A Capability Approach to Justice as a Virtue [J]. Ethical Theory & Moral Practice, 2012, 15（1）: 23.

[2] John M Darley. Citizens Sense of Justice and the Legal System [J]. current directions in psychological science, 2001, 10（1）: 10.

（六）专著中析出的文献

[1] 杨建祥. 公平正义观：从儒、道到马克思主义 [M] // 上海市社会科学界联合会. 马克思主义视野下的公平与正义. 上海：上海人民出版社，2010.

[2] 张雪梅. 马克思的正义观及其哲学精神 [M] // 上海市社会科学界联

合会.马克思主义视野下的公平与正义.上海:上海人民出版社,2010.

[3]祈程.论马克思主义正义视阈的四重张力[M]//上海市社会科学界联合会.马克思主义视野下的公平与正义.上海:上海人民出版社,2010.

[4]李义天.正义之正与马克思的道德哲学[M]//李惠斌,李义天.马克思与正义理论.北京:中国人民大学出版社,2010.

[5]林桂榛.关于"亲亲相隐"问题的若干辨正[M]//郭齐勇《儒家伦理新批判》之批判.武汉:武汉大学出版社,2011.

[6]林桂榛."父子相为隐"与亲属间举证——亲情、法律、正义的伦理中道问题[M]//郭齐勇《儒家伦理新批判》之批判.武汉:武汉大学出版社,2011.

[7]郭齐勇."亲亲相隐""容隐制"及其对当今法治建设的启迪——在北京大学的演讲[M]//郭齐勇《儒家伦理新批判》之批判.武汉:武汉大学出版社,2011.

[8]蔡英文.公民身份的多重性——政治观念史的阐述[M]//许纪霖.公共性与公民观.南京:江苏人民出版社,2006.

[9][英]诺曼·杰拉斯.关于马克思和正义的争论[M]//李惠斌,李义天.马克思与正义理论.北京:中国人民大学出版社,2010.

致　谢

时光荏苒，转眼博士毕业恰十年，本书付梓出版之际，最为怀念的还是三年博士读书生涯。从博士入学面试、灵山采标、师门小聚、读书汇报，还有闺蜜情深，往事一点点一滴滴印在脑海，师生情、姐妹情和友情沉淀于心，每每忆起，都恍如昨日。

每逢米兰飘香，栀子花开，莘莘学子带着留恋与不舍离开生活多年的母校，开启人生新征程。与其说舍不得母校的秀丽风光，毋宁说难以割舍诸多的良师益友。他们是我学习的榜样与标杆、也是我人生前进的向导与指路明灯。我深知，博士论文的顺利完成离不开母校诸位良师益友和家人的关心与帮助，在此一并送出我最诚挚的谢意。

首先，我衷心感谢恩师靳凤林教授。十三年前，承蒙老师不弃，我有幸跨专业考入靳老师门下读书、学习。师从靳老师，于我是一笔无比珍贵的财富，让我受益终身。靳老师治学严谨、博学笃行、风趣幽默、平易近人，老师的言传身教让我终身受益。在靳老师的悉心指导下，我将分析哲学出身的罗尔斯的《正义论》认真读完，并逐章逐节做读书笔记，两周一次汇报读书情况。一年半的专业课读书训练让我终身受益。论文从选题直至完成的整个过程，靳老师都倾注了很多时间与心思，可谓煞费苦心，每每想起这些，我都感动不已。通过论文写作，我不仅明白了论文写作的目的和意义，更明白了创新对于论文写作的重要性。文科论文尽管不能直接创造社会财富，但它作为一种精神创造，从选题、构思的那一刻起，便是科学研究的开始，一篇优秀的文科论文不仅要有现实意义与学术意义，更重要的是，它也是知识传播的手段，作者在写作过程中一定要明白它不单单是一项为达致毕业而要完成的任务，更重要的是，它应向读者传达出作者的精神理念，通过阅读论文，读者能发现隐藏于论文背后的作者的精神理念与价值追求，即作者的个性。

靳老师治学严谨，他多次通过绣花理论向我们揭示论文创新与提升的重要性。论文的写作过程与古代女子绣花过程有很多相似之处，善做女红的人一定会精心构思、胸有成竹而后下针，试图在一副平白无奇的布面上绣出自己的特色，即绣出花的立体感而非平面。论文写作亦是如此，精心构思与谨慎求证都很重要，但更重要的是要写出新意，即论文要有创新性。靳老师的绣花理论与其说强调的是论文创新的重要性，毋宁说他表达着对我们论文写作的高标准期待。绣上立体的花当然很吸引人，但如果能在恰当的时机绣只蝴蝶，那么花也便活了。因此，好的文章都是作者精心构思，反复锤炼的结果。碍于我专业基础较弱，能力有限，尽管我竭尽所能，仍未能实现老师的期望，但我会谨遵教诲，继续前行。

在此，我也很感谢集优雅与智慧于一身的师母，他与恩师志同道合，感情甚笃，灵山采标时常充斥脑海，记忆犹新。十三年前的暑假前夕，师母和老师带领我们8名弟子登灵山采集植物标本做实验。初夏的北京，登山并不觉得很晒，但到了山顶风高日晒，临近下午时，天气骤变，霜雨交加。这一天，我们经历了两个季节，天气的突变让我们措手不及。雨雾中下山，又冷又累，回到宾馆，我们一个个都疲惫不堪，也饿了。我们当时都想着先洗个热水澡，再点餐吃饭，甚至不吃饭都可以，所以大家都无暇他顾。年已半百的老师和师母看此情形，主动把餐点好，等我们一起吃完饭后，他们才开始洗漱。事情虽小，至今回想起来，仍觉得老师和师母是那么朴素、平易近人，是恩师，亦是严父慈母。恩师与师母的言传身教让我受益终身。

其次，我要感谢刘余莉老师和梁晓杰老师，他们为我学业精进、论文开题、论文修改完成都提出了很多宝贵意见。基于对中华优秀传统文化的热爱，我有幸认识了刘余莉教授，刘老师福慧双修、为人师表，她有着一颗普济众生、慈怀天下的胸怀是我终身学习的楷模。2009年暑假，我有幸结识刘老师，似曾相识，一见如故，恩师亦是慈姐。深受刘老师言传身教感染，我渐对传统文化产生浓厚兴趣，也时常追随老师学习调研，就像老师的弟子一样。从硕士结识刘老师，直到博士毕业，整整五年时间，刘老师把我领进伦理学殿堂，开我心智，增我福德。十五年过去了，回忆起初次相识两人的一张合影，我们微笑的表情都是一样的，这是一种多么深厚的缘分，至今仍很怀念。博士毕业再回北京，我都会专程去看望靳老师和刘老师，他们就像我遗落在北京的亲人，每次去，不需要寒暄，很自然地交流学习工作和生活上的感想。梁晓杰老师专心研读，学富五车，授课不拘一格，他在向学生传授知识的同时，更注重启发学生去思考，他的师者风范深深触动了我，端正了我读书、做学问态度。

再次，要感谢党校研究生院的各位同窗好友。党校的学生都很务实、勇于承担责任。党校硕博六年的读书生涯，很多同学都在学习和生活上给予我帮助，我由衷地感谢他们。博士三年，同门好友裴圣军、师弟靳浩辉、师妹王书慧，总在学习甚或生活上给予我无微不至的关心与帮助，我非常珍惜我们同门好友之情，这段友情也会成为我一生宝贵的财富。尤其是王书慧同学，她有着林黛玉一样的脾气性格，说话声音和语气都很像林黛玉，但是她非常善解人意，比我小却总是一副姐姐的模样，经常照顾我的生活，处处为我着想，替我担心，亦妹亦姐。其次，我要感谢闺蜜好友洪巧英、张晶萍和田杰英等同学，我们都有乐观向上的性格，也有着相似的兴趣爱好，多少个日日夜夜，我们一起分享交流学习心得、一起看电影并就电影讨论思考感悟；我们经常会讨论读书心得至深夜，偶尔也会一起追剧到天亮，回想起来，满是轻松与甜蜜。她们既是我学习上的同伴，也是我生活中的挚友。非常感谢各位同学一直以来对我学习和生活上的鼓励与帮助。

以上，纪念我三年博士读书生涯，感谢在中央党校读书时结识的诸位良师益友。

2014年博士毕业后，我入职省委党校哲学教研部，迄今整十年。这十年，是我孤身来杭州置业安家的十年，我究竟该多幸运，才能初入职场，就遇到一群积极奋进但又淡泊名利的同事、朋友，他们在工作和生活上曾默默给予我支持、指导和帮助。

最后，我要感谢一直默默支持我读书、工作、生活的诸位亲人。和全天下的父母一样，我父母也怀有一颗望子成龙、望女成凤的心，在我最需要帮助的时候，他们总是给予理解和支持，我非常感恩我的父母。我深知，正是他们的负重前行，我才能安心读书、幸福生活；正是他们日复一日地辛勤劳作、无私支持，我才能顺利置业安家；他们是我前进的动力，也是我勇往直前的坚强后盾。感恩父母的养育、教导！

刘晓璐

2024 年 6 月 12 日